HEYNE <

LUIS SELLANO

Portugiesische Wahrheit

EIN LISSABON-KRIMI

WILHELM HEYNE VERLAG
MÜNCHEN

MIX
Papier aus verantwortungsvollen Quellen
FSC
www.fsc.org
FSC® C014496

Verlagsgruppe Random House FSC® N001967

Dieses Werk wurde vermittelt durch die
Literarische Agentur Thomas Schlück GmbH, 30827 Garbsen
Redaktion: Tamara Rapp
Printed in Germany
Umschlaggestaltung Johannes Wiebel | punchdesign, München,
unter Verwendung von Motiven von Shutterstock.com (Elijah Lovkoff (2x),
PhuchayHYBRID, Woody Alec, Pakhnyushchy, Tetiana Chernykova)
Satz: Satzwerk Huber, Germering
Druck und Bindung: GGP Media GmbH, Pößneck
ISBN: 978-3-453-43923-8

www.heyne.de

»Die Welt gehört demjenigen,
der nicht fühlt.«
Fernando Pessoa

1

Es war dieser scheue Moment. Kaum mehr als ein Wimpernschlag. Die Kellnerin schenkte ihm Kaffee ein und neigte dabei den Oberkörper für eine Sekunde so weit nach vorne, dass Henrik Falkner über ihre Schulter hinweg einen Blick ins Foyer werfen konnte. Zufällig, ohne jede Absicht, durch die offene Flügeltür des Restaurants hinaus in die Hotellobby, und eigentlich zu kurz, selbst für einen Gedanken. Und doch war *sie* es, die in diesem gedankenlosen Augenblick dort draußen vorbeiging. Während des darauffolgenden Atemzugs wägte er ab, wie sicher er sein konnte. Ob er sich nicht vielleicht doch irrte. Nur allzu deutlich erinnerte er sich noch an seine Halluzinationen vor wenigen Tagen. Doch diesmal *wollte* er seinen Augen einfach trauen, und die Gewissheit gewann die Oberhand über den Zweifel. *Sie* war es, die das Foyer durchquerte und sich mit schnellem Schritt durch die in dunklem Holz gehaltene Empfangshalle bewegte, der das aus bunten Glasornamenten bestehende Oberlicht eine fast schon träumerische Atmosphäre bescherte. Als wäre man ein oder gar zwei Jahrhunderte zurück in der Zeit gereist. Oder an einem Filmset gelandet, wo ein historischer Hollywood-Streifen gedreht wurde.

Klassische Musik wehte sanft durch das Restaurant. »Entschuldige mich eine Minute!«, sagte Henrik zu seiner Mutter und legte die reinweiße und etwas zu steife Leinenserviette neben dem akkurat eingedeckten Besteck und den auf den Millimeter ausgerichteten Gläsern ab.

Simone Falkner behielt für sich, wie sie über seine Bitte dachte, vor allem, weil sie nicht über den Tisch hinweg ihre Stimme erheben wollte, um ihren Unmut zu äußern. So ein unschickliches Verhalten würde sie hier in dem gediegenen frühmorgendlichen Ambiente dieser Nobelherberge niemals an den Tag legen, da war er sicher. So war sie schlicht nicht erzogen worden. Stattdessen bewahrte sie äußerlich Ruhe, auch wenn er sich in ihren Augen bereits seit Beginn ihrer Begegnung taktlos verhielt und ihr der Unmut darüber ins Gesicht geschrieben stand. Schon früher war es ihm selten gelungen, sich ihren Vorstellungen entsprechend angemessen zu benehmen, und daran hatte sich nichts geändert. So gesehen, bestand für ihn ohnehin keine Möglichkeit, den Morgen noch zu retten, um sie in irgendeiner Weise versöhnlich zu stimmen.

Sie hatte ihn zum Frühstück gebeten, und er hatte zugesagt, obwohl er wegen der dramatischen Ereignisse der vergangenen Tage noch reichlich durch den Wind war. Ein Zustand, den das morbide Geschenk, das man ihm nach seinem Eintreffen in der Lobby durch einen Hotelangestellten hatte überreichen lassen, durchaus verstärkt hatte. Wie auch immer, er musste das Aufeinandertreffen mit seiner Mutter irgendwie durchstehen, denn auch was die familiären Angelegenheiten betraf, gab es jetzt kein Zurück mehr.

Simones Haltung wurde noch aufrechter. Sie trug ein elegantes, curryfarbenes Kostüm, zu grell für seine müden Augen, mit steifem Kragen und brillantbesetzer Brosche am Revers. Alter deutscher Adel, hätte man meinen können, auch wenn es ihr nie gelungen war, blaues Blut in die Familie zu bringen.

Eine Minute.

Er erhob sich also, ohne ihre Erlaubnis abzuwarten. Wenn *sie* es tatsächlich gewesen war, würde diese eine Minute, die er sich so dreist herausnahm, nicht genügen, aber egal. In diesem Moment schien alles möglich.

Mit dem stechenden Blick seiner Mutter im Nacken, eilte er hinaus in die Lobby. Nicht eben unauffällig. Noch etwas, das sie ihm ankreiden würde, wenn er *nach einer Minute* zum Tisch zurückkehrte.

In der Empfangshalle angelangt, versuchte er die Situation zu erfassen, ohne stehen zu bleiben.

Nichts.

Zumindest keine Spur von ihr, was in erster Linie der Unübersichtlichkeit der Empfangshalle geschuldet war. Holzgetäfelte Säulenreihen zu drei Seiten, die eine Galerie trugen. Ausladende, exotische Topfpflanzen, die den Raum teilten – durchaus angenehm, wenn man sich als Hotelgast etwas Diskretion wünschte, für ihn jedoch nur lästige Sichtbehinderung. Im gedämpften Licht konnte Henrik hinter dem üppigen Grün ein gutes Dutzend Leute ausmachen, die Hälfte davon in Bewegung. Er zählte fünf Koffer, die von ebenso vielen Leuten hinter sich hergezogen wurden, hin zu den Aufzügen oder Richtung Ausgang. Ein Livrierter, der ein Silbertablett vor sich her trug und übertrieben aufrecht auf die ausladenden Sitzgelegenheiten zustrebte, die um niedrige Loungetische drapiert waren. Zwei Herren, die dort in den wuchtigen Ledersesseln saßen, beide hinter Tageszeitungen versteckt. Dazu weitere vier Personen, die anscheinend ein und derselben Gruppe angehörten und an der Rezeption warteten.

Wo bist du bloß?

Offensichtlich hatte sie – in einem Tempo, das zu den Gepflogenheiten des Hotel Oriente in krassem Gegensatz stand – die Empfangshalle bereits hinter sich gelassen. Vermutlich war sie ihm ja gerade deswegen aufgefallen. Auf hochflorigem Teppich umrundete er die kalbsledernen Sitzecken und schlug den Weg ein, von dem er glaubte, dass sie ihn genommen hatte.

Er wusste nur nicht, wie *er* in den Hotelgarten kommen sollte, der momentan wegen einer polizeilichen Ermittlung für Gäste geschlossen war.

Die Beschilderung war äußerst dezent, ganz der Tradition des Hauses angemessen. Das Publikum, das hier logierte, fand sich dennoch zurecht. Zum einen wohnten die meisten nicht zum ersten Mal im Oriente, zum anderen herrschte hier ein gewisses intellektuelles Niveau. Das renommierte Hotel beherbergte kaum Pauschaltouristen. Vielmehr Männer und Frauen aus dem gehobenen Management oder Akademiker, die geschäftlich in der Stadt weilten, Vorträge hielten, wichtige Transaktionen abwickelten, Einfluss nahmen auf die Weltwirtschaft und das politische Klima, indem sie monetäre Werte in Bewegung hielten oder anhäuften. Zu ihnen gesellten sich betuchte Nostalgiker, gesellschaftliche Influencer mit Anspruch, die diesem Anspruch selbst gerecht wurden und nicht nur auf digitalem Weg Schwachsinn für leicht beeinflussbare Jugendliche verbreiteten. Natürlich gab es hier auch Künstler – sofern deren Kunst keine brotlose war.

Seine Mutter passte wunderbar in dieses exklusive Etablissement. Allein schon aufgrund ihrer komfortablen finanziellen Situation, vor allem aber auch wegen ihres Selbstverständnisses. Kein anderes Hotel in Lissabon galt als dermaßen niveauvoll und diskret. Von daher war der Vorfall, der das Oriente letzte Woche getroffen hatte, umso ärgerlicher. Ein unvorhersehbares Ereignis, das bei den Gästen zu Reaktionen von Naserümpfen bis hin zu einem mittelschweren Beben der Entrüstung geführt hatte – je nach Gemütslage. Allen voran seine Mutter konnte nicht aufhören, sich über diesen Zustand zu echauffieren, selbst wenn sie ohnehin nicht auf die Idee gekommen wäre, den Swimmingpool in der Gartenanlage zu nutzen.

Darin war zum großen Verdruss des Hotelmanagements bei Renovierungsarbeiten am Fundament des Bassins eine Leiche gefunden worden.

2

Diese Leiche war mit hoher Wahrscheinlichkeit der Grund dafür, dass die Kommissarin vor kaum einer Minute durch die Empfangshalle geeilt war. Der Tatort – oder immerhin der Fundort – war offenbar immer noch nicht freigegeben. Lagen dort unter Umständen noch mehr Tote im Beton?

Niemand hielt Henrik auf, als er den Gang entlangschlenderte, hin zu der Tür, die in den Garten führte und nicht abgeschlossen war. Man hatte dort lediglich ein Schild postiert, auf dem das Hotelmanagement sein Bedauern darüber aussprach, dass der Garten auf polizeiliche Anordnung hin wegen kriminalistischer Untersuchungen vorläufig nicht betreten werden konnte. Henrik ignorierte diesen Hinweis, trat ins Freie und folgte dem gepflasterten Weg, der sich zwischen üppigen Blumenbeeten hinaus in den Garten schlängelte und sich schon nach wenigen Schritten mehrfach verzweigte.

Es war still. So still, wie es in einer Großstadt nur sein konnte. Der Gebäudekomplex schirmte den Lärm der Avenida da Liberdade ab, die den Verkehr auf mehreren Spuren hinunter ins Zentrum und hinauf in die nördlichen Stadtteile führte. Neben dem alltäglichen Radau der Straße fehlte hier ebenso der Wind, der üblicherweise vom Tejo her über die schnurgerade verlaufende Hauptverkehrsader wehte. Die in mehrere Spuren geteilte Avenida da Liberdade war durchgängig mit jahrhundertealten Platanen bepflanzt, was ihr den Charakter eines lang gestreckten Stadtparks verlieh, mit landestypischen gefliesten Wegen und gelegentlichen Wasserspielen sowie Palmenhainen und Esplanaden, die zum gemütlichen Sitzen bei Kaffee, Tee oder auch Wein einluden. Rechts und links wechselten sich exklusive Boutiquen, Cafés, Restaurants und Hotels ab, die für einen steten Trubel auf der Prachtstraße sorgten, bis hinauf zum Parque Eduardo VII, von dessen Höhe aus man den gesamten Boulevard bis hinunter zum Praça Dom Pedro IV überblicken konnte. Doch wer im Oriente ein Zimmer hinaus in den Garten angemietet hatte, bekam davon kaum etwas mit und schlief daher wohl einigermaßen ruhig.

Nach wenigen Schritten stand Henrik tatsächlich vor einem Absperrband der Divisão de Investigação Criminal und wusste, dass er richtig war. Tropisch anmutende Bäume umgaben ihn, dazwischen dichtes Buschwerk. Eine gewollt wild arrangierte Botanik mit ausladender Blütenpracht, die den Gästen den Eindruck vermitteln sollte, sie befänden sich in Afrika oder Südostasien. Kolonialismus im Kleinen. Das heiße Wetter der letzten Wochen trug seinen Teil zu dem Gefühl bei, sich in Äquatornähe aufzuhalten – und das ganz ohne die kreislaufbelastende Luftfeuchtigkeit jenseits der neunzig Prozent, die in diesen Breiten üblicherweise vorherrschte.

Während der Lärm der Großstadt hier außen vor blieb, galt das nicht für die Natur. Vogelgezwitscher und Zikadengesänge verstärkten den Eindruck, von dichtem Dschungel umgeben zu sein. Ein Eindruck, der bei Henrik sehr unerfreuliche Erinnerungen an seinen erst kürzlich durchlebten Drogenrausch weckte, den man ihm aufgezwungen hatte. Immer noch litt er an den Nachwehen der belastenden Halluzinationen, die er dabei hatte ertragen müssen. Darin war er in einem Dschungel verstorbenen Leuten begegnet, die ihm beängstigend real vorgekommen waren.

Er schlüpfte unter dem Absperrband hindurch. Niemand stellte sich ihm in den Weg. Die Bewachung war längst aufgehoben worden. Wann hatte man wohl die Leiche geborgen? Er rechnete zurück. Vor knapp einer Woche hatte man darüber in der Zeitung lesen können. Warum war dann immer noch abgesperrt? Warum durften die Renovierungsarbeiten nicht fortgesetzt werden?

Die Arbeit der Forensiker war jedenfalls schon lange getan. Alles, was er um das Schwimmbecken herum ausmachen konnte, waren zwei Haufen Bauschutt, gespickt mit abgeschlagenen Kacheln, Schubkarren, Schaufeln, Schnittholz für Verschalungen und dazwischen eine Zementmischmaschine. Ringsumher noch mehr Absperrbänder zwischen den Bäumen, die sonst die Sonnenterrasse beschatteten. Die Liegen und Sitzgelegenheiten aus Teakholz waren beiseitegeräumt und neben der geschlossenen Poolbar gestapelt worden. Das Becken selbst war mit einer Plane abgedeckt, vermutlich, um den Hotelgästen den Anblick aus den Fenstern zu ersparen. Allerdings fiel auf, dass bei einem der Pool-Einstiege ein Stück der Abdeckung umgeschlagen war, sodass dort nun ein dunkles Loch klaffte. Jetzt tanzte aus der Schwärze am Grund des Swimmingpools für den Bruchteil einer Sekunde das ovale Licht einer Taschenlampe über die Beckenwandung. Er hatte sich also nicht geirrt.

Augenblicklich kam ihm die Minute wieder in den Sinn, die er sich von seiner Mutter erbeten hatte. Nun würde er ihre Geduld wohl deutlich länger strapazieren. Er konnte nur hoffen, dass sie nicht auf ihn wartete, sondern sich bereits am reichhaltigen Frühstücksbuffet bediente; vielleicht würde die Auswahl an Köstlichkeiten ihre Laune ja verbessern.

Leise ging er auf den Einstieg zu. Er wollte sie nicht erschrecken. Jetzt legte er eine Hand auf die Aluminiumleiter, die in den Pool führte, drehte sich um und stieg vier Sprossen in die Tiefe. Bei der letzten musste er sein Bein strecken, um den Fuß sicher auf den Grund des Bassins setzen zu können. Das war kein Nichtschwimmerbecken, nichts, worin Kinder planschen konnten.

Auf der Suche nach dem umherwandernden Lichtkegel bückte er sich unter der in der Mitte durchhängenden Abdeckung. Es war ungemein stickig unter der lichtdichten Plane, die hier von triefender Feuchtigkeit überzogen war. Schon spürte er den Schweiß im Nacken. Sand knirschte unter seinen Sohlen. Dann schoss mit einem Mal das Licht aus dem Nichts auf ihn zu und leuchtete ihm grell direkt in die Augen. Und obwohl er für den Moment nichts sehen konnte, wusste er, dass sie nicht nur mit der Stablampe, sondern auch mit ihrer Dienstpistole auf ihn zielte.

3

»Henrik! Merda!«

»Helena ...«

Sie richtete den bläulichen Strahl der LED-Lampe zu Boden. Lichtpunkte in unterschiedlichen Gelbtönen tanzten im Dunkel vor seinen Augen.

»Was machst du hier?«

Die Frage klang vorwurfsvoll, was verständlich war, immerhin hatte er unbefugt einen möglichen Tatort betreten.

»Ich hab dich ... gesehen.« Was für eine unsinnige Erklärung. »Ich meine, ich bin mit meiner Mutter zum Frühstück verabredet. Sie wohnt hier im Hotel.«

Sie musste nicht fragen, warum seine Mutter nicht bei ihm in der Rua do Almada übernachtete. Er hatte ihr von den schwierigen Verhältnissen innerhalb seiner Familie erzählt.

»Und da dachtest du, du schnüffelst mir kurz mal hinterher, bis die Spiegeleier fertig sind?«, fragte sie verärgert.

Die gekrümmte Haltung, die er wegen der durchhängenden Abdeckung einnehmen musste, verursachte ein leichtes Zwicken in seinem Lendenwirbelbereich. Allerdings widerstrebte es ihm, die mit Kondenswasser beperlte Plane zu berühren, unter die Helena problemlos in aufrechter Haltung passte.

»Der Tote im Fundament, ist das jetzt dein Fall?«

»Warum, glaubst du, bin ich sonst hier?«

Alleine, ohne ihren Kollegen? Ja, warum eigentlich? Um nach einer Woche noch einmal einen Blick auf das aufgebrochene Fundament zu werfen, aus dem man die Leiche geborgen hatte? Ihre Anwesenheit ergab nicht wirklich Sinn. Henrik sah an ihr vorbei, suchte die Stelle, wo der Tote einzementiert gewesen war. Laut den Berichten in den Zeitungen musste man ihn dort vor einem Vierteljahrhundert mit Beton übergossen haben, als das Hotel den Pool bauen und den Garten neu anlegen ließ. Es hieß, dass in diesem Bereich des Beckens über die Jahre immer wieder Risse aufgetreten waren und sich Kacheln gelöst hatten. Bewegungen im Fundament, wie sachverständige Architekten anführten. Doch was sich hier bewegte, war nicht allein die Erde oder das Baumaterial. Nachdem die Ursache bekannt geworden war, machte die Boulevardpresse daraus ihre eigene Story: *Der Tote wollte aus seinem unfreiwilligen Grab.* Zwar waren die Risse stets ausgebessert und die Fliesen wieder angebracht worden, doch das Flickwerk war nie von Dauer gewesen. Die Stelle am Grund des Schwimmbeckens war wie eine Wunde, die nie vollständig verheilte. Deshalb hatte das Hotelmanagement nach langen Jahren endlich den Entschluss für eine Grundsanierung gefasst. Nicht zuletzt, weil sich die Beschwerden der Gäste häuften und es ab und an zu Verletzungen wie Schnittwunden kam.

»Besser, du lässt deine Mutter nicht länger warten!«, unterbrach Helena seine Gedanken. »Dass sie allerdings ausgerechnet in diesem Hotel ...«

»Die Medien berichten von einem Bauarbeiter«, warf Henrik ein. Er verspürte keinerlei Motivation, ins Restaurant zurückzukehren. »Ist das noch die offizielle Stellungnahme? Ein Illegaler aus dem Bautrupp, der diesen Pool anlegt hat? Stimmt das Gerücht, dass er bei einem Streit mit seinen Kollegen getötet und auf diese Weise entsorgt wurde?«

»Warum interessiert dich das?«

Mittlerweile hatten sich seine Augen wieder erholt, und er konnte ihre Mimik ausmachen. Sie war auf der Hut. Das verriet auch ihre angespannte Schulterpartie. Lag das vielleicht an seiner Anwesenheit? *Das hättest du wohl gern!* Eher stand sie unter Strom wegen dieses Falls. Er ging davon aus, dass die Berichte der Journalisten auf nichts als Mutmaßungen basierten. Immerhin hatte es noch nicht einmal eine Pressekonferenz seitens der PSP, der Polícia de Segurança Pública, gegeben.

»Wieso haben sie ausgerechnet dir diesen Fall gegeben?«

Sie verzog spöttisch den Mund. »Ich war unartig. Das ist einfach die Art meiner Vorgesetzen, es mich wissen zu lassen.«

»Das heißt, keine Ermittlungen mehr hinsichtlich Morgado?«

»Dieser Untersuchung war ich sowieso nicht zugeteilt. Falls du dich erinnerst, bin ich nur wegen dir da reingeraten. Offiziell spricht niemand im Dezernat von Befangenheit, aber …« Sie zuckte mit den Schultern. Obwohl sie immer versucht hatten, es geheim zu halten, wussten ihre Kollegen und Vorgesetzten natürlich von dem *freundschaftlichen Verhältnis* zu Henrik. Vermutlich hatte sie auch darüber Rapport abliefern müssen. Er war schließlich der Grund, warum sie vor drei Tagen ins Sintragebirge gefahren war und unberechtigt das Grundstück des ehemaligen Oberstaatsanwalts Orlando Morgado betreten hatte. Zum *Glück* hatte sie das getan, sonst hätte er sehr wahrscheinlich nicht überlebt. Ob das wohl auch so in ihrem Bericht stand? Er hütete sich, jetzt danach zu fragen.

»Sie geben mir eine Aufgabe ohne große Aussicht auf Erfolg, bei der ich außerdem wenig anrichten kann.« Sie klang nicht allzu vorwurfsvoll. »Diesmal ist es ein namenloser Toter, der fünfundzwanzig Jahre in einem Betongrab gelegen hat. Wie auch immer, diese Ermittlung dürfte mich lang beschäftigten.«

Es lag sehr wahrscheinlich nicht nur an ihm, dass man sie momentan dermaßen aufs Abstellgleis schob. Inspetora Helena Gomes war innerhalb ihrer Abteilung als unangenehme Kriminalpolizistin bekannt. Möglicherweise bezeichnete man sie auch als undiszipliniert. Was völlig unberechtigt war, denn sie erledigte ihre Arbeit äußerst gewissenhaft. Doch genau das schien für so manchen bei der PSP das Problem zu sein. In den Augen ihrer Kollegen war sie eine Polizistin, die nicht wegsehen konnte, wenn es nach dem Verständnis ihrer Vorgesetzten angebracht war. Sie hielt auch nichts von Gefälligkeiten – und war mit dieser Einstellung ziemlich allein innerhalb das Polizeiapparats.

»Und du, warum interessierst du dich für diesen Mord?«

»Tu ich gar nicht.« *Ich interessier mich für dich. Darum bin ich dir nachgeschlichen.* Das sprach er natürlich nicht laut aus. Nicht unbedingt, weil er diese Offenheit scheute. Auch nicht wegen des recht wahrscheinlichen Risikos einer Zurückweisung. Nein – ein anderer Gedanke war einfach schneller. »Es liegt also definitiv ein Tötungsdelikt vor?«

Was wäre auch anderes zu erwarten gewesen, wenn ein Leichnam auf diese Weise entsorgt wurde? Der einzige andere Ermittlungsansatz bestand im Szenario eines Unfalls mit Todesfolge, der sich auf der Baustelle ereignet hatte. Ging man davon aus, dass die Baufirma das Opfer tatsächlich illegal und damit ohne Versicherungsschutz beschäftigt hatte, war die Vorstellung nicht völlig abwegig, dass man den Mann danach lieber unauffällig unter den Beton gebracht hatte, anstatt sich Scherereien mit den Behörden einzuhandeln. Eine Option, die Helena jedoch ausschloss, da sie eben von Mord gesprochen hatte. Der Bericht der Pathologie musste demnach recht eindeutig ausgefallen sein. Kein Unglück, keine unterlassene Hilfeleistung, nicht einmal fahrlässige Tötung, so wie es sich anhörte. Henrik merkte an Helenas Reaktion, dass sie sich bereits darüber ärgerte, diese Information so unbedacht ausgeplaudert zu haben. War es die alte Vertrautheit zwischen ihnen, die sie hatte leichtsinnig werden lassen?

»Geh jetzt bitte!«, forderte sie ihn auf und knipste demonstrativ die Taschenlampe aus.

Schade. Ihre kurze Unterhaltung hatte seinen Polizistenverstand gerade auf Touren gebracht. Plötzlich schwirrten ihm weitere Fragen durch den Kopf, was den Unbekannten aus dem Fundament betraf. Ein über Jahre antrainierter Mechanismus, den er als ehemaliger Ermittler nicht abstellen konnte. Wie war der Mann ermordet worden? Wo die Tat erfolgt? Hier im Hotel? Unmittelbar in der Nähe des Pools? War die ausgehobene Baugrube einfach nur die nächstgelegene Möglichkeit gewesen, die Leiche loszuwerden? Eine spontane Entscheidung, der prekären Situation geschuldet? Was auf eine Tat im Affekt hinweisen konnte, statt auf einen geplanten Mord … Also doch Totschlag? Verdammt, eben noch hatte er getönt, dass ihm dieser Fall egal war, und schon packte ihn brennende Neugier. Nun, wenn er wirklich ehrlich war, schlummerte das Interesse an dem Toten im Fundament bereits in ihm, seit er das erste Mal in der Zeitung darüber gelesen hatte. Zum Teil, weil es schlichtweg in seiner Natur lag, kriminelle Vorfälle zu hinterfragen und Unrecht aufzuklären. Zum andern wegen des Erbes, das ihm sein Onkel hinterlassen hatte und dem er mittlerweile einige nervenaufreibende Erlebnisse hier in Lissabon verdankte, dieser wunderschönen Stadt, die er zu seiner neuen Heimat gemacht hatte.

Stoff zum Grübeln lieferte die Art, wie die Leiche verborgen worden war. Oder die lange Zeitspanne bis zu ihrem Auffinden. Und die fehlende Identität. Das alles passte perfekt ins Portfolio seines obskuren Erbes.

Helena verstaute Lampe und Dienstwaffe in den Etuis an ihrem Gürtel und forderte ihn erneut auf, aus dem Pool zu steigen. Für einen Moment rang sein Wunsch, die unbequeme Körperhaltung aufzugeben und den stickigen, feuchten Ort unter der Plane zu verlassen, mit seiner plötzlich aufgekeimten Gier nach Antworten. Aber dann fügte er sich ihrer Anweisung und erklomm die Leiter hinauf ins Freie. Oben angelangt, drehte er sich um und reichte ihr die Hand. Nach kurzem Zögern ließ sie sich helfen. Als er sie etwas zu heftig vom obersten Tritt zog, gerieten beide ins Stolpern, und Helena landete in seinen Armen. Die Sekunde, die sie länger als nötig an seiner Brust verweilte, fühlte sich gut an. Doch im nächsten Moment wich sie übertrieben brüsk zurück.

»Was hat eigentlich die Obduktion ergeben?«, fragte er, um der verfänglichen Situation zu entkommen.

Sofort verflog jegliche Vertrautheit aus ihrem Blick. »Du bist unverbesserlich.«

»Es ist schwer, alte Gewohnheiten abzulegen.« Im Licht der Morgensonne konnte er sie endlich besser betrachten, auch wenn er genau wusste, wie sie aussah. Er hatte weiß Gott bereits alles von ihr gesehen – und vielleicht machte es ja genau dieser Umstand so schmerzhaft. Die Intimität, die er mit ihr hatte erleben dürfen, war in so weite Ferne gerückt. Womöglich konnte er nie wieder ihrem Herzschlag lauschen, während seine Finger über ihre weiche Haut strichen …

Wie immer, wenn sie im Einsatz war, trug sie ihr tiefbraunes Haar zu einem Pferdeschwanz gebunden. Ein tailliert geschnittener Blazer betonte ihre sportliche Figur. Die Erinnerung an den betörenden Duft, der ihrem Haar entströmte und den er jedes Mal nahezu trunken inhalierte, wenn sich die Gelegenheit dazu bot, stammte noch aus der Zeit, als sie sich an ihn geschmiegt hatte.

»Was versprichst du dir von dieser Information?«

»Seelenfrieden«, meinte er lächelnd. Als ihre Miene unnachgiebig blieb, gestand er: »Ich habe keine Ahnung.«

Für eine Weile sahen sie sich in die Augen, als würden sie sich in einem Wettbewerb messen. Schließlich senkte Helena den Blick und zuckte gleichzeitig mit den Schultern. »Obduktion und forensische Auswertungen haben ergeben, dass Zungenbein und Kehlkopf des Toten gebrochen sind.«

»Erdrosselt also«, folgerte er.

»Diese Details halten wir natürlich zurück. Auch was die physischen Merkmale betrifft, die er aufweist«, wehrte sie ab.

Henrik musterte sie mit aufforderndem Blick. Sie biss sich auf die Unterlippe, wusste genau, dass er mehr hören wollte. Aber war sie bereit, ihm noch mehr zu verraten? Dinge auszusprechen, die nicht für die Ohren Außenstehender bestimmt waren?

»Kein Wort zu niemanden, versprich mir das!«

Er nickte und war froh, dass sie ihn nicht schwören ließ.

»Wir wissen noch nicht viel, aber es gibt Hinweise, dass er aus Nordafrika stammte. Obwohl ihn die Betonhülle einigermaßen konserviert hat, kannst du dir sicher vorstellen, dass nach einem Vierteljahrhundert außer den körperlichen Überresten selbst nicht mehr viel Brauchbares übrig ist.«

»Keine Papiere?«

»Nur Fragmente, die in den Resten seiner Kleidung gefunden wurden und die bislang zu keinem Ergebnis führten. Die Verwesungsflüssigkeiten haben die Materialien weitgehend zerstört, dazu kamen die chemischen Verbindungen in der Zementmischung, der hohe Kalksteinanteil und das Eindringen von Wasser und Sulfiten ... oder waren es Sulfate? Ich habe den Bericht der Spurensicherung noch nicht vollständig verinnerlicht, aber jedenfalls führte all das zu einer aggressiven Zersetzung bestimmter Komponenten ...«

»Lass gut sein«, unterbrach er sie und lachte.

Prompt bildete sich zwischen ihren Brauen eine vertikale Falte, offenbar hatte sie sein Lachen falsch interpretiert.

Beschwichtigend hob er die Hände. »Entschuldige. Ich wünsche dir viel Erfolg für diese Ermittlung!«

»Wir werden sehen«, erwiderte sie. Wieder ruhte der Blick aus ihren Mokkaaugen für zwei, drei Sekunden auf ihm, bevor sie sich abwandte und den Weg zurück ins Hotel nahm.

Henrik sah ihr nach. Einerseits hatte ihn die unerwartete Begegnung mit Freude erfüllt, andererseits ärgerte er sich, nicht mehr aus dieser Gelegenheit gemacht zu haben.

Er hätte darauf drängen sollen, sie wiederzusehen. Wäre es nicht besser gewesen, offen seine Gefühle für sie anzusprechen? Sie im Notfall anzuflehen, ihm endlich zu verzeihen? Er war sich so sicher, dass sie das Gleiche für ihn empfand wie er für sie und nur falscher Stolz sie daran hinderte, sich das einzugestehen. Wieso konnten sie nicht beide über ihren Schatten springen, das Geschehene vergessen und sich einfach wieder lieben, so wie ihre Herzen es verlangten? Er hörte, wie die Tür zum Hotel ins Schloss fiel, und fühlte sich urplötzlich schrecklich allein. Die Sonne brannte bereits, ihn erwartete ein neuer heißer Sommertag. Die paar Minuten unter der Plane hatten ihm ausgereicht, um sein Hemd komplett durchzuschwitzen. Er sah alles andere als salonfähig aus. Konnte er so überhaupt ins Restaurant zurückkehren? Er spielte mit dem Gedanken, einfach nach Hause zu gehen, verwarf das aber gleich wieder. Und nicht etwa aus Schuldgefühlen gegenüber seiner Mutter. Sondern vielmehr wegen der Gründe, die sie zu ihm nach Lissabon geführt hatten. Und natürlich auch wegen des Gegenstands, den er am Tisch zurückgelassen hatte.

Das Skalpell!

Davon hätte er Helena berichten müssen.

4

Das Operationsmesser, das er Orlando Morgado vor drei Tagen in den Hals gestochen hatte, lag auf der Anrichte in seiner Küche. Ohne einen echten Beweis dafür zu haben, war er überzeugt, dass de Bragança es ihm hatte überbringen lassen, ganz ähnlich wie vermeintlich wichtige Menschen Visitenkarten überreichen ließen. Welche Absicht hinter dieser Inszenierung steckte, war ziemlich klar. Der *Mann ohne Nabel* gab ihm zu verstehen, wie weit seine Macht reichte. Wie einfach es für ihn war, ein Beweismittel verschwinden und wieder auftauchen zu lassen. Anders ließ sich dieses *Geschenk* nicht interpretieren. *Wir sind jetzt Geschäftspartner, Senhor Falkner.* Geschäftspartner nach Mafiamanier, wohlgemerkt. So wie Ladenbesitzer von Schutzgelderpressern in diese Lage gezwungen wurden, ohne dass ihnen bei dieser einseitigen Vereinbarung eine Wahl blieb. Gewiss wollte ihm de Bragança damit verdeutlichen, dass er nun in einer Art Abhängigkeitsverhältnis zu dem Adeligen stand, aus dem es kein Entkommen gab.

Er schlug mit der Hand auf den Tisch, um seine wachsende Lethargie abzuschütteln.

Wach auf!

Verdammt, er musste die Kirche im Dorf lassen. Objektiv bleiben. Bei klarem Verstand, so wie er es zu seiner Zeit als Kriminalkommissar gewesen war. So wie man es ihm auf der Polizeischule beigebracht hatte. Rafael de Bragança, das war nur ein Name, den Anabela ihm genannt hatte. Rafael de Bragança, ein früherer Bekannter ihres Bruders, über den sie sonst nichts wusste. Über den offenbar niemand viel wusste. Ein Dämon, wie Martin ihn bezeichnet hatte.

Nun, wohl eher ein Phantom, korrigierte er seinen Onkel im Geiste. Wenn Anabela recht hatte, war de Bragança sehr wahrscheinlich ein Liebhaber von João gewesen, bevor dieser mit Martin zusammengekommen war. *Der Mann ohne Nabel!*

Eine Metapher, die auf eine Zeichnung von João zurückging; diese zeigte einen nackten Jüngling ohne Geburtsnarbe. Es lauerte etwas *Böses* hinter diesem Namen, das hatte Henrik im Gefühl. *Wer bist du, Rafael de Bragança?*

Der Padre hatte mit dem Namen de Bragança etwas anfangen können. Hatte zumindest angegeben, schon einmal von diesem Adeligen gehört zu haben. Dem Sprössling einer angesehenen, weitverzweigten, blaublütigen Familie. Nur ein Name, ohne Gewissheit. Vor allem ohne echten Beweis, dass es sich bei Rafael de Bragança tatsächlich um den *Mann ohne Nabel* handelte. Um jenen Dämon, der für all das Unglück verantwortlich war, das über Martin hereingebrochen war.

Aber ein Dämon ... War das nicht ein völlig wahnsinniger Gedanke?

Es war weniger die körperliche als die seelische Erschöpfung, die Henrik auf den harten Küchenstuhl zwang, kaum dass er seine Wohnung betreten hatte. Nach dem Frühstück mit Simone hatte er sich in den Laden geflüchtet und versucht, seine Gedanken zu sortieren. Das war ihm nur mäßig gelungen. Genau genommen fühlte er sich den ganzen restlichen Tag lang kaum in der Lage, auch nur eine einzige sinnvolle Überlegung anzustellen. Offenbar hatte sein Körper die bewusstseinstrübenden Substanzen, die man ihm vergangenes Wochenende verabreicht hatte, immer noch nicht vollständig abgebaut. Anders konnte er sich seinen umnebelten Zustand nicht erklären, all diese vergeudeten Stunden mit leerem Kopf.

Auch jetzt starrte er schon wieder seit Minuten vom Küchentisch hinüber zur Anrichte und betrachtete den matten Stahl des lasergeschliffenen Skalpells. Handelte es sich tatsächlich um das vom Tatort verschwundene Messer? Mit bloßem Auge konnte er unter dem milchig trüben Licht der Küchenlampe weder seine Fingerabdrücke noch irgendwelche Blutspuren erkennen. Die Spurensicherer der portugiesischen Ermittlungsbehörde hatten keine Gelegenheit bekommen, es einer kriminaltechnischen Untersuchung zu unterziehen, weil es noch während der Sicherstellung aller Beweismittel entwendet worden war. Das hatte ihm zumindest Helena mitgeteilt, ohne zu ahnen, dass das Corpus Delicti ihm kurze Zeit später überreicht werden sollte.

Zwangsläufig dachte er an das Grauen zurück, das vergangenen Sonntag oben in den Sintra-Bergen auf einem ländlichen Anwesen durch ihn sein Ende gefunden hatte. Ein blutiges Ende. Dass es nicht noch mehr Tote gab, war seinem Einsatz zu verdanken – und dem von Helena. Die Kommissarin war ihm ohne sein Wissen in die Anhöhen fünfzig Kilometer westlich von Lissabon gefolgt. Ohne ihre Hilfe wäre er zweifellos daran gescheitert, den wahnsinnigen Racheplänen des ehemaligen Oberstaatsanwalts Orlando Morgado Einhalt zu gebieten.

Und de Bragança?

Hatte dieser geheimnisvolle wie auch gefährliche Mann tatsächlich vorausahnen können, was passieren würde? Eigentlich unmöglich.

Vage erinnerte sich Henrik daran, wie abfällig Morgado den Namen de Bragança ausgesprochen hatte. Bestand da eine alte Feindschaft? Oder hatte der einstige Staatsanwalt während seiner Zeit am Gericht vergebens versucht, ebenjenem Adelsgeschlecht irgendwelche illegalen Geschäfte nachzuweisen? Kam daher der Groll? Und hatte er, Henrik, etwa de Bragança unfreiwillig einen Gefallen erwiesen und mit Morgado einen potenziellen Widersacher ausgeschaltet?

Nein, gewiss war es vermessen, so zu denken. Morgado war nicht mehr im Amt, was hätte der Pensionär noch ausrichten können?

Wieder schielte er auf das Skalpell. Hatte de Bragança das Operationsmesser, das Henrik dem Ex-Staatsanwalt aus Notwehr in den Hals gerammt hatte, womöglich als eine Art Dank an ihn verschwinden lassen?

Nun, das hörte sich unmöglich an, wenn man es objektiv beurteilte ... und doch nistete sich diese Erklärung wie schwer zu entsorgender Sondermüll in seinen Gedanken ein. Was auch immer das Motiv war, de Bragança musste unter den Forensikern jemanden an der Hand haben, der ihm einen großen Gefallen schuldete. Verdammt. *O homem sem umbigo, der Mann ohne Nabel* war überall. Wie schon bei Martin zuvor, war diese ominöse Figur binnen Kurzem zu einem Schatten auf Henriks Seele geworden. Und es gab kein Entkommen.

Seufzend rieb er sich übers Gesicht. Er musste endlich schlafen. Ruhe finden. Leider war es sehr fraglich, ob es ihm gelingen würde, seinen Geist abzuschalten, selbst wenn er die Kraft fand, sich von der Küche ins Schlafzimmer zu schleppen. Die Anwesenheit seiner Mutter in Lissabon verstärkte seine Erschöpfung noch. Er konnte sich kaum mehr daran erinnern, worüber sie beim gemeinsamen Frühstück gesprochen hatten. Simone hatte sich offenbar sehr zurückgehalten, und das, obwohl er sie wegen seiner Unterredung mit Helena so lange hatte warten lassen. Aber was hieß schon *zurückgehalten*? Sie hatte ihre Vorwürfe über sein Benehmen ja nur nicht ausgesprochen. Aus jedem ihrer Sätze, die sie über den Tisch hinweg an ihn richtete, konnte er ihren mühsam unterdrückten Ärger hören. Jedes Augenrollen war eine Anklage an ihn gewesen. Deshalb hatte es ihn auch doppelt angestrengt, ihren Ausführungen zu folgen. Nicht nur brummte ihm ja wegen der Drogen nach wie vor der Schädel, er musste auch unentwegt an Helena denken.

Es war wie ein Fluch, dass bei ihm immer alles zusammenkam! Helena, seine Mutter, die Ereignisse der vergangenen Tage, die ihn so nahe an den Abgrund gebracht hatten wie nie zuvor ... Jedenfalls war seine Konzentrationsfähigkeit am Tiefpunkt: flatterhaft und so leicht wie eine Daunenfeder, die wechselnden Windböen ausgesetzt ist. Eine äußerste schlechte Voraussetzung, um anhaltende Gespräche zu führen, vor allem mit seiner Mutter.

Das Haus ächzte unter seinen nackten Füßen und erinnerte ihn daran, dass noch wesentlich mehr im Argen lag. Sein neues Leben in Lissabon war in eine bedenkliche Schieflage geraten, und es fiel ihm zunehmend schwerer, darum zu kämpfen. Was hielt ihn eigentlich noch hier? Helena? Ein paar offene Rechnungen? Die Verpflichtung dem gegenüber, was Martin ihm vermacht hatte?

Müde schüttelte er den Kopf. Hätte er sich nicht darauf eingelassen, wäre es niemals so weit gekommen. Er wäre nie in dieses Chaos gestürzt. Andererseits hätte die Alternative auch nicht viel besser ausgesehen. In Deutschland war er lange Zeit ebenfalls sehr knapp davor gewesen, den Boden unter den Füßen zu verlieren, wenn auch auf andere Art. Nachdem seine Frau Nina bei einem Verkehrsunfall ums Leben gekommen war, geriet er in einen Sog, der ihn zu verschlingen drohte. Ihr Tod hatte schwere Depressionen in ihm ausgelöst, die ihn schließlich sogar dazu zwangen, seinen Posten bei der Kriminalpolizei aufzugeben.

Dann jedoch war er in Lissabon gelandet, und mit einem Mal tat sich eine neue Perspektive auf, beschienen von der versöhnlichen Sonne Portugals. Warum nur mussten sich nun schon wieder dunkle Wolken davorschieben, warum lief es nicht einfach einmal gut für ihn?

Tatsächlich hatten im Rückblick all die fragwürdigen Geschehnisse der vergangenen drei Jahre dazu geführt, dass er einem Mann ein Operationsmesser in den Hals stoßen musste, nur um am Leben zu bleiben. *So weit bin ich also gekommen.*

Mühsam stemmte er sich hoch, wickelte das Skalpell in ein Geschirrtuch und legte es in die Küchenschublade. Im Flur schlug er den Weg zum Schlafzimmer ein – hielt jedoch auf halbem Weg inne. Ein Gedanke nagte am Rand seines Bewusstseins. Und zwar nicht erst seit eben, wie er bemerkte. Er hatte ihm bislang nur keine Beachtung geschenkt, weil er sich nicht dazu bereit gefühlt hatte. Weil er gemeint hatte, seinem Geist unbedingt eine Pause gönnen zu müssen. So verworren seine Spekulationen bis zu diesem Moment auch waren, plötzlich machte diese Überlegung nicht nur in seinem Kopf, sondern vor allem auch als untrügliches Bauchgefühl auf sich aufmerksam.

Es ging um etwas, das Helena im Hotelgarten des Oriente geäußert hatte. Diese eine Sache …

5

Er konnte jetzt nicht einfach unter die Bettdecke kriechen. Keinesfalls! Statt seinem Körper die Ruhe zu gönnen, nach der er verlangte, verließ Henrik die Wohnung und stieg die knarzende Treppe hinunter ins Antiquariat. Ein Knarzen und Ächzen, das er schon gar nicht mehr richtig hörte.

Er ließ seine Erinnerung an das Gespräch mit Helena Revue passieren, doch es ging definitiv nicht um etwas, das sie dabei geäußert hatte. Vielmehr war es ... der Umstand, dass sie *überhaupt* eine Unterhaltung mit ihm geführt hatte. Genau, das war es: Was hatte sich innerhalb der letzten Tage zwischen ihnen geändert, dass sie so unverhofft bereit gewesen war, wieder einigermaßen normal mit ihm zu reden?

Was war vorgefallen?

Er öffnete die Tür, die vom Treppenhaus in den Laden führte. Das Antiquariat lag im Halbdunkel, in jenem Zwielicht, das so wichtig war, um das alte Papier, die Schriften und alle anderen Komponenten der Buchdrucker- und Buchbinderkunst über das natürliche Verfallsdatum hinaus zu erhalten.

Das Antiquariat. Der staubige Laden war so viel mehr als nur ein Hort antiker Bücher. Es war die Keimzelle eines Myzelnetzwerks, der Ursprung eines Geflechts, in dem alle Wurzeln zusammenliefen. Wenn es überhaupt Antworten gab, dann waren sie in dem undurchschaubaren Sammelsurium verborgen, das er sein Erbe nannte. Verborgen deshalb, weil Onkel Martin sein Archiv der ungeklärten

Verbrechen nicht leicht verständlich angelegt, sondern als paranoides Wahnsystem kompliziert verschlüsselt hatte. Anscheinend in der sicheren Erwartung, dass Henrik wie eine gut geölte Dechiffriermaschine funktionieren würde und alles fand und begriff, was Martin ihm hatte hinterlassen wollen.

Dass Martin in dem verstaubten, düsteren Laden ein Archiv der Verfehlungen, Obszönitäten und Grausamkeiten angelegt hatte, war dem tragischen Schicksal geschuldet, das ihm selbst in Lissabon widerfahren war. Eine Geschichte, die so vielversprechend begonnen hatte – die Geschichte einer Liebe. Vor vierzig Jahren folgte Martin dem Kunstmaler João de Castro in dessen Heimatstadt und ließ sich dort nieder. Damit kehrte er nicht nur seiner erzkonservativen Familie und sämtlichen damit verbundenen, engstirnigen Konventionen den Rücken, sondern verzichtete auch auf eine Karriere bei der Staatsanwaltschaft. Dem Herzen statt dem Verstand folgend, wurde Martin Antiquar und lebte sein Leben im Glück. Henrik hatte nie die Gelegenheit gehabt, Martin persönlich kennenzulernen, da diesem die Abkehr von Deutschland und der Familie nie verziehen worden war. Den wahren Grund sah Henrik allerdings in Martins sexueller Orientierung. Die treibende Kraft hinter allem war Henriks Großvater Walter gewesen, ein Despot und Choleriker, dem das Ansehen der Falkners alles bedeutete. Eine Rolle, die nach Walters körperlichem und geistigem Verfall Henriks Mutter übernahm und seither mit derselben Besessenheit ausfüllte.

Martin seinerseits hatte sich von der Ächtung durch die Familie nicht verunsichern lassen. Im Gegenteil. Es war anzunehmen, dass ihm der Umstand, der falknerschen

Sippschaft entkommen zu sein, geradewegs zu einem Stimmungshoch verhalf. Bis zu jenem verhängnisvollen Tag vor rund drei Jahrzehnten, als João ermordet worden war. Ähnlich wie Henrik nach Ninas Tod stand damit auch Martin vor den scharfkantigen Scherben seines Lebens. Nachdem er jedoch festgestellt hatte, dass im Mord an João viel zu nachlässig ermittelt wurde, verwandelten sich Trauer und Schmerz über seinen Verlust in Wut auf das System. Wut auf die korrupten Behörden und auf diejenigen, die im Hintergrund die Fäden zogen, begünstigt durch ihr Geld, ihre Macht, den gesellschaftlichen, wirtschaftlichen oder politischen Einfluss, den sie besaßen und gnadenlos ausspielten. Die Namenlosen hinter den Kulissen, denen mit legalen Mitteln nicht beizukommen war. Das war der Ausgangspunkt, an dem Martin, geschult von seinem Jurastudium und den Jahren im Staatsdienst, begann, seine eigenen Ermittlungen anzustellen. Und alles, was er dabei an Ungerechtigkeit zutage förderte, alle ungeklärten Verbrechen, nicht geahndeten Vergehen, all das verursachte und nie gesühnte Leid, all das, was den Anschein von Vertuschung, Verblendung und Machtmissbrauch erweckte, fand auf bisweilen unerklärliche Weise seinen Weg ins Antiquariat. Über dreißig Jahre lang betrieb Martin seine Recherchen, sammelte und archivierte, immer mit der Prämisse, Joãos Mörder doch noch irgendwann überführen zu können. Jemand aus einer jüngeren Generation hätte dafür wahrscheinlich verschlüsselte Dateien auf dem Computer angelegt. Doch ob ein digitales Archiv es für Henrik wirklich einfacher gemacht hätte, selbst wenn er die Daten ohne fremde Hilfe hätte öffnen können, blieb fraglich.

Martin jedenfalls hielt an seiner archaischen Methode fest, bis es ihn selber traf. Schließlich war nicht verborgen geblieben, womit sich der schwule Antiquar in Wirklichkeit beschäftigte. Doch als Martin für immer zum Schweigen gebracht wurde, hatte niemand damit gerechnet, dass er seine prekäre Sammlung einem Neffen übertragen könnte, der aufmerksam genug war, die Zeichen und Botschaften zu erkennen und in einzelnen Fällen auch zu deuten. Und der zu allem Überfluss ein erfahrener Kriminalkommissar war.

Henrik betrat den Laden, der ihn mit dem längst vertrauten Duft empfing, dieser chemisch-organischen Mischung aus Verfall und Ewigkeit. Mittlerweile kannte er jeden Gang, jede Regalreihe, jede Ecke in- und auswendig, konnte blind den aus Büchern gestapelten Stolperfallen, wurmstichigen Kanten antiker Möbel oder den tief hängenden Lampenschirmen ausweichen. Er machte erst Licht, als er hinter dem Verkaufstresen angekommen war. Von dort, wo die uralte mechanische Kasse stand, blickte er in den unübersichtlichen Raum und fragte sich zum gefühlt tausendsten Mal, wo er bloß mit seiner Suche beginnen sollte. Zugleich kramte er in seinem Gedächtnis, ob er nicht schon irgendwann in all der Zeit, in der er sich durch das Inventar gewühlt hatte, zufällig auf etwas gestoßen war, was ihm nun weiterhalf. Und da war tatsächlich etwas, tief verborgen in seinem Hinterstübchen. Je länger er darüber nachdachte, desto mehr wurde diese Ahnung zur Gewissheit, schon einmal ein Indiz in die Finger bekommen zu haben, das eine Verbindung zu dem Toten im Betonfundament herstellte. Etwas, womit er nichts hatte anfangen können, als er vor unbestimmter Zeit darauf gestoßen war, weil jeglicher Bezug fehlte. Und jetzt? Wenn es sich nicht unmittelbar im Antiquariat befand, blieb noch der Keller. Das baufällige Untergeschoss, das notdürftig mit zusätzlichen Stützen gegen den Einsturz abgesichert worden war, nachdem über Monate aus einem undichten Rohr gesickertes Wasser bereits Decke, Holzgebälk und tragende Wände durchweicht hatte. Ein modernder Keller, in dem alles, was dort lagerte, nach und nach von Feuchtigkeit und Pilzfraß zersetzt wurde und verrottete. Allein der Gedanke, planlos dort unten herumzuwühlen, verursachte ihm eine Gänsehaut.

Sicher hatte nicht einmal der Rekordsommer etwas an der Nässe dort unten ändern können, ein Sommer, der landesweit zur Qual geworden war und großen Schaden verursacht hatte. Allein die Waldbrände in Zentralportugal hatten Leid und Tod über die Portugiesen gebracht und dem allgegenwärtigen Weltschmerz Nahrung gegeben, dem sich dieses Volk stets ausgesetzt fühlte. Nicht, dass sie übermäßig klagten. Vermutlich jammerten die Portugiesen wesentlich weniger als die Deutschen. Doch wenn sich die Portugiesen erst einmal der Melancholie hingaben, dann mit jeder Faser – und genau das machte vermutlich den Unterschied. Hier existierte nicht diese Oberflächlichkeit, wie er sie in seiner alten Heimat empfunden hatte. Auch keine Uneinsichtigkeit, keine gesellschaftliche Spaltung, basierend auf Nichtigkeiten – und keinesfalls jener Hass, der vor allen in den sozialen Netzwerken grassierte.

Henriks Blick blieb an einem der handgeflochtenen Körbe hängen, wie sie einst für die Ernte benutzt worden waren; Martin hatte sie dazu zweckentfremdet, unterschiedlichste Papierrollen aufzubewahren. Eine ungeordnete Sammlung historischer Plakate, uralter, an den Rändern bereits zerbröckelnder Landkarten und Pergamente, die man nur noch mit dem Risiko ausrollen konnte, dass sie in mehrere Teile zerbrachen. Wenn er sich richtig erinnerte, steckten in dem einen Korb auch einige Gemarkungskarten und Katasterpläne aus den letzten zwei Jahrhunderten, die eigentlich im Liegenschafts- und Vermessungsamt der Stadt lagern sollten. Derartige Grundstückslagepläne wurden nur an Bauherren ausgehändigt, aber Martin hatte nie gebaut – schon gar nicht Ende des neunzehnten Jahrhunderts. Bei manchen Dingen war es wirklich besser, wenn man nicht wusste, wie sie ins Antiquariat gelangt waren. Henrik packte den Weidekorb und ging damit ins Büro, das mit einem Vorhang vom Verkaufsraum abgetrennt war. Den Schreibtisch hatte er bereits vor einer Weile von jeder Unordnung befreit, sodass er jetzt Platz hatte, die Papiere dort nacheinander auszubreiten. Allerdings nicht ohne Verluste. Eine uralte und arg angegriffene Seekarte zerbröselte unter seinen Fingern, doch das war zu verschmerzen, da er gleich danach die Pläne fand, die ihm vorhin in den Sinn gekommen waren. Schon vor Wochen hatte er einen flüchtigen Blick darauf geworfen, ohne sie vollständig auszurollen. Es handelte sich um mehrere Liegenschaftskataster, das älteste aus dem Jahre 1897, das einen Teilabschnitt der Avenida da Liberdade zeigte. Vorbild für die Lissaboner Prachtstraße, die seit dem schweren Erdbeben 1755 das Baixa-Viertel mit den nördlichen Stadtteilen verband, waren die Champs-Élysées in Paris. Was Henrik nun vor sich liegen hatte, zeigte den Bereich unterhalb des Jardim Botânico da Universidade de Lisboa, wo auch das Hotel Oriente erbaut worden war. Über sein Handy öffnete er eine digitale Stadtkarte. Wie üblich dauerte der Aufbau der Seite eine Ewigkeit. Martin hatte keinen Bedarf für einen Internetzugang gesehen, und jetzt, da das Haus in sich zusammenzufallen drohte, hatte es vermutlich erst recht keinen Zweck mehr, einen Anschluss zu beantragen. Als Henrik die Karte endlich mit dem uralten Plan abgleichen konnte, erhielt er Gewissheit. Er hatte richtig getippt. Das Hotel existierte damals schon, wenn auch nicht mit den heutigen Ausmaßen. Dafür war der Garten einst größer gewesen und reichte bis an den Universitätspark heran. Der Gebäudetrakt, der heute die meisten Zimmer beherbergte, musste deutlich später errichtet worden sein. Dort, wo sich jetzt der Pool befand, hatte allem Anschein nach früher ein kleineres Bewirtschaftungsgebäude gestanden. Er hielt den Atem an. Beugte sich tiefer hinab und rückte die Schreibtischlampe zurecht. Jemand hatte an dieser Stelle nachträglich Markierungen eingefügt und daneben ein paar Zahlen notiert. 93/4/12-14. *Ein Datum? Drei Tage im April 1993?* Darunter standen weitere Ziffern, die auf den ersten Blick keinen Sinn ergaben. Entscheidend war vorerst aber, dass die Notizen in einer Handschrift verfasst war, die er längst zur Genüge kannte. Nämlich in der seines Onkels Martin Falkner.

6

Martin hatte sich also irgendwann mit dem Garten des Hotels befasst. Wusste sein Onkel, dass dort jemand einbetoniert worden war? Was er gerade entdeckt hatte, sprach definitiv dafür, so gut war er mittlerweile mit Martins Vorgehensweise vertraut, wenn es um ungeklärte Verbrechen ging. Die Frage war nur, wie viel er gewusst hatte? Fest stand, Martin hatte wie immer keinen Alarm geschlagen, als er auf dieses Verbrechen gestoßen war. Auch das war typisch für seinen Onkel. Er hatte sein Wissen oder seinen Verdacht über diesen möglichen Mord auf geheimnistuerische Art in seinem Antiquariat archiviert – und dabei war es geblieben. Henrik ersparte es sich, dieses Vorgehen zu hinterfragen. Viel wichtiger war es, sich Gedanken darüber zu machen, woher Martin von dem Verbrechen erfahren hatte, von dem die Behörden bis zu dem Moment, als vor ein paar Tagen das Fundament aufgestemmt und die Leiche freigelegt worden war, offensichtlich nichts gewusst hatten. *Himmel noch mal!* Hätte Martin sich nicht *einmal* etwas durchschaubarer ausdrücken können? Jedenfalls war der Katasterplan, der ausgerollt vor ihm auf dem Schreibtisch lag, der ausreichende Beweis, dass Martin mehr über den ominösen Toten wusste. Das zeigte sich allein an dem Vermerk über diese drei Tage im April 1993.

Und die anderen Zahlen? Noch einmal suchte Henrik akribisch die vergilbte Papierbahn ab, entdeckte aber keine weiteren Notizen mehr, die nicht zum ursprünglichen Dokument gehörten. *Und was fange ich nun damit an?* Mit einer Lageplanzeichnung, die an die einhundertdreißig Jahre alt war … Vertieft in seine Überlegungen, schrak er zusammen, als jemand gegen die Ladentür klopfte. *Um diese Zeit?* Sein erster Gedanke galt Helena, und er spürte, wie sein Puls nach oben ging. Er beeilte sich unwillkürlich, auch wenn der Realist in ihm nicht wirklich daran glauben konnte, dass tatsächlich die Inspetora vor der Tür stand. So hielt die Enttäuschung sich in Grenzen, als er aufschloss und die Tür öffnete. Eine Überraschung war es dennoch.

»Catia!«

Seine ehemalige Angestellte, genauer gesagt, Martins langjährige Mitarbeiterin, stand unter dem Baugerüst, das zwei Seiten der Fassade umfasste. Die grünen, mit Mörtel und Baustaub verdreckten PVC-Planen, die in mehreren Bahnen herabhingen, bewegten sich wellenförmig im Wind. Die Metallösen, mit denen sie befestigt waren, erzeugten ein leises, aber stetes Klicken, wenn sie gegen die Gerüststangen schlugen. Ein Geräusch, dass er nach Wochen nur noch ganz beiläufig wahrnahm.

Selbst im weichen, honigfarbenen Licht der Straßenlaternen sah Catia abgekämpft aus. Unter ihren müden Augen lagen dunkle Halbmonde. Die Falten, die sich von der schmalen Nase hinab zum spitzen Kinn zogen, schienen noch tiefer geworden sein. Die wirren Locken, die sie mit einem bunten Tuch – dem einzigen Farbklecks an ihr – zusammengebunden hatte, waren mit weit mehr grauen Strähnen durchwoben als noch bei ihrer ersten Begegnung vor gut einem Jahr. Der breite Riemen einer großen Reisetasche lag über ihrer knochigen Schulter. »Ich weiß nicht, wohin«, erklärte sie anstelle eines Grußes.

Überrumpelt runzelte er die Stirn. »Deine Bekannte …«

»Sie ist zurück und braucht ihre Wohnung für sich.«

Nachdem Catia für ein paar Monate verschwunden war, hatte sie erst kürzlich wieder bei ihm vorgesprochen und angefragt, ob sie ihren alten Job zurückbekommen konnte. Die Antwort darauf war er ihr bis heute schuldig geblieben. Nun allerdings brauchte sie offenbar auch noch eine Bleibe.

»Sie hat dich einfach rausgeworfen?«

»Es war ohnehin nur eine Übergangslösung.«

»Hast du nicht erzählt, sie wäre im Ausland tätig?«

Ein zaghaftes Schulterzucken. »Pläne ändern sich. Aber du hast recht, ich hatte nicht erwartet, dass dieses Engagement so schnell endet.«

Er dachte an das teure Appartement der ihm unbekannten Freundin, auf halber Höhe gegenüber dem Castelo de São Jorge gelegen, das an die Parkterrassen von São Pedro de Alcântara angrenzte. Es bot einen imposanten Blick über den Praça Dom Pedro und das Baixa-Viertel bis hinunter zum Fluss. Keine Wohnung, die man freiwillig verließ. Er hatte Catia dort erst vor wenigen Tagen aufgesucht und zur Rede gestellt. Sie war nicht nur sehr betrunken gewesen, sondern hatte sich dabei auch als hinterhältige Verräterin entlarvt und Martin, der ihr all die Jahre sein Vertrauen geschenkt hatte, als paranoiden Verschwörungstheoretiker bezeichnet. Und das war längst nicht ihr schlimmstes Vergehen gegen seinen Onkel. Vielmehr war Martin über Jahre schändlich von ihr hintergangen worden.

Und nun stand sie hier vor Henrik und erwartete Hilfe. Konnte er sie je wieder im Antiquariat arbeiten lassen? *Wollte* er das überhaupt? Einerseits erschien ihm das völlig unmöglich. Andererseits kannte er nun auch die Wahrheit über ihre eigene traumatisierende Vergangenheit. Und immerhin hätte er sie hier einigermaßen unter Kontrolle. Egal, ob sie im Laden arbeitete oder …

»Renatos Wohnung ist gerade frei«, knurrte er, ohne wirklich sicher zu sein, ob er nicht eine große Dummheit beging.

»Renato? Was ist mit ihm?«, fragte sie.

Natürlich, er hatte ihr noch nicht erzählt, was zwischen Renato und ihm vorgefallen war. Oder besser, was der Alte angerichtet hatte.

»Nicht jetzt«, erklärte er und machte ihr Platz. Die Tasche eng an sich gedrückt, schob sie sich an ihm vorbei. Er lotste sie durch den Laden ins Treppenhaus. »Es ist offen«, sagte er und deutete nach oben, dann sah er sie an und wurde sich wieder ihrer knochigen, kraftlosen Gestalt bewusst. Catia war besorgniserregend dünn geworden. Er seufzte und griff nach ihrem Gepäck. Hintereinander stiegen sie hinauf bis unters Dach und betraten Renatos Wohnung. Die Luft war zäh und roch abgestanden. Es war erst drei Tage her, seit Renato die Flucht ergriffen hatte, und dennoch kam es ihm wie eine Ewigkeit vor.

Renato hatte er bis vor Kurzem noch für einen Freund gehalten. Nun war klar, dass er diese Freundschaft nur vorgespielt hatte. Zum einen, weil er davon ausgehen konnte, dass Henrik ihn um Rat fragen würde – was er auch mehrfach getan hatte. Zum anderen hatte Renato darauf gebaut, in Henriks Recherchen eingeweiht zu werden, um dadurch eine gewisse Kontrolle zu erlangen. Und um frühzeitig zu erkennen, ob und wann er durch die Ermittlungen selbst in Verdacht geriet. Noch einer also, der ein doppeltes Spiel mit ihm gespielt hatte. Schlimmer sogar: nicht nur mit ihm, sondern auch mit Martin, dessen Freundschaft er in abscheulichster Weise missbraucht hatte. Von daher passte Catia ganz gut in diese *Verräterwohnung*.

»Vorsicht, da liegen Glasscherben rum«, warnte er Catia, nachdem er die Tasche im Flur unter die Garderobe gestellt hatte. Stirnrunzelnd musterte sie ihn.

»Lange Geschichte«, sagte er und zuckte die Achseln, keinesfalls bereit, im Moment mehr über Renatos Sünden preiszugeben. Nicht aus Rücksichtnahme gegenüber Catias angeschlagener Psyche, sondern hauptsächlich seines Misstrauens wegen, das sich mit neuer Wucht in ihm manifestiert hatte, seit er die Wahrheit kannte. Catia und Renato, die so eng mit Martin verbunden gewesen waren und sich beide gegen seinen Onkel gewandt hatten. Das war nicht leicht zu verkraften. Vor allem nicht Renatos Frevel, der nicht nur in einem Verrat bestand ... der Sänger und Mime war sogar noch einen Schritt weiter gegangen ...

Kurz spielte Henrik mit dem Gedanken, dass Catia wissen mochte, was vorgefallen war, und sich nur verstellte. Hatten die beiden sich womöglich abgesprochen? War sie hier, um für Renato herauszufinden, was Henrik gegen ihn plante? Das hätte ihn nicht einmal besonders überrascht. Er hatte sich in all der Zeit, die er nun hier lebte, schon so viele Lügen anhören müssen, ausgerechnet von den Leuten, die er für integer gehalten hatte ...

»Richte dich erst mal ein, wir reden morgen!«, erklärte er kurz angebunden, trat hinaus ins Treppenhaus und zog die Tür hinter sich zu. Auch wenn ihre Reaktion ihn durchaus interessierte, wusste er noch nicht, ob er dieses Versprechen tatsächlich einlösen würde. Momentan fühlte er sich schlicht nicht bereit für eine weitere, düstere Offenbarung.

7

Die Wälder waren nur noch Aschefelder, aus denen schwarze, versengte Stümpfe ragten. Wohin er mit seinen tränennassen Augen auch blickte, stiegen beißende Dämpfe auf und verschleierten die Sicht. Es war, als bewegte er sich durch eine dichte Nebelbank. Dazu kam die Hitze von immer noch schwelenden Glutnestern. Die lauernde Brut der Feuersbrunst, bereit, jederzeit zu schlüpfen, wenn Wind aufkam und Sauerstoff in ihre gierigen Schnäbel blies, um sie damit neu zu entfachen. Schwer atmend stolperte er in dem verkohlten Chaos herum, das sich in jede Richtung bis zum Horizont dehnte; er konnte sich nicht erinnern, was ihn hergeführt hatte. Wohin sollte er gehen? Er folgte einer Spur, ohne zu wissen, was ihn dazu bewog. Rauchwolken verdeckten den Himmel und machten auch eine Orientierung in die Ferne unmöglich. Mit einem Mal trug der heiße Wind leise Stimmen an sein Ohr. Inmitten dieser Zerstörung war er also nicht allein. Galt es, diejenigen zu finden, die wie er durch die knöcheltief mit Asche überzogene Trostlosigkeit irrten? War er hier, um diese Leute zu retten? Oder um sie zu richten? Auch das konnte er nicht beantworten. Er fühlte sich zutiefst zerrissen. Seine Zweifel brannten ebenso wie die rauchige Luft, die er einatmete und die ihn schwindlig machte. Bei jedem seiner Schritte stoben Ascheflocken auf, wirbelten vor seinen Augen, legten sich auf seine verschwitzte Haut, verstopften seine Atemwege. Sein Herz hämmerte ihm gegen den Brustkorb. Besser, er verließ diesen Ort so schnell wie möglich, ehe man auch noch nach ihm suchen musste, weil er selbst nicht mehr in der Lage war, einen Ausweg zu finden. Obwohl – wer sollte schon nach ihm suchen? Wer vermisste ihn? War überhaupt noch jemand übrig, der sich für ihn in Gefahr brachte, so wie er es in einem fort für andere tat?

»Henrik!«

Er wirbelte herum, wedelte die Rauchschwaden beiseite. Verkohlte Äste knackten. Seine Augen brannten, Tränen trübten seinen Blick. Funken tanzten. Da, eine Bewegung. Eine vom Rauch vernebelte Gestalt. »Wer ist da?«

»Henrik!«

»Martin?!«

Unmöglich! Er taumelte rückwärts gegen einen Baumstumpf, der die Hitze gespeichert hatte wie ein überdimensionales Stück Kohle, das ihm jetzt den Rücken versengte. Unbeholfen stolperte er nach vorne und fiel auf die Knie. Asche hüllte ihn ein und löste einen heftigen Hustenreiz aus.

Davon wachte er auf.

Henrik stemmte sich hoch, rang nach Luft. Hustete zwischen den Atemzügen. Es dauerte eine Ewigkeit, bis seine Lunge sich beruhigte. Er musste sich im Schlaf verschluckt haben. War das rein physiologisch überhaupt möglich? Mit vorgebeugtem Oberkörper hockte er auf der Bettkante. Er schmeckte Asche auf seiner Zunge, die nicht da war, und wunderte sich, wie stark man sich Dinge einbilden konnte. Wozu der Geist in der Lage war, vor allem wenn er angeschlagen und dadurch leicht empfänglich für Manipulationen von außen war. Oder gar von innen?

War es gar kein Traum gewesen, sondern wieder einer dieser Flashbacks? Hervorgerufen durch die psychoaktiven

Stoffe aus dem bewusstseinserweiternden Sud, den man ihm eingeflößt hatte. Trieben immer noch Rückstände der vermeintlichen Wunderpflanze durch seinen Körper?

Er schüttelte benommen den Kopf. Dann fiel es ihm ein. *Wieder Martin!*

Innerhalb weniger Tage war er ihm erneut erschienen. Zuerst in seinem Ayahuasca-Rausch und jetzt in einem Traum, der Henrik mit seinem Realismus erschreckt hatte. Diese Waldbrände! Davon zu träumen war naheliegend, denn die Feuersbrünste in der Landesmitte waren über mehrere Wochen das Topthema in den Medien gewesen. Er kannte die Fernsehbilder der vernichteten Flächen. Das rußgeschwärzte Grauen der in den Himmel ragenden Baumstümpfe, das verkohlte Mauerwerk, wo einst Dörfer gelegen hatten, durchzogen von geschmolzenen und verformten Asphaltbändern. Über einhundertzwanzig Quadratkilometer Wald waren die Brände hinweggefegt und hatten über sechzig Leben mit sich gerissen. Dann kam der Regen. Unerwartet war eine Gewitterfront vom Atlantik her ins Landesinnere gezogen, ohne dass die Berge entlang der Küste sie hatten aufhalten können. Der Wolkenbruch war ein Segen gewesen, doch letztlich viel zu kurz. Er löschte zwar die meisten der Brandherde, doch tat er das nicht nachhaltig genug, wie die Feuerwehren aus den betroffenen Gebieten vermeldeten. Noch schwelte es überall in den Wäldern, die Gefahr war längst nicht gebannt.

Henrik seufzte. Er brauchte endlich wieder einen klaren Kopf. Außerdem glaubte er überhaupt nicht an Visionen, erst recht nicht, wenn sie unter dem Einfluss einer halluzinogenen Substanz entstanden. Und Traumdeutung? Nein, auf keinen Fall! *Aber verdammt!* Was wollte Martin ihm jetzt noch mitteilen? Er hatte den Mörder seines Onkels doch überführt, Renato ein Geständnis abgerungen. *Habe ich was übersehen?*

Er hörte jemanden im Treppenhaus. Man hätte meinen können, dass die Wände des zweihundert Jahre alten Hauses dick genug waren, dennoch drang das Ächzen der Holzstufen bis in sein Schlafzimmer. Es war erst kurz nach sieben Uhr. Wer machte sich um diese Zeit schon auf den Weg? Gewiss keiner der drei Jazzmusiker, die direkt über ihm wohnten. Ihr Engagement, sofern sie eins hatten, begann immer erst in den Abendstunden. Ajit Bikkhu vielleicht, der Inder, der momentan Strohwitwer war, weil seine Frau Jaya und die Kinder die Verwandtschaft in Patna besuchten. Der schmächtige Mann war als Fensterputzer bei einer Reinigungsfirma angestellt. Sicher nicht der ideale Job, wenn man eine sechsköpfige Familie ernähren musste. Keiner seiner Mieter war in der Lage, regelmäßig zu bezahlen. Doch auch darauf hatte Henrik sich längst eingestellt.

Es konnte eigentlich nur Catia sein, über die sich die Stiege beschwerte, auch wenn sie kaum mehr etwas wog. Wo wollte sie wohl so früh am Morgen hin? Wusste sie, in welchem Loch sich Renato versteckt hielt? Das war eine wichtige Frage, und ihm war klar, dass er ihr nachgehen musste. Schließlich konnte er Renato unmöglich mit dem, was er getan hatte, davonkommen lassen. Nicht zuletzt, weil er die Person belangen wollte, die Renato dazu angestiftet hatte, seinen einst besten Freund zu vergiften.

Catia jetzt noch einzuholen, war unmöglich. Nicht im Gewirr der Gassen, die draußen vor der Tür warteten. Im Moment gab es ohnehin genug anderes zu klären, überlegte er, stemmte sich hoch und wankte hinüber ins Badezimmer. Im Spiegel über dem Waschbecken betrachtete er sich, ohne sich wirklich wahrzunehmen. Die Augen, die ihm entgegenstarrten, signalisierten kaum weniger Erschöpfung als die von Catia. Er hatte schon besser ausgesehen. Der Kampf, den er seit einem Jahr in Lissabon führte, hatte seine Spuren hinterlassen. Das einzig Positive daran war, dass er dabei nach und nach Gewicht verlor. Selbst der Ansatz zum Doppelkinn war bereits verschwunden. Mittlerweile bereute er es, dass er sich die Haare so kurz hatte scheren lassen, denn das ließ ihn irgendwie noch ausgezehrter wirken. Kein Wunder, dass Helena so zurückhaltend auf ihn reagierte. Vermutlich hatte sein Anblick sie schockiert. Ebenso wie seine Mutter, selbst wenn die sich bislang auffällig zurückgehalten hatte, auch was Bemerkungen über sein Äußeres anging. Dabei lieferte ihr doch sein abgerissenes Auftreten ausreichend Bestätigung dafür, dass ihn Martins Erbe früher oder später mit in den Abgrund reißen würde, wie sie von Anfang an prophezeit hatte. Zum einen finanziell, zum anderen psychisch. O ja, er gab wahrhaftig das passende Bild dazu ab.

Nach einer ausgiebigen Dusche fühlte er sich besser. Besser und bereit, die Idee in Angriff zu nehmen, die sich still und heimlich in ihm geformt hatte. Letztlich war er eben ein Gefangener seiner Prinzipien. Und genau deshalb tat Henrik etwas, was er seit seinem Aufbruch nach Portugal bislang tunlichst vermieden hatte. Ungeachtet der frühen Stunde rief er seine Mutter an. Tatsächlich lag er nicht falsch damit, dass sie bereits wach war, also entschuldigte er sich nicht für die zeitige Störung, sondern lediglich für seinen gestrigen Auftritt. Ohne eine Antwort abzuwarten, schlug er ihr ein Mittagessen vor und bot an, sie dazu im

Hotel abzuholen. Sie reagierte verhalten, sagte ihm aber schließlich zu. Was hatte sie auch für eine Wahl, nachdem ja auch sie etwas von ihm wollte? Sie vereinbarten eine Uhrzeit, die ihm ausreichend Puffer bot, um vorher noch ein paar Recherchen anzustellen. Unerwartet motiviert machte er sich auf ins höher gelegene Bairro Alto und lief zu Fuß weiter Richtung Avenida da Liberdade. Er wählte den Weg über den Largo do Carmo, einem seiner Lieblingsplätze in der Stadt, der zu dieser frühen Stunde noch wie leer gefegt war. Das kam Henrik gelegen. Die noch frische Luft und die Verwaistheit verliehen dem Ort zusätzlichen Charme.

Leider beanspruchten die Restaurants, die die Ostseite des Platzes flankierten, zunehmend mehr Raum für ihre Außenbewirtung. Hinzu kam, dass wegen der andauernden Hitzewelle die Palisanderbäume ringsum ihre Blätter hängen ließen. Der erneut drohende Wassermangel erlaubte es den Verantwortlichen für die botanischen Anlagen nicht mehr, sie noch ausreichend zu wässern. Möglicherweise würde man bald auch die Wasserversorgung für die Haushalte einschränken. Henrik versuchte, nicht darüber nachzudenken. Jetzt, da die Luft noch prickelte – auch wenn das für Lissabon eigentlich unmöglich schien – galt es den Moment zu genießen. So viel hatte er von den Portugiesen schon gelernt. *Lebe den Tag! Was interessiert dich das Morgen?*

Noch herrschte versöhnliche Stille. Es war zu früh für Touristen – und für den Großteil der Lisboetas ebenfalls, die ihre Arbeit erst später begannen. Auch das half Henrik, sich zu konzentrieren. Die Gedanken zu ordnen und sich auf das erneute Treffen mit seiner Mutter vorzubereiten. Heute fühlte er sich erheblich wacher, der Nebel in seinem Kopf war hoffentlich endgültig weg. Zudem war nicht davon auszugehen, dass ihm eine erneute Ablenkung durch die Inspetora widerfuhr, selbst wenn er dagegen gar nichts einzuwenden gehabt hätte. Jedenfalls standen die Zeichen gut, dass er seine Aufmerksamkeit voll und ganz seiner Mutter widmen, sich über ein paar Dinge Klarheit verschaffen und herausfinden konnte, was sie plante. Und zuvor wollte er noch diese andere Sache erledigen, die er sich vorgenommen hatte.

Er beschloss, die Calçada da Glória hinabzugehen, auf der eine der drei antiquierten Standseilbahnen Lissabons fuhr, hinauf zum Miradouro de São Pedro de Alcântara, oder, von seiner Warte aus gesehen, hinunter zum Praça dos Restauradores, dort wo die Avenida da Liberdade ihren Anfang nahm. Dabei handelte es sich nur um eine kurze Fahrstrecke, und es waren fast ausschließlich Touristen, die das historische Vehikel benutzten. Berechnete man die Wartezeit ein, bis der Elevador losfuhr, war man in der Regel schneller zu Fuß, egal ob hinauf oder hinunter. Heute ratterten die alten Triebwagen noch gar nicht durch die Mitte der abfallenden Gasse. Die gelben Gefährte wurden, egal, wie oft man sie neu lackierte, immer wieder Ziel von Graffitischmierern. Henrik passierte den am oberen Haltepunkt abgestellten Wagon, der noch mit der eisernen Falttür verschlossen war, und wandte sich bergab. Auch in der steilen Gasse hatten sich die Spraydosenvandalen ausgelassen, sogar besonders bunt und wild. Auch wenn sich darunter durchaus ein paar echte Kunstwerke fanden, waren Graffitis ein wahrer Fluch für die Stadt.

Unten am Praça dos Restauradores angekommen, brauchte er keine fünf Minuten mehr, bis er wieder vor dem Hotel Oriente stand. Wie am Vortag herrschte in der Lobby reger Durchgangsverkehr. Leute mit Koffern um sich herum belagerten den Empfang. Der Portier am Eingang war damit beschäftigt, die in Messing gefasste Tür zu öffnen und zu schließen. Gepäcktrolleys wurden herein- und hinausgeschoben. In den schweren, dunklen Ledermöbeln des Loungebereichs saßen Männer und Frauen tief in den Polstern versunken, lasen Zeitung und tranken Kaffee. Er fürchtete halb, seiner Mutter jetzt schon zu begegnen, hielt das Risiko aber für einigermaßen gering. Rasch suchte er sich einen geeigneten Platz, von wo er unauffällig alles überblicken konnte, und fand ihn schließlich in unmittelbarer Nähe der Fahrstühle. Er hoffte, dass der Sicherheitsdienst des Hotels nicht auf ihn aufmerksam wurde. Wäre dies doch der Fall, konnte er zwar immer noch vorgeben, auf seine Mutter zu warten, doch die Ausrede würde nicht allzu lange standhalten. Nun, Risiko hin oder her, er hatte keinen besseren Plan.

Selbstredend wäre es am effektivsten gewesen, das Personal direkt zu befragen. Angestellte, die im Idealfall schon lange genug dabei waren, um sich an die Umbauarbeiten vor fünfundzwanzig Jahren zu erinnern. Aber das hielt er für schwierig, schließlich verfügte er über keine Polizeimarke mehr, die er vorzeigen konnte. Zudem würde er nie als Portugiese durchgehen – ganz abgesehen davon, dass er sich dann wegen Amtsanmaßung strafbar machen würde. Alles in allem keine Voraussetzungen, unter denen ein charakterfester Hotelbediensteter mit ihm reden würde. Jedenfalls nicht während der Arbeitszeit. Immerhin konnte er die

Zeit nutzen, um einen geeigneten Kandidaten auszuspähen, der es mit der Verbundenheit zu seinem Arbeitgeber *nach* Dienstschluss vielleicht nicht mehr so genau nahm. Jemand, dem Henrik später Informationen entlocken konnte. Er lehnte sich zurück und überließ sich seinem Instinkt, auf den er auch nach über zwei Jahren immer noch baute. Hier in Lissabon hatte es leider Gottes schon genug Gelegenheiten gegeben, ihn einzusetzen.

Während er das Geschehen in der Empfangshalle beobachtete, traten nach und nach all die Widrigkeiten, die ihn fortlaufend beschäftigten, in den Hintergrund. Es gelang ihm erstaunlich gut, sich auf den Moment zu konzentrieren, und mit einem Mal fühlte er sich völlig in seinem Element. Plötzlich empfand er es als geradezu leicht, denjenigen auszumachen, der aus der Masse der Leute in dem weitläufigen Foyer herausstach. Zu seiner Überraschung handelte sich nicht um einen Hotelangestellten.

Das Gebaren des Mannes war dem seinen nicht unähnlich. Auch er beobachtete die Lobby. Er hatte sich halb verborgen hinter einer der Säulen platziert, zusätzlich geschützt von einer mannshohen Topfpflanze mit ausladenden Blättern in der Größe von Elefantenohren. Der Mann hatte schütteres dunkles Haar, ein teigiges Gesicht und deutliches Übergewicht. Er trug einen sandfarbenen Anzug, so unansehnlich zerknautscht, als hätte er darin geschlafen. Seine eng stehenden Augen zeugten allerdings von äußerster Wachheit und standen in krassem Widerspruch zu dem nachlässigen Äußeren des Mannes. Er mochte um die fünfzig sein, auch wenn das Alter schwer zu schätzen war. Ein Journalist, tippte Henrik – und diese Vermutung gab ihm erst recht zu denken. Für einen Pressevertreter war es doch viel zu spät, wenn es um den Toten im Pool ging. Die Leiche hatte bereits vor fünf Tagen für Schlagzeilen gesorgt, der Zug war abgefahren, die Sensation verpufft. Was wollte der Reporter also noch hier?

Ihre Blicke trafen sich. Die Peinlichkeit, ertappt worden zu sein, verflog schon in der darauffolgenden Sekunde. Stattdessen nickte ihm der Mann kaum merklich zu. Zeit für eine Unterhaltung, signalisierte diese Geste. Henrik deutete an, dass er verstanden hatte. Daraufhin bewegte sich der rundliche Mann gemächlich Richtung Ausgang. Der Pförtner öffnete ihm die Tür und tippte sich an das Schild seiner Portiersmütze.

Henrik wartete zehn Sekunden, bevor er ihm folgte.

Zwei Häuser weiter, stadteinwärts, sah er den Journalisten in einem Straßencafé an der Theke stehen und auf seine Bestellung warten. Henrik reihte sich hinter ihm ein.

»Was nehmen Sie?«, fragte der Mann.

»Bica«, orderte Henrik und deutete auf einen Tisch, der gerade frei wurde. Drei Minuten später saßen sie sich gegenüber.

»Alves«, stellte der Journalist sich vor.

»Falkner.«

Sie verzichteten darauf, sich die Hände zu schütteln.

»Für wen schreiben Sie?«, wollte Henrik wissen.

»Für den, der am besten zahlt«, erklärte Alves und bestätigte damit endgültig Henriks Einschätzung. Zusätzlich zum Kaffee hatte sich der Journalist zwei kalorienreiche Pastéis-Törtchen mitgebracht. Das erste war mit zwei gierigen Bissen verschwunden. Genüsslich leckte er sich die Puddingfüllung von den Fingern und spülte mit Kaffee nach. »Was wollen Sie?«, fragte er dann.

»Könnte ich Sie ebenfalls fragen. Mich wundert, dass Sie noch im Oriente herumhängen. Ist der Tote im Fundament journalistisch nicht schon längst Geschichte? Wonach suchen Sie? Nach der Story hinter der Story?«

»Warum glauben Sie, es geht um den Leichenfund?« Alves grinste. Blätterteigkrümel klebten an seiner Unterlippe. Das schrullige Auftreten des Mannes war wie vermutet nur Fassade. So wie Henrik ihn auf den ersten Blick eingeschätzt hatte, war Alves ein Wadenbeißer. Einer der auf Biegen und Brechen dranblieb, wenn er Stoff für einen schlagzeilenträchtigen Artikel witterte. Und aus seiner Sicht war im Oriente wohl noch etwas zu holen. »Sie sehen für mich nicht aus, als würden Sie einen Prominenten abpassen, um seine Ankunft im Hotel zu dokumentieren.«

Alves nahm sich das nächste Pastéis vor. »Diese Dinger bringen mich noch um«, ächzte er mit vollem Mund.

Henrik lehnte sich zurück und rührte gelassen in seinem Espresso.

Der Journalist schluckte und musterte ihn nachdenklich aus schmalen Augen. »Mal umgekehrt gefragt, was interessiert denn einen alemão an dieser uralten Geschichte?«

»Ist was Persönliches«, log Henrik.

»Klingt vielversprechend. Schießen Sie los!«

Henrik nippte an dem würzigen Gebräu, dann suchte er den Blick des Reporters. »Lassen Sie zuerst hören, was Sie wissen!«

Alves lachte schallend. Blätterteigbrösel spritzten über den Tisch. »So läuft das nicht, Senhor Falkner, nicht in Portugal und auch nirgendwo sonst auf der Welt. Das wissen Sie doch.« Alves breites Grinsen wurde zu einer Grimasse.

Henrik lächelte zurück. Er trank seine Tasse leer und erhob sich. »Schade!«

»Beim Personal beißen Sie auf Granit«, prophezeite der Reporter.

Mal sehen, wie geduldig du *bist*, dachte Henrik und ließ ihn sitzen.

8

Alves Vorhersage erwies sich als zutreffender, als es Henrik lieb war. Niemanden war bereit, mit ihm über den Toten im Pool zu sprechen. Gut, er hatte eine gewisse Diskretion vorausgesehen, jedoch nicht mit dieser absoluten Verschwiegenheit gerechnet. Niemand gab auch nur den kleinsten Kommentar von sich oder zeigte Interesse daran, ein Gespräch nach Feierabend mit ihm zu führen. Das war ehrenhaft und auf gewisse Weise auch sehr verständlich. Niemand wollte seinen Job riskierte. Erst recht nicht, da Henrik keinerlei finanziellen Anreiz in Aussicht stellen konnte. Nachdem er sich also zwei Stunden darum bemüht hatte, ganz beiläufig Mitarbeiter des Oriente anzusprechen, und dabei stets abgeblitzt war, sobald er den Vorfall im Hotelgarten erwähnte, fragte er sich, ob er gegenüber dem Journalisten vielleicht doch zu schnell dichtgemacht hatte. *Na, Senhor Falkner, wer verliert jetzt die Geduld?*

Irgendwann hörte das Personal auf, freundlich zu ihm zu sein. Und schon bald darauf schlich ihm auf Schritt und Tritt einer vom Sicherheitsdienst hinterher. Vermutlich hatten sie ihn nur deshalb noch nicht rausgeworfen, weil unter den Angestellten bekannt war, dass seine Mutter hier als Gast logierte. Früher, amtlich ausgewiesen als Beamter, war das mit der Informationsbeschaffung deutlich einfacher gewesen. Zumindest bei denen, die nichts zu verbergen hatten. Allerdings musste er sich da auch strikt an Regeln und Gesetze halten, damit seine Ermittlungsergebnisse vor Gericht standhielten. Das wiederum war nun nicht mehr nötig. Was er herausbekam, musste nicht für eine rechtssichere Verfahrensaufnahme taugen. Es diente ausschließlich der Wahrheitsfindung und würde, so Gott wollte, für außergerichtliche Gerechtigkeit sorgen.

Jetzt jedenfalls brauchte er einen anderen Ansatz, um in dieser Sache weiterzukommen. Denn bislang hatte er nichts, worauf er aufbauen konnte. Mit plötzlicher Nervosität stellte er fest, wie schnell die Zeit verflogen war. Simone konnte jede Sekunde auftauchen. Zum Missfallen der Hotelbediensteten blieb er also weiter in der Lobby – um jetzt tatsächlich auf sie zu warten. Als sie zehn Minuten überfällig war, versuchte er es auf ihrem Handy und bekam mitgeteilt, dass der Teilnehmer im Moment nicht erreichbar war. Widerwillig marschierte er zum Empfang und bat, sie über das Hoteltelefon zu informieren. Sichtlich reserviert erfüllte die Rezeptionistin seine Bitte und richtete ihm nach dreißig Sekunden aus, dass sich seine Mutter nicht wohl fühle und daher auf das Essen mit ihm verzichtete. Ein Sinneswandel, der gar nicht zu ihr passen wollte. Andererseits hatte er sie lange nicht mehr gesehen und gesprochen, bevor sie nach Lissabon gekommen war. Forderte etwa das Alter seinen Tribut? Ein absurder Gedanke … Oder? Litt sie womöglich sogar an ernsten gesundheitlichen Problemen, von denen er nichts ahnte? Musste er sich Sorgen machen?

Er hinterließ ihr eine Nachricht mit der Bitte, sich später bei ihm zu melden, und strebte dem Ausgang zu. Nachdem er sich so lange in dem voll klimatisierten Hotel aufgehalten hatte, traf ihn die Hitze auf der Straße wie ein Hammerschlag. Nach ein paar schweren Atemzügen beschloss er trotzdem, noch nicht aufzugeben. Es gab etwas, das er noch nicht probiert hatte. In dem Bemühen, einen Blick auf den hinteren Teil des Gebäudekomplexes zu werfen, entdeckte er auf halbem Weg den Personaleingang, der sich auf der Rückseite des Hotels in der Rua do Salitre befand. Natürlich wäre es schlau gewesen, sich über die Schichtwechsel kundig zu machen, nur hatte er keinen plausiblen Grund gehabt, danach zu fragen. Auch das ging ihn schließlich nichts an. Allerdings hatte er bisher nicht bedacht, dass sich die Hotelangestellten in der Lobby sicher auch untereinander beobachtet gefühlt haben mussten. Zum einen von den Kollegen, zum anderen vom Sicherheitsdienst und dessen Kameras, die ohne Zweifel aus allen erdenklichen Ecken ihre digitalen Augen nicht nur auf die Gäste, sondern auch aufs Personal richteten.

Er stellte fest, dass er mit seiner Idee, jemanden von den Angestellten außerhalb des Hotels anzusprechen, nicht alleine war. Ohne Überraschung erkannte er seinen neuen Journalistenfreund Alves, der offensichtlich die gleiche Strategie verfolgte. In der Straße, die zwischen dem Universitätsgarten und den unterhalb gelegenen Gebäuden verlief, lehnte der Reporter rauchend an einer Steinbrüstung, mit Blick auf den mit einem elektronischen Schloss gesicherten Zugang für Hotelangestellte. Der Reporter hatte Henrik noch nicht bemerkt, und dabei sollte es auch bleiben, also duckte er sich mit ausreichend Abstand vom Eingang hinter ein paar parkende Autos. Leider in der prallen Sonne, die jetzt um die Mittagszeit mit höchster Intensität vom Himmel strahlte.

Im Gegensatz zu ihm kannte Alves anscheinend die Zeiten für den Schichtwechsel oder die Pausen der Belegschaft, denn nach nur wenigen Minuten öffnete sich die Tür, und einige Leute traten aus dem Gebäude.

Alves gab sich gleichgültig, blieb einfach im Schatten der Hofeinfahrt, in der er sich postiert hatte, und wippte in seinen ausgetretenen Lederschuhen vor und zurück. Erst als die Gruppe sich auflöste, schnippte er die Kippe fort und folgte einem älteren Herrn, den Henrik als einen der Kellner identifizierte, die vorhin gelegentlich in der Lobby bedient hatten. Einer der wenigen, der es geschafft hatte, sich seinen Fragen zu entziehen. In Haltung und Auftreten erinnerte der schlanke Mann, der bereits jenseits der Sechzig sein musste, an einen englischen Butler. Er trug nach wie vor seine schwarze Kellnerhose und das weiße Hemd, bei dem er lediglich die Ärmel hochgekrempelt hatte, um sich etwas Luft zu verschaffen. Trotz dieses kleinen Zugeständnisses an die Hitze wirkte er auch hier draußen wie ein Muster an Integrität und Dienstbeflissenheit, so als steckten diese Attribute direkt in seinen Genen. Jetzt war Henrik sogar froh, ihn nicht während seiner Arbeit in eine Unterhaltung gezwungen zu haben.

Das ist also mein Mann!

Alves schloss zu dem Kellner auf, der sich sichtlich pikiert gab, kaum dass er angesprochen wurde, was den Journalisten aber nicht zu beeindrucken schien. Der versuchte sich dem Schritt des Mannes anzupassen und seine Fragen loszuwerden. Henrik folgte in einigem Abstand; wollte er etwas von der Unterhaltung mitbekommen, musste er näher an die beiden heran. Im Schutz der abgestellten Autos eilte er ihnen hinterher. Nach etwa dreißig Metern gewann der Wortwechsel zwischen den beiden an Heftigkeit, und sie blieben stehen. Der schlaksige Oberkellner mit dem weißen Haarkranz und dem aristokratischen Profil vollführte ausladende Bewegungen, als könnte er den Reporter damit wie eine lästige Steckmücke verscheuchen. Doch selbst als der Angestellte sich vehement abwandte, blieb Alves neben ihm und redete weiter auf ihn ein.

Definitiv mein Mann!

Der Hotelangestellte war auf jeden Fall alt genug, um schon vor fünfundzwanzig Jahren im Oriente Gäste bedient zu haben. Das musste mit ein Grund sein, warum Alves so penetrant an ihm dranblieb. Wusste der Journalist mehr, als Henrik bisher angenommen hatte? War es ein Fehler gewesen, sich nicht auf den Handel mit Alves einzulassen? Henrik hatte keine Zeit, um sich groß zu ärgern, er musste seinerseits seine Chance suchen. Der Kellner beschleunigte jetzt seine Schritte die Straße hoch, und Alves fiel zurück. Konditionell war der Journalist eindeutig im Nachteil, was wohl hauptsächlich an seinem Gewicht lag. Unverhofft zweigte der Ober links in eine schmale Gasse zwischen zwei Gebäuden ab, nahm mit flinken Füßen ein paar Stufen und verschwand von der Bildfläche. Hinter diesen Gebäuden konnte Henrik den üppigen Baumbestand des botanischen Gartens aufragen sehen, der dort unmittelbar angrenzte. Er wusste, dass sich der offizielle und für Besucher einzige Eingang jenseits der Parkanlage in der Rua da Escola Politécnica befand. Wohin also führte dieser enge Durchlass, durch den der Kellner geflüchtet war?

Alves blieb am Fuß der Treppe stehen. Sein Keuchen war über die Straße hinweg zu hören. Henrik verbarg sich hinter einem Lieferwagen und wartete ab. Der Journalist sank ermattet auf die Steinstufen und holte Zigaretten aus der Tasche. Es widerstrebte Henrik, erneut die Konfrontation mit Alves zu suchen. Doch er durfte den Kellner nicht verlieren. Binnen Sekunden jagten mehrere Gedanken durch sein aufgeheiztes Gehirn. Wohin war der Mann verschwunden? Versteckte er sich nur in der schattigen Gasse, um den lästigen Verfolger loszuwerden? Wohnte er dort womöglich? Wie auch immer, er musste eine Entscheidung treffen. Entschlossen sprintete er los, direkt auf den Journalisten zu, der inzwischen qualmend auf der Treppe hockte. Als er Henrik auf sich zustürmen sah, bekam er große Augen.

Henrik sprang an ihm vorbei die Stufen hinauf.

»Warten Sie!«, keuchte der Journalist.

Verdammt, warum sollte er? Dennoch stoppte Henrik und hastete zu Alves zurück. Der wandte sich keuchend nach ihm um, ohne aufzustehen.

»Ich sollte aufhören, den Leuten hinterherzurennen«, japste er. Dann griff er in die Brusttasche seines schweißgetränkten Hemdes und zog eine Visitenkarte heraus. »Rufen Sie mich an, falls Sie ihn erwischen!«

Einen Scheiß werde ich, dachte Henrik, griff aber trotzdem nach der Karte und schob sie in die Hosentasche. Dann machte er kehrt und eilte in den Spalt zwischen den baufälligen Gebäuden. Schon nach wenigen Metern öffnete er sich wieder und endete zu Henriks Verblüffung vor einem vergitterten Tor. Das rostige Metallgestänge war eingefasst von einer hohen, gelb getünchten Mauer in manuelinischer Bauweise, deren Krone von einem Bougainvillea-Strauch mit lilafarbener Blütenpracht überwuchert wurde. Ohne Frage handelte es sich dabei um einen geheimen Zugang zum Universitätsgarten. Der Weg bildete ansonsten eine Sackgasse, von dem Kellner gab es keine Spur. Er sah auch keine Hintereingänge zu den Häusern. Demnach blieb nur eine Möglichkeit. Halb hoffend, halb ungläubig griff er nach dem rostigen Riegel. Der Torflügel knirschte, ließ sich aber problemlos so weit aufziehen, dass er hindurchschlüpfen konnte. Genau wie er hatte offenbar auch Alves nicht damit gerechnet, dass man über diesen verborgenen Zugang in den Universitätsgarten gelangen konnte.

Verbotenerweise betrat Henrik den Jardim Botânico da Universidade de Lisboa. Soweit er wusste, war der im späten neunzehnten Jahrhundert angelegte Park einer der größten naturwissenschaftlichen Gärten Europas, mit einer immensen Artenvielfalt auch tropischer Gewächse. Eine grüne Oase mitten in der Stadt, die, wie Henrik im Moment bedauerte, vierzigtausend Quadratmeter umfasste. So gesehen aussichtslos, hier jemanden zu finden.

Die ersten Schritte setzte er mit Vorsicht. Doch als kein hinter einem Busch versteckter Parkwächter ihm hinterherbrüllte, begann er wieder zu rennen. Augenblicklich ging es steil bergauf. Henriks einziger Trost war, dass die dichte Bepflanzung ausreichend Schatten spendete. Auf dem gekiesten Weg umrundete er einen Teich und orientierte sich weiter bergwärts. Die Pfade zwischen den Bäumen und Sträuchern verzweigten sich vielfach. Er konnte nur raten. Obwohl die Hitze unter dem Blätterdach erträglicher war als auf der Straße, geriet er immer heftiger ins Schwitzen. Ein paar wenige Besucher, die, der Umgebung angemessen, gemächlich durch den Park schlenderten, warfen ihm fragende Blicke zu. Wie konnte man sich in diesem Idyll aus Chlorophyll nur so abhetzen? Auch Henrik fand, dass es eine Schande war, diesen wunderbaren Ort nicht in dem Maß würdigen zu können, wie er es verdiente. Doch es half nichts, darüber zu lamentieren. Die Minuten verstrichen, und seine Hoffnung schwand. Mittlerweile brannte ihm der Schweiß in den Augen, und so war er bereits an der Parkbank vorbeigerannt, als ihm aufging, wer sich hier ein schattiges Plätzchen gesucht hatte. Der Kellner aus dem Oriente hockte mit übergeschlagenem Bein unter den ausladenden Ästen eines mächtigen Nadelbaums, den das daran angebrachte Schild als Taxus baccata auswies, eine Europäische Eibe.

Henrik stoppte schwer atmend und drehte sich zu dem Mann um.

»Ich kenne Sie«, stellte der fest und starrte ihn irritiert an.

Henrik musste erst ein paarmal nach Luft schnappen, bevor er antworten konnte. »Gewissermaßen«, presste er hervor.

»Sind Sie mir gefolgt?«

»Ja«, gestand Henrik. »Aber keine Angst, ich bin kein Medienvertreter.«

Der Kellner stellte beide Beine parallel auf die Erde, drückte den Rücken durch und fuhr sich über die Bundfalte seiner Hosen, ehe er die Hände akkurat auf den Oberschenkeln ablegte. »Das macht es nicht besser. Ich habe Sie schon mehrfach bei uns im Hotel gesehen, aber Sie sind kein Gast. Was also wollen Sie?«

»Wie lange arbeiten Sie schon im Oriente?«

»Mein ganzes Leben, Senhor!«, verkündete der Mann voller Stolz. Der Blick aus den grauen Augen war eindringlich. Der jahrelange Umgang mit Hotelgästen befähigte ihn vermutlich dazu, schnell einschätzen zu können, welche Art Person er vor sich hatte. Jede Wette, dass er vorausahnen konnte, wonach es den jeweiligen Gast verlangte, noch bevor dieser seinen Wunsch äußerte. »Und jetzt bitte ich Sie, mich in Ruhe zu lassen. Auch wenn ich mich unseren Gästen stets verpflichtet fühle, steht mir eine Pause zu, in der ich mich ausschließlich meinen Bedürfnissen widme.«

Henrik klebte das Hemd schweißnass am Rücken, und er kam nur langsam wieder zu Atem. Er brauchte einen Zugang zu diesem Mann, ehe der sich dafür entschied, aufzustehen und in die Weitläufigkeit des Parks zu entschwinden. Ihm blieb keine Wahl, er musste alles auf eine Karte setzen, ehe dem Kellner der Geduldsfaden riss.

»Es ist etwas passiert, vor einem Vierteljahrhundert. Etwas ... nennen wir es mal etwas *Entscheidendes*, und damit meine ich nicht die Person, die man im Fundament des Pools versenkt hatte. Ich bin sicher, Sie wissen, worauf ich hinauswill?«

»Wer sind Sie überhaupt?«

Henrik wartete zwei, drei Sekunden, bevor er antwortete. »Mein Name ist Henrik Falkner, und ich ermittle in privaten Angelegenheiten, wenn Sie so wollen.«

»Gegen das Hotel?«

Schnell schüttelte Henrik den Kopf. Offensichtlich war dem Mann seine Arbeitsstelle heilig. Eine Loyalität, die heutzutage eher rar gesät war.

Der Kellner zuckte mit den Schultern und schob seinen Unterkiefer vor. »Wie auch immer, ich verstehe nicht, worauf Sie hinauswollen. Im Oriente passiert ständig etwas. In den Jahrzehnten, seit ich dort beschäftigt bin, ebenso wie vor meiner Zeit haben dort Ereignisse von Bedeutung stattgefunden. Und das wird auch nach meinem Ausscheiden so sein. Das Haus hat eine bewegte Vergangenheit, und es ist ein ehrwürdiger Ort, in dem Geschichte geschrieben wurde, und das wird sich auch in Zukunft nicht ändern,

Senhor Falkner!« Plötzlich stand er auf und reichte Henrik die Hand. »Bitte verzeihen Sie meine Unhöflichkeit! Diese einfache Geste sollte allem vorangehen. Mein Name ist Eduardo Lemos.« Sein Händedruck war kurz, aber bestimmt, und sogleich ließ er sich wieder auf der Bank nieder. »Und jetzt setzen Sie sich bitte ebenfalls, ich bekomme ja einen steifen Nacken, wenn ich so zu Ihnen hochblicken muss, ganz abgesehen davon, dass mich dabei die Sonne blendet.«

Henrik tat ihm den Gefallen und nahm am anderen Ende der Parkbank Platz.

»Ist Ihnen jemals aufgefallen, dass wir Kellner immer auf die Leute herabschauen, die wir bedienen?« Obwohl er keine Miene verzog, blitzte für eine Sekunde der Schalk aus seinen Augen.

»Nicht wirklich«, erwiderte Henrik und lächelte.

»Nun, Senhor Falkner, ich weiß selbst nicht genau, warum ich mich mit Ihnen unterhalte ... es heißt, das Alter macht einen wunderlich, und womöglich widerfährt mir das ja gerade. Also zurück zu Ihrem Anliegen, bevor ich es mir anders überlege und wieder zur Vernunft komme.« Erneut straffte er sich ein wenig. »Mir wurde über das letzte halbe Jahrhundert die Ehre zuteil, eine Vielzahl an denkwürdigen Ereignissen als stiller, aber nicht untätiger Beobachter beizuwohnen. Als sehr junger Bursche habe ich sogar noch Salazar erlebt und musste widerwillig Haltung zeigen. Kein schönes Kapitel. Ebenso bediente ich Honoratioren und Würdenträger wie Mário Soares und viele andere Persönlichkeiten von Rang und Namen. Und natürlich gab es auch eine Vielzahl an namhaften Schauspielern und Musikern. Wer in der Stadt gastierte, übernachtete für gewöhnlich im Oriente, und das gilt in der Regel auch heute noch. Zumindest bei denen, die etwas auf sich halten, auch wenn es heutzutage natürlich eine größere Auswahl an angemessenen Häusern gibt. Früher war es einfacher, da kam ohnehin kein anderes Hotel infrage.« Unverhofft bekam er einen verträumten Blick. »Ja, auch Luís Figo nächtigte bei uns, und José Mourinho, Ronaldo … In unserem Haus wurden Staatsempfänge abgehalten, Verträge von politischem und wirtschaftlichem Interesse und großer Tragweite ausgehandelt, Konferenzen geführt, Tagungen … Wie sollte ich also wissen, was genau Sie meinen?«

Henrik lächelte. »Ich bin beeindruckt. Und ich glaube, dass Sie bei dieser Vielzahl an geschichtsträchtigen und gesellschaftlichen Anlässen nicht nur sehr gewissenhaft Ihrer Pflicht nachgegangen sind, sondern auch sehr aufmerksam waren – und folglich sehr wohl eine Ahnung haben, worauf ich anspiele. Senhor Alves ist sicher der gleichen Ansicht, habe ich recht?«

»Dieser impertinente Mensch, lassen Sie mich mit dem in Ruhe! Seit Tagen belagert er die Lobby.« Eduardo Lemos hatte seine Stimme erhoben. Röte stieg in sein schmales, faltiges Gesicht, das keine Spur von Sonnenbräune aufwies, was bei der Sonnenflut der letzten Wochen beinahe einer Kunst gleichkam.

»Mir kam es vor, als belauerte er vor allem Sie.«

Lemos verschränkte missmutig die Arme vor der schmalen Brust.

Henrik hob beschwichtigend die Hände. »Sehen Sie, im Gegensatz zu dem Journalisten habe ich kein Interesse daran, einen wirtschaftlichen Gewinn aus Ihrem Wissen zu ziehen. Ich suche lediglich nach ein paar Antworten … nach der Wahrheit, wenn Sie so wollen.«

»Wäre mir neu, dass Privatermittler kostenlos arbeiten«, konterte Lemos.

»Das ist der Unterschied, private Ermittlung meint in meinem Fall: aus privaten Gründen.«

Lemos' Ausdruck blieb unbeugsam, doch Henrik war sich sicher, dass er für einen kurzen Moment Neugier unter den buschigen Brauen des Kellners hatte funkeln sehen.

»Sie kommen aus Deutschland, wenn ich nicht irre?«

Henrik nickte.

Der Kellner hob eine Augenbraue. »Der Tote, den sie da letzte Woche gefunden haben, war kein Landsmann von Ihnen. Ohnehin – wie alt waren Sie, als diese Person starb? Zehn? Mir erschließt sich keinerlei Verbindung. Also, woher kommt Ihre Wissbegier?«

Das war die perfekte Vorlage. Henrik hatte ihn, wenn er es klug anstellte. Der Ober war in der Tat ein aufmerksamer Beobachter. Und Alves hatte den richtigen Riecher bewiesen, als er sich diesen Mann herausgepickt hatte. Henrik erinnerte sich an die Zahlen, die Martin auf dem Katasterplan notiert hatte.

Er räusperte sich. »Im Frühjahr 1993, was gab es da für ein wichtiges Ereignis im Oriente? Genauer vom 12. bis zum 14. April?«

9

»April 1993«, wiederholte Eduardo Lemos mehr für sich selbst und rieb sich über die Glatze. War das schon Erkenntnis, was sich da in seinen Zügen spiegelte? Konnte es so einfach sein?

»1993 wurden wir Dritter, hinter Porto und Benfica«, erinnerte sich der Kellner.

»Wir?«

»Sporting natürlich«, antwortete Lemos in selbstverständlichem Tonfall und verlor sich danach für Minuten in einem Monolog, der deutlich machte, dass ihm mehr an Fußball lag als an irgendetwas sonst. Henrik hütete sich, ihn zu unterbrechen, um die fragile Vertrauensbasis nicht zu gefährden. Obschon Henrik sich kaum für Fußball interessierte, wurde zumindest klar, dass Lemos' Gedächtnis offenbar recht zuverlässig funktionierte. Er konnte sämtliche Ergebnisse der Primeira Liga aufzählen, allen voran seines Lieblingsvereins Sporting Lissabon. Hoffentlich würde er sich mit der gleichen Präzision an die Vorkommnisse erinnern, deren Zeuge er 1993 im Oriente geworden war. In dem Jahr, als der Hotelgarten neu angelegt wurde, was zu vielen Beschwerden unter den Gästen führte, wie Lemos plötzlich einwarf, als bestünde ein direkter Zusammenhang zwischen dem damaligen Fußballjahr und der Erweiterung der Grünanlage.

»Allerdings«, fuhr er fort, »freuten wir uns auch auf eine moderne, architektonisch ausgefeilte Poolanlage, wie sie kein anderes Innenstadthotel zu jener Zeit aufweisen konnte. Das Oriente setzte damit wieder einen Akzent und machte sich wie immer zum Vorreiter unter den Herbergsbetrieben, so wie all die Jahrzehnte davor.«

Letztlich konnte sich Henrik nicht erklären, was dem Mann die Zunge lockerte. Vielleicht der Umstand, dass Henrik dank Martins Notizen vermutlich der Erste war, der das Datum des potenziellen Verbrechens so genau hatte eingrenzen können. Oder es lag daran, dass er dem Mann für seine Auskünfte nichts angeboten, keinerlei Bestechungsversuch unternommen hatte. Vielleicht war es auch ganz banal nur Sympathie, die der in seinem Job stets reservierte Kellner für ihn hegte. Unmöglich zu sagen, denn Eduardo Lemos Miene verriet nach wie vor nichts. Natürlich waren die Bauarbeiten von damals weit entfernt von einem denkwürdigen staatstragenden Ereignis, weshalb die Erinnerung, vor allem bei Details, auf die es womöglich ankam, recht vage blieb.

»Ich hatte freilich nicht die Zeit, ständig hinaus in den Garten zu gehen, um die Fortschritte am Bau des Pools zu begutachten. Aber eines kann ich definitiv richtigstellen.«

»Und zwar?«, fragte Henrik mit wachsender Ungeduld.

»Was die Medien über den Toten berichten, ist Unsinn. Dem Bautrupp, der damals im Einsatz war, gehörten keine Ausländer an«, stellte Lemos energisch fest. Grelle Lichtreflexe tanzten über den bekiesten Parkweg und sprenkelten das schmale Gesicht des Obers. Der Schatten der turmhohen Eibe wanderte langsam herum, sodass ihr dicht gewachsenes Geäst nicht mehr ausreichte, die Sonne völlig fernzuhalten.

»Es heißt, er wäre Nordafrikaner gewesen«, ließ Henrik wie beiläufig einfließen und brach damit das Versprechen, das er Helena gegeben hatte.

Wenn Lemos diese Information überraschte, ließ er es sich nicht anmerken. »Auf keinen Fall«, beharrte er. »Nicht unter den Arbeitern.«

»Auch nicht bei denen, die den Garten angelegt haben?«

»Não!«

Das klang sehr überzeugt, beinahe schon arrogant, ganz der Haltung entsprechend, die Lemos als Kellner verinnerlicht hatte. Ein Dienstleister durch und durch, aber keiner, der sich vor den Gästen zu Bücklingen hinreißen ließ.

»Ich nehme an, Sie haben dies der Polizei gegenüber verschwiegen?«

»Natürlich, ich habe diese Gedanken bislang mit niemandem geteilt.«

Außer mit mir. »Wurden Sie überhaupt befragt?«

Lemos verzog den Mund. »Äußerst unzureichend, würde ich meinen.«

Helena ist also noch nicht auf dich aufmerksam geworden. Er musste überlegen, wie er damit umging. Gab er ihr einen Tipp, wusste sie, dass er die Nase in ihre Angelegenheiten gesteckt hatte. Sagte er nichts, behinderte er ihre Ermittlungen, und das würde ihn in ihrer Sympathie wieder sinken lassen, wenn sie dahinterkam. Doch jetzt war nicht der Moment, um darüber eine Entscheidung zu treffen. Wie die Faktenlage sich gerade darstellte, gab es nur noch diese eine zentrale Sache, die er geklärt haben wollte. »Dieses Datum, das ich Ihnen genannt habe, ist Ihnen jedenfalls im Gedächtnis geblieben. Warum?«

»Es war zum Ende der zweiten Aprilwoche. Ich erinnere mich sehr genau.« Lemos senkte die Stimme. »Höchste Diskretion war angebracht. Die Hotelleitung nannte es *Tagung*, aber das war es nicht, es waren Verhandlungsgespräche. Geheime Verhandlungen, geheime Verträge, entende?«

»Geheim?«, murmelte Henrik und nickte, auch wenn er weit davon entfernt war zu verstehen. *Eine geheime Versammlung? Redet Lemos etwa von einer Verschwörung? Irgendwelche bedeutenden Menschen, die sich in einem Hotel treffen, um ...* »Es ging aber nicht um die Weltherrschaft, oder?«

»Machen Sie sich nicht lustig über mich!«, mahnte ihn Lemos.

»Tut mir leid.« Henrik lächelte verlegen. »Fahren Sie fort!«

Der Kellner musterte ihn mürrisch und schien mit sich zu ringen, ob er weitersprechen sollte. Zu guter Letzt tat er es doch. »Einschließlich meiner Person waren nur drei Leute für den Service eingeteilt. Zu wenig für eine Gesellschaft dieses Formats. Je wichtiger die Teilnehmer, desto mehr Personal wird in der Regel abgestellt, damit für die Gäste möglichst der Eindruck entsteht, jeder habe seinen eigenen Kellner. Bei dieser Zusammenkunft war das anders. Auch wenn es nicht offen ausgesprochen wurde, wünschte man möglichst wenig Zeugen, verstehen Sie?«

Das tat er, und diese Information machte die Geschichte gleich noch wesentlich brisanter.

»Das Treffen wurde selbstverständlich hinter verschlossenen Türen abgehalten. Alle, die dazu eingeladen waren, gelangten über eine gesonderte Zufahrt der Tiefgarage ins Hotel, die nur ganz spezielle Gäste nutzen. Und ich spreche hier von der portugiesischen Delegation. Die ausländischen Gäste waren bereits im Haus und hatten mehrere Suiten im obersten Stock angemietet. Dieser Gebäudetrakt war damals noch recht neu, hatte einen eigenen Aufzug und konnte auch über das Treppenhaus nur mit Sondergenehmigung betreten werden. Zu dieser Zeit fand man in Lissabon nichts Vergleichbares.«

»Wer hat diese Konferenz abgehalten?«, fragte Henrik und musste sich bremsen, um nicht ungeduldig auf Lemos' zögerliche Art der Berichterstattung zur reagieren.

Als könnte er Henriks gespannte Erwartung spüren, ließ sich der Mann mit der Antwort Zeit, studierte ihn erneut von Kopf bis Fuß.

»Kommen Sie, es ist fünfundzwanzig Jahre her, niemand wird Ihnen daraus jetzt noch einen Strick drehen.«

Der Kellner musterte ihn kühl. »Es geht mir weniger um mich, vielmehr will ich Schaden vom Oriente fernhalten. Ich erwähnte bereits, ich bin diesem Haus eng verbunden, kenne nichts anderes und möchte auch nichts anderes mehr kennenlernen.«

»Natürlich, und die Treue zu Ihrem Arbeitgeber ehrt Sie. Ich bin sicher, dass das Hotel nicht unmittelbar in die Vorfälle involviert war, die zu diesem tragischen ... Unglück geführt haben.« Sicher war Henrik absolut nicht, aber er brauchte jetzt eine Antwort, bevor er noch platzte. »Sie sagten vorhin etwas von ausländischen Gästen, die diesem Geheimtreffen beigewohnt haben. Bitte, lassen Sie mich nicht länger schmoren. Woher kamen diese Leute, und wer bezahlte ihre Rechnung?«

Wieder legte sich dieses leicht Oberlehrerhafte über Lemos' Züge. »EP! Energías Portuguesas, die waren die Gastgeber – und hatten demnach auch eingeladen, nehme ich an.«

»EP? Dieser Energiekonzern?«

Lemos nickte hoheitsvoll.

»Und die anderen?«

»EP hatte sogar externes Sicherheitspersonal engagiert. Heute durchaus üblich, war so etwas für damalige Zeiten noch recht ungewöhnlich, da wir im Hotel auch damals schon über fähige Leute verfügten. Aber unter den Teilnehmern waren ein paar hochrangige Beamte ... Nun ja, ich würde sagen, so wie sie sich verhalten haben, waren sie aus dem Regierungsstab, mindestens Staatssekretäre, womöglich auch ein, zwei Minister, sofern sie sich dort auf diese Weise titulierten.«

»Und wo, verdammt noch mal!«, entfuhr es Henrik. »*Wo* tituliert man sich so oder von mir aus auch anders?«

»Marokko, Senhor Falkner, Marokko!«

10

»Marokko!«, flüsterte Henrik zum wiederholten Mal vor sich hin. Längst hatte er sich von Lemos verabschiedet und war auf dem Nachhauseweg. Aus Sicht des Ermittlers, als der er sich immer noch fühlte, war das ein sehr bedeutsamer Hinweis gewesen. Vor allem wenn er bedachte, dass der Pathologiebericht die Leiche als Nordafrikaner auswies. Er hatte zwar keine Ahnung, wie verbindlich Letzteres war, aber nachdem die Information von Helena stammte, musste was dran sein. Und nun war er gegenüber der Inspetora noch mehr in die Zwickmühle geraten. Unter diesen Umständen konnte er ihr seine Unterhaltung mit Eduardo Lemos kaum mehr verschweigen. Tief in Gedanken versunken, bog er in die Rua do Almada ein. Schon an der Abzweigung vor der Bar Esquina sah er, dass die Ladentür offen stand. Jemand hatte die grüne Gewebebahn, die bisher unmittelbar davor gehangen hatte, aufgerollt und am Baugerüst darüber festgebunden. *Catia! Verdammt!* Er beeilte sich, bahnte sich seinen Weg vorbei an den Baustoffen, die entlang des Gebäudes herumlagen. Ziegel auf Holzpaletten, Balken und Bretter, ein Stapel Zementsäcke und immer noch die Betonmischmaschine, die sich schon seit Tagen nicht mehr drehte. Schließlich stürmte er ins Antiquariat. Catia fegte Staub zwischen den Regalen und sah erschrocken auf.

»Was soll das?«

Ihre blau geäderten Hände schlagen sich fester um den Besenstiel. »Ich dachte ...«

»Dass du wieder für mich arbeitest?«, vollendete er ihre Frage.

Betroffen senkte sie den Blick.

»Tut mir leid«, sagte Henrik, als er sich drei Sekunden später seines heftigen Auftritts bewusst wurde. Was war nur los? So leicht reizbar war er für gewöhnlich nicht.

»Was ist mit Renato?«, fragte sie und lehnte den Besen gegen das Bücherregal. »Was hat er angestellt?«

Henrik schüttelte den Kopf. Im Moment steckte er zu tief in der Sache mit dem Toten im Hotelpool und wollte seine Überlegungen dazu erst einmal festhalten, bevor er sich erneut mit dieser unsäglichen Geschichte um Renato auseinandersetzte. Catia jedoch blieb ungerührt stehen, einen anklagenden Ausdruck in den Augen. »Und was ist mit der Renovierung? Warum kommen die Arbeiter nicht mehr?«

»Weil niemand sie bezahlt«, antwortete er, nun wieder patzig. Ihre Fragerei nervte ihn. Was ging sie das an?

»Das versteh ich nicht. Ich dachte, die de Castros finanzieren das.«

»Anabela scheint Schwierigkeiten zu haben. Ich konnte sie nicht direkt danach fragen. Jedenfalls ist sie momentan nicht in der Lage, die Rechnungen der Baufirma zu begleichen. Vermutlich fällt demnächst alles in sich zusammen …«

»Aber das ist doch unmöglich. Die de Castros … ich meine, sie haben uns doch all die Jahre geholfen.« Catia legte ihm eine Hand auf den Unterarm.

Henrik wollte keinen Trost und wich vor ihr zurück. »Ich weiß es einfach nicht, Catia, Himmelherrgott! Vieles hat sich geändert seit Martins Tod, und vielleicht findet all das hier nun auch sein Ende, genau wie er …« Am liebsten hätte er sie angeschrien, sie aufgefordert zu verschwinden, und es gelang ihm nur mit Müh und Not, sich zu beherrschen. Stattdessen ließ er sie einfach stehen. Mit schweren Schritten durchquerte er den Laden und flüchtete ins Büro. Dort sackte er auf den Stuhl hinterm Schreibtisch, stützte die Ellbogen auf die schartige Holzplatte und verbarg sein Gesicht in den Händen. In dieser Stellung wartete er darauf, dass die Wut verebbte. Nach einiger Zeit hörte er von draußen den Besen wieder über die Bohlen streichen.

Es stimmte. Jemand hatte den de Castros den Geldhahn zugedreht, der Familie, die Martin über Jahrzehnte unter die Arme gegriffen hatte. Wenn auch sicher nicht aus Sympathie für den Mann, der mit João de Castro liiert gewesen war. Dafür war zweifelsohne auch dieses alte Adelsgeschlecht zu konservativ und katholisch. Der Gedanke, dass die de Castros eine homosexuelle Beziehung gutgeheißen hätten, war abwegig. Allerdings hatten sie das Verhältnis auch nicht unterbunden – und das mochte schon etwas heißen. Ihr finanzielles Engagement nach dem Mord an João war jedenfalls dem Umstand geschuldet, dass sie in Martin die einzige Chance gesehen hatten, den Mörder vielleicht doch noch zu überführen. Offensichtlich fühlten sie sich ebenso von Polizei und Justiz im Stich gelassen wie Martin. Und so setzten sie ihre Hoffnung auf die Fähigkeiten des Lebensgefährten ihres kunstbegabten Sohnes. Eine Hoffnung, die sie auch nach dreißig Jahren nicht aufgegeben hatten. Selbst dann nicht, als Henrik das Erbe und damit auch diese Bürde übernahm. Die de Castros hatten ihn schlichtweg als Erben von Martin in seiner Ermittlerrolle akzeptiert, der es als seine Aufgabe betrachtete, denjenigen zu finden, der João auf dem Gewissen hatte. Und so bestand ihre Gegenleistung weiterhin darin, das Haus in der Rua do Almada zu erhalten. Zumindest bis vor wenigen Tagen …

Nicht zum ersten Mal, seit ihm Anabela de Castro diese Hiobsbotschaft unterbreitet hatte, beschlich Henrik der Verdacht, dass Joãos Mörder womöglich auch die finanziellen Probleme der de Castros eingefädelt hatte und ihn so seiner Geldquelle beraubte. War es wirklich so weit gekommen? Wenn ja, dann konnte das im Rückschluss heißen, dass der *Mann ohne Nabel* Henrik fürchtete, weil der ihm zu nahe gekommen war.

Henrik musste an das Skalpell denken, das oben in seiner Küchenschublade lag. De Bragança demonstrierte auf sehr eindringliche Art seine Macht. Schickte ihm eine deutliche Botschaft in Form des Operationsmessers. Hatte vielleicht auch die Bauarbeiten gestoppt. Ließ ihn wissen, dass er ihn im Blick hatte. Was würde als Nächstes kommen, wenn Henrik nicht stillhielt?

Ein verwegener Gedanke drängte sich ihm auf, von dem er sich sofort wünschte, dass er ihn nicht in seinen Kopf gelassen hätte. Doch nun war es zu spät. *Eigentlich muss ich nur einfach so offensiv weitermachen wie bisher, um eine direkte Konfrontation mit dem Dämon zu provozieren.* Und genau das wollte er doch. Um nichts in der Welt wollte er diesen Drecksack mit seinen Vergehen davonkommen lassen. Mit all dem, was dieser Mann schon getan hatte und noch tun würde, wenn man ihn nicht aufhielt.

Um seinen Kampf fortsetzen zu können, musste er natürlich gleichzeitig dafür sorgen, dass das Antiquariat mit seinen brisanten Geheimnissen geschützt blieb. Kurz gesagt, er brauchte einen Kredit. Und so wie sich die Lage entwickelte, blieb da momentan nur eine Person, die ihm einen gewähren konnte. Seine Mutter.

Er quälte sich noch ein paar Sekunden mit diesem Gedanken, zu dem es keine Alternative gab. Er hatte ohnehin vorgehabt, sie anzurufen, um nachzufragen, ob es ihr wieder besser ging. Nur fiel es ihm jetzt noch schwerer, ihre Nummer zu wählen.

»Henrik, wie schön!«

Ihre Stimme war kräftig und kalt wie immer. Also hatte sie nur eine kleine Schwäche gehabt, nichts Ernstes. Kein Grund, besorgt zu sein. Sie war so unverwüstlich wie ihre konservativen Ansichten.

»Hallo Mama! Geht es dir besser?«

»Mach dir um mich keine Sorgen, ich fand es nur schlichtweg zu heiß für Lunch.«

So heiß, dass du dich nicht mal in der Lage gefühlt hast, mir das in der klimatisierten Empfangshalle des Oriente persönlich mitzuteilen? Henrik verkniff sich jede weitere Bemerkung. Sie vereinbarten, sich zum Abendessen zu treffen. Dass Simone das Telefonat offenbar kurz halten wollte, kam ihm gelegen, denn aus dem Antiquariat hörte er das Glockenspiel über der Tür. Kurz darauf erkannte er die Stimme von Luis, einem der Jazzmusiker, der Catia freudig begrüßte.

Henrik verabschiedete sich von seiner Mutter und versuchte dann dem Gespräch im Laden zu folgen. Nach wie vor verstand er nur ein paar Teilsätze und Floskeln. Noch immer war sein Portugiesisch nichts, womit er sich rühmen konnte, und das lag vor allem auch daran, dass diejenigen, mit denen er ins Gespräch kam, sofort ins Englische wechselten, sobald ihnen bewusst wurde, dass er kein Einheimischer war. Doch nun kam er nicht dazu, sich weiter über seine mangelnden Sprachkenntnisse zu ärgern, denn plötzlich schoss ihm etwas anderes in den Sinn.

Luis! Verdammt!

Mit einem Schlag wurde ihm klar, wer dort draußen zwischen den Bücherregalen mit Catia plauschte. *Luis!* Warum war ihm das nicht gleich eingefallen? Er sprang auf und schlüpfte durch den Vorhang.

Catia und der Musiker hielten verdutzt inne. Gleich darauf errötete Luis.

»Henrik, bom dia!«, stammelte er. »Ich ... also, ich habe die Miete der ... der letzten Wochen dabei. Wir hatten nämlich einen recht guten Gig gestern ...«

Henrik hob die Hand. »Woher stammst du noch mal?«, fragte er barsch.

Der Jazzer zuckte zurück. »Ich ... was? Aus Porto, warum?« Die Frage schien ihm nicht ganz geheuer zu sein.

»Nein, deine Wurzeln, du weißt schon, was ich meine!«

Luis wich zurück, bis er mit dem Rücken an das Regal für zeitgenössische portugiesische Literatur des letzten Jahrhunderts stieß. »Wieso ... ist das jetzt irgendwie ein Problem?«

»Marokko, richtig?«, fragte Henrik und konnte seine Aufregung nicht länger unterdrücken. »Du bist aus Marokko!«

11

»Komm mit ins Büro, ich muss mit dir reden!«, verlangte Henrik.

Luis tauschte einen verunsicherten Blick mit Catia, fügte sich dann aber und trottete ihm hinterher.

»Setz dich!«

Mittlerweile war hier tatsächlich Platz genug, dass er auch vor den Schreibtisch einen Stuhl hatte stellen können, auf den sich der Musiker nun so sachte niederließ, als erwartete er ein Nadelkissen unter seinem Hintern. Statt sich ebenfalls zu setzen, blieb Henrik stehen, lehnte sich gegen ein Regal und verschränkte die Arme vor der Brust. Prompt wurde Luis noch kleiner auf seinem Stuhl.

Der Musiker, der in dem Jazztrio am Schlagzeug saß und auf die fünfzig zuging, hatte sein immer noch überwiegend schwarzes, lockiges Haar hinter die Ohren gekämmt. Eine gewaltige Nase dominierte sein schmales Gesicht. Wie immer war er schlecht rasiert und steckte in verschlissenen Klamotten. Das, was er zusammen mit seinen beiden Kumpels Paco, einem stets in einer Marihuana-Wolke wandelnden Portugiesen, und dem ursprünglich aus Mali stammenden Hugo machte, sorgte nicht einmal annähernd für ein geregeltes Auskommen. Unglücklich wirkten die drei aber trotzdem nie, egal wann sie Henrik über den Weg liefen. Die Musik war ihr Leben, und mehr schien keiner der drei zu benötigen. Auf gewisse Weise beneidete er sie darum.

»Entspann dich! Ich hab nur ein paar Fragen zu deiner Herkunft«, begann er in einem Tonfall, der vermutlich alles andere als entspannend wirkte. Luis musste sich in dem Kabuff vorkommen wie in einem Verhörzimmer der Polizei.

»Hör mal …«, wandte er vorsichtig ein.

»Entschuldige, das war keine gute Formulierung«, gestand Henrik und atmete einmal tief durch, um sich zu beruhigen. »Ich meine, seit wann lebst du in Portugal?«

»Henrik, por favor, was willst du von mir?«

»Ich brauche lediglich ein paar Auskünfte.«

»Über *mich*?« Ungläubig starrte Luis ihn an.

»Nein, ganz allgemein über Marokkaner, die in Lissabon leben. Hast du irgendwelche Kontakte? Ich bin sicher, es gibt eine marokkanische Gemeinde in der Stadt, Kulturvereine, traditionelle Cafés, so was in der Art. Irgendwas, wo sich deine Landsleute treffen.«

»Ouça, Henrik! Ich war acht Jahre alt, als meine Eltern hierher eingewandert sind. Das war 1970. Ich bin seit über vierzig Jahren hier und nicht sonderlich stark mit dem Land meines Vaters verbunden.«

»Aber du kennst doch Leute von dort, Marokkaner?«

Luis stand auf. Seine Miene hatte sich verschlossen. Er kramte in seiner Hosentasche und legte ein Bündel Euroscheine auf den Tisch. »Hier, die Miete, die wir dir schulden. Oder zumindest ein Teil davon.« Wollte er sich damit von diesem Verhör freikaufen? Henrik schluckte seinen Ärger über dieses Verhalten hinunter, denn er sah ein, dass er diese Unterredung anders angehen musste. Er machte eine beschwichtigende Geste. »Bitte, Luis, du darfst mich nicht falsch verstehen. Ich bin auf der Suche nach Marokkanern, die schon länger in Lissabon leben, seit mindesten einem Vierteljahrhundert, und die einen gewissen Überblick haben, was innerhalb ihrer Gemeinde so abläuft. Wo treffen die sich zum Beispiel zum … Gebet? Ja, eine Moschee«, fiel ihm ein. »Es gibt doch Moscheen in Lissabon?«

»Henrik, merda, ich weiß, womit du dich beschäftigst, und ich will da wirklich nicht mit reingezogen werden.«

Warum mussten seine Mitbewohner bloß fortwährend so stur sein, Himmel noch mal! Dann also die harten Fakten, entschied Henrik und spielte seinen letzten Trumpf aus. »Es geht um den Toten, den man letzte Woche im Fundament dieses Hotelpools gefunden hat. Er war höchstwahrscheinlich ein Landsmann von dir. Ich brauche wirklich deine Hilfe, Luis!«

»Wenn er kein Portugiese war, war er auch kein Landsmann von mir«, beharrte der Jazzer und wandte sich ab. »Also, wenn du mich jetzt entschuldigst!«

Henrik erwischte ihn auf halbem Weg aus dem Büro und hielt ihn am Arm fest. Das Versprechen an Helena, über die Ermittlungen zu schweigen, hatte er jetzt ohnehin schon wiederholt gebrochen, da konnte er genauso gut auch den Rest von dem offenlegen, was seine Nachforschungen bislang ergeben hatten. »Es geschah im Frühjahr 1993, im April. Möglicherweise waren ein paar wichtige Persönlichkeiten aus Marokko in der Stadt, für irgendwelche Verhandlungen. Wahrscheinlich ist irgendwas schiefgelaufen. So was muss sich doch rumgesprochen haben …«

Luis war herumgewirbelt und starrte ihn unter den dichten, schwarzen Brauen an. »Ich will von all dem nichts wissen!«, zischte er jetzt und riss sich los.

Enttäuscht und verärgert ließ Henrik ihn ziehen und hockte sich auf die Schreibtischplatte. Verdammt noch mal! Das war alles so typisch. Stets erwarteten seine Mitbewohner, dass er ihnen entgegenkam. Dass er Nachsicht walten ließ, wenn sie mal wieder nicht fähig waren, ihr Wohngeld zu entrichten. Aber wehe, er benötigte mal ihre Hilfe, dann schalteten sie auf stur, um nur ja nicht in Schwierigkeiten zu geraten! Der Zorn, der seit Tagen in ihm brodelte, kehrte nun mit aller Macht zurück. Es war ein beißender Zorn, der ihm regelrecht Schmerzen verursachte. Etwas, was er so gar nicht an sich kannte. Doch er verspürte nicht nur Wut über das bockige Gebaren von Luis, sondern auch über sich selbst – und das ganz ohne einen plausiblen Grund. Nun ja, vermutlich lag es daran, dass er erneut prekäre Dinge ausgeplaudert hatte, die den Leichenfund im Oriente betrafen. Was, wenn Luis damit zu den falschen Leuten rannte? Doch ihn jetzt noch aufhalten zu wollen, erschien sinnlos. Er seufzte und steckte die zusammengerollten Geldscheine, die ihm der Musiker dagelassen hatte, ein, ohne sie zu zählen. Dann griff er nach seinem Handy, um sich endlich über Energ*í*as Portuguesas schlau zu machen. Die Verbindung ins Internet war wie immer mies. Auch wenn das Haus über ihm marode war, die Wände waren dennoch zu dick, als dass digitale Informationen aus dem Web mühelos hindurchdringen konnten. Geduld war im Moment etwas, wovon er nicht viel übrig hatte, aber die Technik ließ ihm keine Wahl. Was er letztlich bekam, war das, was er erwartet hatte, und das verbesserte seine Laune nicht gerade. Findige Marketingleute präsentierten den Energiekonzern über einen modernen Webauftritt, mit ansprechenden Bildern und bewegten Animationen. Leider alles auf Portugiesisch. EP schien keinen Wert auf eine internationale Kommunikation zu legen. Schnell hatte er genug davon, sich durch das Menü zu klicken. Mit einem wütenden Schnauben stand er auf. Bevor er den Vorhang erreichte, der das Büro vom Antiquariat trennte, kündigte das Bimmeln über der Ladentür einen weiteren Besucher an.

»Was wollen Sie hier?«, hörte er Catia fragen, was nur bedeuten konnte, dass kein Kunde den Laden betreten hatte. Er wischte den Vorhang zur Seite. Catia hatte sich mit dem Besen bis zum Verkaufstresen vorgearbeitet und eine Haltung eingenommen, als wollte sie diesen Bereich mit allen Mitteln verteidigen.

Henriks Laune hingegen hellte sich mit einem Schlag auf. »Schon gut«, sagte er. »Inspetora Gomes ist immer willkommen!«

12

Er konnte sie überreden, mit ihm in die Pastelaria Emenda zu gehen, eines der traditionellen Cafés gleich bei ihm um die Ecke, wo man seinen Kaffee für gewöhnlich morgens vor der Arbeit noch im Stehen an der Bar trank. Jetzt um die Mittagszeit befand sich nur eine einsame Thekenkraft im Laden, und die Tische entlang des Tresens waren allesamt verwaist. Genau das hatte er gehofft, somit würden sie in Ruhe reden können. Denn das war es ja wohl, was sie wollte. Sie war schließlich nicht umsonst unangekündigt zu ihm ins Antiquariat gekommen. *Nur worüber will sie reden?* Das hatte sie auf dem kurzen Weg hierhin für sich behalten. Er konnte sich jedenfalls nicht vorstellen, dass es bei dem Gespräch um ihre Beziehung gehen würde. Folglich konnte nur ihr aktueller Fall der Anlass für ihren Besuch sein. War es etwa möglich, dass sie seinen Rat suchte?

Sie bestellten beide einen Galão. Sein Magen knurrte. Es fiel ihm schwer, nicht noch ein, zwei der süßen Teilchen zu ordern. Aber nachdem Helena keine Anstalten machte, etwas zum Kaffee zu bestellen, hielt er sich ebenfalls zurück. Ihm stand ja sowieso noch das Abendessen mit seiner Mutter bevor …

»Kommst du voran?«, fragte er, kaum dass die Bedienung hinter ihre Theke zurückgekehrt war.

Helena musterte ihn kritisch für zwei, drei Sekunden, ehe sie antwortete. »Nein! Es gibt keine Anhaltspunkte. Das Bauunternehmen, das den Pool damals angelegt hat, ist vor Jahren in Konkurs gegangen. Folglich existieren auch keine Unterlagen mehr über die Beschäftigten. Zumindest habe ich noch nichts ausgraben können. Und die Forensik … na ja. Die Spurenlage ist dürftig, und auf den finalen Bericht der Gerichtsmedizin warte ich immer noch. Nach so langen Jahren besitzt mein Toter keine Priorität. Der Todeszeitpunkt lässt sich nur noch sehr vage eingrenzen, das macht es nicht leichter. Leider bewilligt mir die Staatsanwaltschaft keine weiteren Untersuchungen. Zu kostspielig, hieß es, als ich ein Isotopen-Gutachten oder eine Gesichtsrekonstruktion beantragt habe. Mein Vorgesetzter hat meine Forderungen als anmaßend bezeichnet …«

Zu kostspielig, weil es nur um einen illegalen Hilfsarbeiter aus Nordafrika geht? Oder weil jemand von ganz oben verhindern will, dass rauskommt, wer dieser Mann wirklich war? Diesen Gedanken behielt er vorerst für sich. Was ihre Abteilung oder, besser gesagt, die ganze hierarchische Struktur der PSP anbelangte, hatten sie darüber bereits mehrfach diskutiert. Über die Art, wie man ihr in mancher Hinsicht die Arbeit erschwerte. Sie ausbremste, einfach nur indem man sie daran erinnerte, dass sie weisungsgebunden war. Das waren genau die Gründe, weshalb sie sich mit Henrik verbündet hatte. Er konnte dort weiterermitteln, wo man ihr Grenzen setzte, bei deren Überschreiten sie um ihren Job fürchten musste.

Natürlich war Henriks Vorgehensweise illegal und das, was er ermittelte, vor Gericht nicht verwertbar, aber das war nicht das Entscheidende. Nicht, wenn es um Wahrheit und Gerechtigkeit ging.

Helena war der Ärger darüber, dass man sie nicht alle zur Verfügung stehenden Mittel zur Identifizierung des Toten ausschöpfen ließ, anzusehen. Andererseits war diese mangelnde Unterstützung seitens ihres Dezernats nicht neu für sie.

»Hast du mehr Details über die Todesursache?«, wollte Henrik wissen. Immerhin war sie zu ihm gekommen, also konnte er ja wohl davon ausgehen, dass sie auch bereit war, ihn tiefer in ihre Untersuchung einzuweihen.

»Strangulation. Vermutlich mit einem Draht«, lautete ihre knappe Auskunft.

Ein Draht also. Das hörte sich beinahe nach einem professionellen Täter an. Diese Überlegung galt es im Hinterkopf zu behalten.

»Andere verwertbare Spuren? Fremd-DNA?«

»Nein, nichts.«

Zum einen begrüßte er ihre Offenheit, andererseits weckte sie auch sein Misstrauen. Nachdem sie sich die Wochen davor so bedeckt gehalten hatte, ja sogar höchst zurückweisend ihm gegenüber gewesen war, irritierte ihn ihr Verhalten nun umso mehr. Irgendwas war doch da im Busch …

»Ich komme nicht wirklich voran, und was ich dir eben gesagt habe, dürfte dir als ehemaligem Ermittler ohnehin schon klar sein. Ich frage mich nur …«

Die Bedienung kam mit den Milchkaffees, stellte sie vor ihnen auf den Tisch und schenkte ihnen ein Lächeln, um anzudeuten, dass sie bereit für weitere Bestellungen war.

»Obrigada, mais nada!«, erklärte Helena, um sie loszuwerden.

»Du fragst dich …«, nahm Henrik den Faden auf, nachdem sie wieder alleine waren.

»Ich frage mich, ob dir dein Onkel was dazu hinterlassen hat«, vollendete Helena ihren Satz.

Daher wehte also der Wind. Henrik hatte Helena nur rudimentär darüber aufgeklärt, was ihm Martin mit seinem portugiesischen Erbe vermacht hatte. Aber natürlich konnte sie sich mittlerweile recht gut ausmalen, welche Geheimnisse nach dreißig Jahren verdeckter Ermittlungen im Antiquariat verborgen lagen. Das mysteriöse Archiv der ungeklärten Verbrechen hatte Henrik schon oft genug in ernstzunehmende Schwierigkeiten gebracht, als dass sie nicht ihre Schlüsse daraus gezogen hätte. Und nachdem er ihr gestern zum Fundort der Leiche hinterhergeschlichen war, hatte sie offenbar gleich die Vermutung gehabt, dass sein Onkel etwas über den Toten im Fundament wusste. War das der passende Moment, um ihr von dem Katasterplan zu berichten, den er gefunden hatte? Und von dem Datum im April 1993, das Martin darauf notiert hatte? Eigentlich konnte er bei ihr nur gewinnen, wenn er diese Informationen nicht länger für sich behielt. Dennoch bremste ihn sein Bauchgefühl. Inwieweit konnte er ihr nach den jüngsten Ereignissen vertrauen? Klar, sie hatte ihm erst kürzlich das Leben gerettet. Hatte bewiesen, dass sie auf seiner Seite war, wenn es Spitz auf Knopf ging. Warum also hegte er weiterhin Zweifel an ihrer Integrität?

Er hatte keine Ahnung.

In jedem Fall musste er es behutsam angehen. »Wenn ich wüsste, wonach ich suchen soll, wäre es einfacher.« Das hörte sich großzügig an, war aber nicht mehr als der kleine Finger. Und er kam vorerst um das Geständnis herum, längst mehr zu wissen, als er vorgab.

»Du hast die Fakten gehört.«

Ahnte sie, dass er ihr etwas verschwieg? Sollte er sie nicht wenigsten auf Eduardo Lemos hinweisen? Selbst auf die Gefahr hin, dass sie dann unverzüglich wieder sauer auf ihn wurde, weil er trotz aller gegenteiligen Beteuerungen angefangen hatte, seinerseits zu recherchieren … wieder einmal. Genaugenommen konnte sie ebenso wenig auf seine Ehrlichkeit zählen, wie er auf die ihre. Plötzlich fühlte er sich richtig schlecht. »Gut, ich sehe, ob ich was finde. Und was bekomme ich zum Ausgleich?«, fragte er und bemühte sich um ein Lächeln.

Sie nippte an ihrem Galão und leckte sich den Milchschaum von der Oberlippe. Bis vor Kurzem hätte sie die Forderung einer Gegenleistung als Dreistigkeit empfunden, wäre aufgesprungen und hätte ihn sitzen lassen. Was war bloß los mit ihr? Er hätte nicht gedacht, dass sie ihr Temperament so gut im Zaum halten konnte. Oder war sie wirklich so verzweifelt wegen dieser Geschichte, dass sie ihren Stolz mit einem Schluck Kaffee hinunterspülen konnte? Aber wer ihrer Vorgesetzten mochte ihr in dieser Angelegenheit Druck machen und eine rasche Aufklärung verlangen? Immerhin drehte es sich lediglich um eine fünfundzwanzig Jahre alte Mordsache, nach der kein Hahn mehr krähte, auch nicht die Medien.

Ausgenommen Alves, korrigierte er sich.

»Erwartest du vielleicht, dass im Gegenzug die Ermittlungen wegen deines Angriffs auf Orlando Morgado eingestellt werden? Da kann ich dir leider nicht helfen.«

Oh, das tut schon ein anderer.

Er schüttelte den Kopf. »Nein, du kennst mich, ich würde niemals wollen, dass du wegen mir Probleme bekommst. Mein Interesse geht in eine andere Richtung. Was weißt du über EP?«

»EP? Der Energieversorger?«

»Genau!«

»Die haben eine Website«, schlug sie achselzuckend vor.

Er lächelte. »Und dort finde ich alles, was ich wissen *darf*. Mich interessiert aber vor allem, was dort nicht zu lesen ist. Wer steht hinter denjenigen, die dort als Verantwortliche genannt werden? Gab es mal irgendwelche Skandale, Vertuschungen, das übliche Grauzonenportfolio, du weißt schon?«

»Bist du mal wieder einer Verschwörung auf der Spur?« Helena konnte sich ein Schmunzeln nicht verkneifen.

»Lach nicht, bislang ist es immer ziemlich ernst geworden, wenn ich einer Spur nachgegangen bin.«

Sie trank von ihrem Kaffee und verschaffte sich so eine Pause. Für eine Sekunde überkam ihn der brennende Wunsch, sie zu küssen.

»Warum EP?«

»Ich suche einfach nach Verbindungen.«

»Porra, Henrik, lass dir nicht alles aus der Nase ziehen!«

»Das wäre deine Gegenleistung: Hat Energ*í*as Portuguesas irgendwelche Geschäfte mit Marokko am Laufen?«

Helena brauchte einen Moment, bis sie den Zusammenhang herstellte. »Marokko«, murmelte sie schließlich. »Ist das dein Ernst?«

Er versuchte sich an einem Pokerface, war aber nicht sicher, wie gut ihm das gegenüber der Frau gelang, die er schon so tief in seine Seele hatte blicken lassen. »Noch ist alles nur eine vage Ahnung.«

»Was genau hast du bei den Sachen deines Onkels gefunden?«, wollte sie nun mit Nachdruck wissen.

»Ich habe das aus einer anderen Quelle, ehrlich. Deswegen würde ich die Qualität dieser Information nicht überbewerten. Alles, was bislang übereinstimmt, ist, dass dein Toter aus Nordafrika stammte.«

Er hätte nicht darauf schwören können, aber die Art, wie sie seinem Blick auswich, ließ ihn ahnen, dass auch sie entgegen ihrer Behauptung nicht alles preisgegeben hatte. Was freilich ihr gutes Recht als ermittelnde Beamtin in diesem Mordfall war.

Doch dann richtete sie sich auf und nahm einen weiteren Schluck von ihrem Galão. »Was genau interessiert dich denn an EP?«, fragte sie und machte seine Verwirrung damit nur noch größer.

13

Wer besitzt Anteile an dem Energiekonzern? Gibt es Verstrickungen von irgendwelchen Firmenkonsortien? Darauf wollte er Antworten haben. Helena hatte sich unverbindlich darüber geäußert, ob sie ihm diese Informationen besorgen konnte. Oder auch vielleicht darüber, ob sie ihm diesen Gefallen tun wollte. Doch er war zuversichtlich. Es fühlte sich an wie früher, und ihr Verhalten deutete darauf hin, dass sie wieder eine Übereinkunft hatten. So wie zu Beginn ihrer Bekanntschaft, wo sie sich gegenseitig halfen, anfangs noch unausgesprochen, später, als man sich nicht mehr nur dienstlich näher kam, mit klarer Aufgabenverteilung. Und schließlich war es nicht nur bei der ermittlerischen Zusammenarbeit geblieben. Aber das war vorbei. Von der einst innigen Zuneigung zu ihm schien sie nach wie vor weit entfernt zu sein. Nachdem sie sich versichert hatte, dass er die Rechnung übernehmen wollte, war sie aufgebrochen, viel zu schnell, als dass er ihrem Treffen noch ein versöhnliches Ende hätte geben können. Es war ohnehin fraglich, ob ihm das gelungen wäre.

Auf dem Weg zurück in die Rua do Almada ließ ihn die Frage nicht los, warum sie wirklich zu ihm gekommen war. Was wollte sie in Erfahrung bringen? Die Hitze erschwerte das Denken. Gerne wäre er hinaus ans Meer gefahren und hätte sich im Atlantik Abkühlung verschafft, um wieder einen klaren Kopf zu bekommen. Die Verlockung war groß, aber die Zeit reichte nicht mehr, wollte er pünktlich zum Abendessen bei Simone sein. Von der Aussicht auf eine erfrischende Dünung draußen an den Stränden von Estoril oder Cascais stolperten seine Gedanken erneut zurück zu seiner Unterhaltung mit Helena. War es ihm gelungen, in Helena genug Neugier auf *Energías Portuguesas* zu wecken? Er hoffte, sie machte sich in der Sache schlau und stieß im besten Fall sogar auf die von Lemos beschriebenen Verhandlungen, die der Energiekonzern in den frühen Neunzigerjahren mit den Marokkanern geführt hatte. Rückblickend wäre es besser gewesen, ihr auch das Datum zu nennen, um ihr Arbeit zu ersparen und ihre Chancen zu erhöhen, fündig zu werden. Falls es dazu überhaupt irgendwelche Aufzeichnungen gab. Doch der Kellner hatte von Verträgen gesprochen, und wenn tatsächlich marokkanische Regierungsvertreter vor Ort gewesen waren, musste es doch zumindest Protokolle über die dafür ergriffenen Sicherheitsmaßnahmen seitens der Polizei geben. Er kam zu dem Schluss, dass er erneut mit Lemos reden musste. Womöglich hatte ihre Unterhaltung im botanischen Garten nachträglich noch weitere Erinnerungen an den April 1993 zutage gefördert. Sofern es überhaupt einen Zusammenhang mit dem Toten gab ... Nein, darin war er sich mittlerweile ziemlich sicher.

Er dachte auch darüber nach, wer ihm ansonsten noch weiterhelfen konnte, und kam beinah sofort zu einer Antwort – die ihm allerdings nicht besonders gefiel. Passenderweise marschierte er gerade am Esquina vorbei, der Bar, die seinem Haus direkt gegenüberlag, und erspähte Victor, den Besitzer der kleinen Eckkneipe, der auf seine gockelhafte Art einen Tisch mit vier jungen, sehr luftig bekleideten Damen bediente. Wie immer bei sommerlichem Wetter stellte der Kneipier seine tätowierten Arme zur Schau.

Aufgrund seiner Verschlagenheit wäre Victor zwar nie ein Freund von ihm geworden, aber ein gutes, nachbarschaftliches Verhältnis hätte Henrik sich vorstellen können. Bloß war dann diese Sache passiert …

Er registrierte den vorm Laden geparkten Wagen, der die Straße zu eng für jedes weitere Auto machte. Ein Umstand, der den Fahrer des noblen Landrovers nicht zu stören schien. Das silbergraue Ungetüm von einem Geländewagen war bei den engen Gassen der alten Stadtteile Lissabons ohnehin eine Farce. Doch wenn damit endlich mal wieder ein zahlungskräftiger Kunde vorgefahren war, dem Catia hoffentlich gerade jede Menge antiquarischer Bücher aufschwatzte, konnte Henrik darüber hinwegsehen.

Als er vorhin mit Helena zur Pastelaria aufgebrochen war, war er wie selbstverständlich davon ausgegangen, dass seine ehemalige Angestellte den Laden übernahm, ohne dass er sich mit ihr abgesprochen hatte. Arbeitsrechtlich betrachtet, hatte er sie damit vermutlich unbeabsichtigt wieder eingestellt. Andererseits hatte er Catia auch nie rechtmäßig gekündigt. Vor einem Arbeitsgericht wäre er mit dieser Vorgehensweise also wohl in jeder Hinsicht der Unterlegene gewesen.

Henrik trat unter das Baugerüst und öffnete die Ladentür. Die Glöckchen über seinem Kopf bimmelten. Es war stickig wie immer, aber nach wie vor um einiges kühler als draußen. Auch wenn die Luft durchsetzt war mit Milliarden Partikeln. Zeitabfall, wenn man so wollte. Zersetztes Papier, Feinstaub aus zerbröckelnden Klebstoffen, Leder, Leinen, Farbpigmente, Schimmelsporen, der mikroskopische Auswurf der Jahrhunderte mit all seinen Facetten und Gerüchen.

Der Kunde stand vor der Verkaufstheke. Catia hinter der Kasse verschwand fast gänzlich hinter seinem breiten Rücken, über den sich das Jackett spannte. Henrik sah das graue, zerzauste Haar und den speckigen Nacken. Er kannte diesen Mann. *Lobo!*

Langsam drehte sich *der Wolf* nach ihm um. »Bom dia, Senhor Falkner!«

»Was wollen Sie hier?«, fragte Henrik mit frostiger Stimme.

Zu seiner Rechtfertigung hob Lobo das in Papier eingeschlagene Buch, das er offenbar eben gekauft hatte. »Ich habe ein wenig herumgestöbert und bin fündig geworden. Eine sehr seltene Erstausgabe der Erzählung *Das versunkene Schiff* von Ilse Losa. Eine Landsfrau von Ihnen, wussten Sie das? Sie floh 1934 vor der Gestapo nach Portugal, weil sie Jüdin war.«

Henrik wusste nichts von Ilse Losa. Er strafte Catia mit einem vorwurfsvollen Blick, auch wenn diese gar nichts dafür konnte.

»Sind Sie nicht auch aus Deutschland geflohen?«, hakte Lobo nach und lächelte süffisant.

Henrik überhörte die Bemerkung. »Ich denke, ich war deutlich bei unserem letzten Gespräch. Ich verkaufe nicht!«

»Hab ich was falsch gemacht?«, wollte Catia verunsichert wissen.

»Ihr Chef redet nicht von dem Buch, alles gut, meine Teure!«, erklärte Lobo, dann ging er auf Henrik zu. Er trug einen seltsam metallisch schimmernden Anzug, das weiße Hemd darunter war weit aufgeknöpft. Graues Brusthaar quoll aus dem Ausschnitt hervor. Die Mähne auf seinem runden Kopf kam Henrik noch wilder vor, als er sie in Erinnerung hatte. Als wäre der Hehler in einem Cabrio vorgefahren. Er trat ganz nahe heran, und Henrik musste sich dazu zwingen, nicht zurückzuweichen.

»Sie wissen ja, Senhor Falkner, ich bin nach wie vor gewillt, mehr von Ihnen zu kaufen. Gerne auch das Haus, ich mache Ihnen ein großzügiges Angebot.«

»Wie kommen Sie darauf, ich würde das Haus verkaufen?«

»Ach, man hört das ein oder andere. Wäre doch schade, wenn sie noch länger warten mit der dringenden Sanierung und es sich nicht mehr retten lässt.«

Eher würde ich die Wände mit bloßen Händen einreißen, als es dir in den Wolfsrachen zu schmeißen. Henrik wich nun doch zurück, um zu signalisieren, wo die Tür war. »Bemühen Sie sich nicht weiter, Senhor Lobo!«

Ein amüsiertes Grinsen umspielte die wulstigen Lippen des beleibten Mannes. »Machen Sie's gut, Senhora Catia!«, rief er durch den Laden und winkte affektiert in Richtung des Tresens. Dann wandte er sich wieder an Henrik. »Au revoir, Senhor Falkner, und passen Sie gut auf meine Azulejos auf!« Mit diesen Worten marschierte er aus dem Antiquariat.

Henrik sah ihm nach, bis er mit seinem Landrover um die Ecke gebogen war. Erst da fiel ihm auf, dass Catia neben ihn getreten war.

»Du hast nichts falsch gemacht«, sagte er, bevor sie fragen konnte.

»Ich kenne ihn von früher«, erklärte sie mit dünner Stimme. »Er war ab und zu bei Martin. Was Geschäftliches, hat dein Onkel immer behauptet. Er sah nach jedem Besuch von diesem Mann bedrückt aus.«

»Danke, dass du dich um den Laden gekümmert hast«, entgegnete Henrik, der keinen Drang verspürte, Catia über die wahren Absichten des fragwürdigen Geschäftsmannes aufzuklären. Worauf hatte sich Martin da nur eingelassen? Oder besser gesagt, was hatte sein Onkel ihm da eingebrockt?

Diese verfluchten Azulejos!

Der windige Hehler war hinter den Azulejos her, jenen in traditioneller, portugiesischer Fliesenkunst gefertigten Kacheln, die Martin im Antiquariat verwahrt hatte. Bislang waren es vier Stück, die Henrik im Verlauf der letzten Wochen in raffiniert angelegten Verstecken entdeckt hatte. Allesamt sehr alt, da sie aus historischen Wandbildern stammten. Zumindest von zwei der Azulejos konnte er das mit Sicherheit sagen, denn er hatte in Zusammenarbeit mit Pater Bruno die dazugehörigen Fliesengemälde ausfindig gemacht. Eine der Kacheln kam aus einem bekannten Mosaik in der Igreja de São Roque. Die andere konnten sie einem Wandbild im Hof des Klosters São Pedro de Alcântara zuordnen. Über welche dubiosen Wege diese wertvollen Fliesen auch immer in Martins Besitz gelangt waren, sein Onkel hatte ihm diese Stücke zu einem bestimmten Zweck hinterlassen. Und mittlerweile glaubte Henrik auch, die verschlüsselten Hinweise verstanden zu haben. Die Fliesen waren eine Art Wegweiser, zum einen zu ebenjenen Stätten, an die sie ursprünglich gehörten. Zum anderen verwiesen sie auf den ominösen *Mann ohne Nabel.* Aus Henriks Sicht gab es sowohl bei der Kirche als auch beim Kloster eine unmittelbare Verbindung zu dieser Person. Auch wenn noch andere Fährten existierten, die Martin gelegt hatte, waren die Azulejos die wichtigsten Spuren, die zu dem Dämon

Rafael de Bragança führten. Und folglich – nach Martins Wille – auch zu Joãos Mörder.

Irgendwie hängt alles zusammen.

Eine Überlegung, die sich im Lauf der Zeit manifestiert hatte. Allerdings wünschte er sich oft, dass Martin ihm seine Anklage in zugänglicherer Weise vermittelt hätte. Warum bloß all die Rätsel und Geheimnisse? Warum das Versteckspiel? War diese Vorgehensweise allein Martins Angst geschuldet, dass de Bragança oder dessen Handlanger dahinterkamen, was er gegen diesen mächtigen Mann zusammengetragen hatte? Henrik fand nach wie vor keine bessere Erklärung für das irrationale Verhalten seines Onkels.

Jedenfalls waren noch zwei Azulejos übrig, deren ursprünglichen Ort er noch nicht hatte ausfindig machen können. Eine Sisyphusaufgabe, bedachte man die Unmengen an Fliesenarbeiten, die sich über die ganze Stadt verteilten. Egal ob in Sakralbauten oder öffentlichen Gebäuden, auf Fassaden, Plätzen oder gar bis tief unter der Erde in den Metrostationen. Eine gewaltige Herausforderung – und damit wie prädestiniert für den Padre, der ihm angeboten hatte, sich dieser Aufgabe zu stellen. Bruno, der Gotteskrieger, der seine eigenen Dämonen jagte. Die schwarzen Schatten seiner Vergangenheit, seiner Kindheit während der Diktatur. Nachdem Salazars Geheimpolizei PIDE, die Polícia Internacional e de Defesa do Estado, seine Eltern wegen ihres revolutionären Gedankenguts hatte verschwinden lassen, wuchs Bruno in einem vom Regime geförderten Internat auf, nach seinen Erzählungen die reinste Hölle. Später ging er ins Kloster, sah darin die einzige Zuflucht, die ihm nach der Zeit in den Fängen der Salazaristen noch geblieben war. Der Padre redete nicht darüber, wie es ihm dort ergangen war, und Henrik fragte auch nicht nach. Dafür war schlichtweg noch nie der richtige Zeitpunkt gewesen. Bruno war seinem Herrn und Gott treu geblieben – durchaus auch auf unkonventionelle Weise, aber gewiss aus der unbedingten Absicht heraus, es besser zu machen als die Mönche, unter denen er groß geworden war.

Henrik ging nach oben und stellte sich unter die Dusche, um die Hitze und den Staub loszuwerden, die seine Zellen verstopften. Danach fühlte er sich besser. Auch im Kopf. Er fasste den Entschluss, Helena vollständig über seinen Ermittlungsstand zu informieren. Er hatte endgültig eingesehen, dass er als Einzelkämpfer in dieser verzwickten Sache nicht weit kommen würde. Nicht wenn ein so mächtiger Konzern wie EP mitmischte, der in Anteilen noch immer staatlich war. Dahinter verbarg sich zu viel geballte Macht, nicht nur wirtschaftlich, sondern auch politisch. Und diese Mixtur war gefährlich, vor allem, wenn man nur ein unbedeutender Zuwanderer in diesem Land war.

Er musste herausfinden, wer in Wahrheit hinter all dem steckte. Wer von den Namenlosen hatte vor einem Vierteljahrhundert die Fäden gezogen und womöglich sogar einen Mord veranlasst? Oder war es tatsächlich der eine, der alle und alles in der Hand zu haben schien? War es so einfach? War das die Erkenntnis, der sich Martin in all der Zeit genähert und die ihn letztlich das Leben gekostet hatte?

Durchaus eine Möglichkeit, wären da nicht Renatos Missetat und sein Geständnis gewesen. Wenn er Henrik die Wahrheit gesagt hatte, ging ausgerechnet Martins Tod auf das Konto eines anderen. Dann war es nicht Rafael de Bragança, der ewige Gegenspieler seines Onkels, gewesen, der Martins Tod in Auftrag gegeben hatte.

Was konnte er daraus folgern? Und was wirklich glauben?

Plötzlich fühlte er sich wieder tatkräftig genug und auch in der richtigen Stimmung dafür, den Teufel bei den Hörnern zu packen.

14

Seine Befürchtung, dass man ihm den Zutritt verweigern würde, nachdem er heute Vormittag mit seinen aufdringlichen Fragen für Unmut unter dem Personal gesorgt hatte, wischte der Portier freundlich grüßend zur Seite. Er öffnete ihm die Tür, und Henrik betrat die überklimatisierte Empfangshalle des Oriente. Er begab sich zum Speisesaal und erklärte der Dame am Empfangspult, mit wem er verabredet war. Diese nickte mit einem wissenden Lächeln. Seine Mutter wartete also schon an ihrem Tisch.

Simone sah gut aus. Was immer heute Mittag zu ihrer Unpässlichkeit beigetragen hatte, war nicht mehr zu erkennen. Die Sorge darüber, dass sie womöglich krank sein könnte, war wohl unnötig gewesen. Übertrieben aufrecht, so wie er sie kannte, thronte sie auf ihrem Stuhl und taxierte ihn mit kritischem Blick. Das stahlgraue Kostüm, das sie für ihr zweites Treffen gewählt hatte, verlieh ihr die typische Unnahbarkeit. Sofort fühlte er sich ertappt und *falsch* in jeder Hinsicht. Sein Hemd war zwar sauber, aber nicht gebügelt. Sein Kinn zu nachlässig rasiert. Die Schuhe zu staubig.

»Hallo Mama! Geht es dir besser?« Er beugte sich hinab und hauchte ihr einen Kuss auf die Wange. Lavendelduft strömte ihm in die Nase. Die Kopfnote des Parfüms, das sie aufgelegt hat. Er erinnerte sich nicht mehr, wie seine Mutter während seiner Kindheit gerochen hatte. Nicht nach Liebe jedenfalls, dachte er mit einem Anflug von Traurigkeit. Dass er diese Frau nicht liebte, weil er nie Liebe von ihr erfahren hatte, war auf gewisse Weise irritierend.

»Die Matratze ist zu weich, aber das hatte ich befürchtet«, antwortete sie, ohne ihn direkt anzusehen. Gerade noch konnte er eine Entschuldigung dafür, dass das Hotelbett nicht ihren Erwartungen entsprach, zurückhalten. Er setzte sich ihr gegenüber. Schon war ein Kellner an seiner Seite und reichte ihnen die Speisekarten.

»Ein Aperitif vorweg?«, fragte der schlanke Mann im schwarzen Anzug.

»Wir nehmen Wein und Wasser«, entschied seine Mutter.

»Selbstverständlich«, erwiderte der Kellner, legte ihr die in Leder gebundene Weinkarte vor und huschte davon. Henrik vertiefte sich in die Menüauswahl. Sie sprachen nicht, bis der Kellner zurück war. Mit Rücksicht darauf, dass dies nicht sein einziges Essen an diesem Abend sein würde, wählte er einen Salat und entschuldigte sich damit, gerade Diät zu halten.

»Unsinn«, kommentierte Simone knapp, beließ es aber dabei, offensichtlich, weil sie sich seiner Bestellung anzuschließen gedachte. So schlank, wie sie war, hatte sie eine kalorienbewusste Ernährung in keinster Weise nötig. Prompt regte sich in Henrik erneut die Sorge um ihren Gesundheitszustand.

Zu dem bescheidenen Hauptgang wählte sie einen Rotwein aus dem Douro-Tal.

»Ich bezahle natürlich selbst«, ließ er verlauten, kaum dass der Kellner ihnen den Rücken gekehrt hatte.

»Mach dich nicht lächerlich!«

»Mein Ernst.«

»Kannst du dir das überhaupt leisten?«

Mit dieser Frage hätte er rechnen müssen. Nicht zuletzt, weil sie dieses Thema bereits gestern beim Frühstück gestreift hatten, fiel ihm jetzt wieder ein. Selbstredend wusste sie, wie es um seine Finanzen stand – oder ahnte es zumindest. Und natürlich hatte sie recht. In Hinblick darauf, was ihn mit der Renovierung des Hauses erwartete, konnte er sich eigentlich kein Essen in diesem Etablissement leisten. Aber das wollte er vor seiner Mutter nicht zugeben.

»Warum beendest du diese Farce hier nicht und fliegst mit mir nach Hause?«, schlug Simone vor. »Ich bin sicher, wir finden jemanden, der die Immobilie für dich veräußert, ohne dass deine Anwesenheit vonnöten ist.«

»Ich werde nicht verkaufen, Mama!«, erklärte Henrik, jedoch mit weniger Nachdruck, als er dies heute Nachmittag gegenüber Lobo getan hatte. Jetzt war er froh, nur einen Salat bestellt zu haben, denn der Ärger über die ewige Bevormundung raubte ihm sogleich den Appetit. Im Stillen schalt er sich für die idiotische Idee, einem Abendessen mit ihr zugestimmt zu haben. Er hatte doch von vornherein gewusst, wohin das führte. Mehr denn je konnte er verstehen, dass sein Vater die Flucht angetreten hatte.

Albrecht … *Santa Maria Mãe de Deus*! Dieses Kapitel würde er auch noch über sich ergehen lassen müssen. Sein Vater war zweifellos der vorrangige Grund, warum Simone nach Portugal gereist war – weil Albrecht zu Hause allem Anschein nach vorgegeben hatte, erneut seinen Sohn zu besuchen. Dabei hatte Henrik ihr bereits mehrfach zu verstehen gegeben, dass Albrecht nicht bei ihm untergekommen war. Dennoch wollte sie ihm das offenbar nicht glauben. Was dachte sie sich nur? Dass er seinen Vater bei sich in der Rua do Almada versteckte?

Henrik hatte zwar eine Ahnung, wo Albrecht sich aufhielt, wollte sich dazu aber keinesfalls äußern. Bei der ersten Visite seines Vaters in Lissabon, als er tatsächlich an die zwei Wochen bei ihm gewohnt hatte, hatte sein Vater eine adrette Portugiesin kennengelernt. Dona Celeste, die Mutter von Paco, einem der Musiker, war zufällig zur selben Zeit in der Stadt. Und natürlich wohnte sie bei ihrem Sohn Paco in der Rua do Almada. Ansonsten lebte Dona Celeste an der Algarve, und Henrik hätte sich schon arg täuschen müssen, wenn sein Vater derzeit nicht genau dort ein paar Urlaubstage verbrachte. Und zwar nicht zum ersten Mal.

Henrik hatte keine Ahnung, ob es dabei um etwas Sexuelles ging, und er wollte darüber auch gar nicht nachdenken. Wie auch immer, Albrecht war zweifellos auf der Flucht vor dem heimischen Matriarchat, suchte sich seine Auszeiten, Luft zum Atmen ... Nach vierzig Ehejahren hatte er es gewagt auszubrechen, und dafür konnte ihn Henrik nicht verurteilen. Vielleicht war er selbst ihm sogar ein Vorbild gewesen? Auch wenn Henriks Gründe anders lagen. Was auch immer zwischen seinen Eltern vorgefallen war, sie mussten das untereinander ausmachen. Er würde über den Verbleib seines Vaters jedenfalls den Mund halten. So viel war er dem alten Herrn schuldig.

Neben ihm räusperte sich der Kellner.

»Willst du nicht endlich den Wein probieren?«, fragte Simone im selben Moment.

Er hatte den Mann nicht bemerkt, nicht einmal registriert, dass er ihm einen Schluck zum Probieren eingeschenkt hatte. Während er nun davon nippte und den trockenen Roten über die Zunge rollen ließ, hielt ihm der Kellner aufdringlich nah die Flasche vor die Nase. »Wunderbar«, kommentierte er ohne viel Enthusiasmus. Der Livrierte verzog keine Miene. Er füllte zuerst Simone und danach Henriks Weinglas etwa zu einem Drittel mit dem tiefroten Rebensaft, dann machte er sich wieder davon.

Seine Mutter verzichtete darauf, mit ihm anzustoßen. »Die Sturheit hast du von mir«, stellte sie fest, nachdem sie das Glas abgestellt und sich die Lippen mit der Stoffserviette trocken getupft hatte. Hörte er da etwa Kritik an der eigenen Person heraus? *Das wäre ja beinahe ein Anlass, auch noch Champagner bringen zu lassen.* Eine Weile musterten sie sich gegenseitig. »Willst du das Haus sehen?«, fragte er schließlich.

»Warum sollte ich?«

»Um dich zu überzeugen, dass Papa nicht bei mir im Schrank hockt.«

»Mach dich nicht lächerlich. Du hast ihn doch längst in Sicherheit gebracht.«

Henrik stieß ein verblüfftes Lachen aus. »Das denkst du von mir?«

»Ich weiß schon lange nicht mehr, was ich von dir denken soll, Henrik. Die bist wie ein Fremder.«

»Die Frage ist, was oder wer mich dazu getrieben hat, ein Fremder zu werden.«

»Lass diese Anschuldigungen.«

»Zuerst Martin, dann ich, dann dein Mann. Hört sich nicht danach an, als wäre der Vorwurf aus der Luft gegriffen. Ach ja, Miriam hast du ja jetzt auch so weit gebracht, wie ich gehört habe. Bleibt dir nur noch Opa, der nach seinem Schlaganfall nicht mehr wegrennen kann … und natürlich Thorsten, dein geliebter Schwiegersohn«, stichelte er.

Sie versuchte, unbeeindruckt zu bleiben, aber er merkte ihr an, dass sie zu kämpfen hatte. Seine Schwester Miriam steckte mitten in einer unschönen Scheidung von ihrem Mann Thorsten, einem bornierten Arschloch, das er nie hatte leiden können. Damit brach auch Miriam aus dem erzkonservativen Geflecht aus, das Simone mit harter Hand über so viele Jahre zusammengehalten hatte. Wie stand sie plötzlich da, mit ihrer Vorzeigefamilie, die keine mehr war? Stets war es von immenser Wichtigkeit gewesen, was andere Leute von den Falkners dachten. Simone wollte Anerkennung und Bewunderung dafür, wie sie alles im Griff hatte, alles regeln konnte. Und nun war kaum mehr etwas übrig von dem großartigen Konstrukt, das Simone all jenen, die aus ihrer Sicht gesellschaftlich gescheitert waren, nur zu gerne vorgeführt hatte.

»Ich wollte immer nur das Beste für euch …« Ein reichlich lahmer Ansatz. Was war bloß los mit ihr? Sie verkniff es sich ja sogar, ihn als undankbar zu bezeichnen, auch wenn ihr das auf der Zunge lag, wie ihm ihr Gesichtsausdruck verriet.

»Papa wird sich schon melden, wenn er dazu bereit ist.« Es meinte es tröstend, aber es kam so nicht bei ihr an. Das sah er an der Art, wie sie ihre Stoffserviette zusammenknüllte.

»Warum sagst du mir nicht einfach, was du weißt?«, zischte sie. Offensichtlich machte sie sich echte Sorgen. Auch das war neu.

»Weil ich mich nicht einmische.« Damit leerte er das Weinglas. Er konnte sich nicht erinnern, jemals derart viel Schwäche in ihren sonst so unbeugsamen Zügen gesehen zu haben. So verloren, wie sie gerade wirkte, tat sie ihm tatsächlich leid. Wieder kehrte die Befürchtung zurück, sie könnte krank sein, aber er fand nicht den Mut, sie darauf anzusprechen. Würde sie es ihm überhaupt offenbaren, wenn sie an ernsthaften gesundheitlichen Problemen litt? Bislang war sie immer zu stolz gewesen, irgendwelche Beeinträchtigungen einzugestehen. Körperliche eingeschlossen.

»Hast du ihn mal angerufen?«, fragte er stattdessen.

»Er hat sein Handy zu Hause liegen lassen. In voller Absicht natürlich.«

Das passte gar nicht zu Albrecht. Nun, es passte nicht zu dem Albrecht, den er früher gekannt hatte, korrigierte er sich. Dennoch kam es ihm suspekt vor. Hatte sein Vater womöglich ein Zweithandy? Das würde ja schon eine ziemlich vorausschauende Planung voraussetzen. »Aber was hat er denn gesagt, als er seinen Koffer gepackt hat? *Ich mache einen Angelausflug*?«

Sie verdrehte die Augen. »Nichts. Er hat lediglich angedeutet, dass er irgendwo hinmuss. So als würde er kurz ins Gartencenter fahren, um ein paar Setzlinge zu holen.«

Henrik würde sich jetzt keinesfalls als Ehetherapeut versuchen. Daher behielt er für sich, was er dachte. »Und wie kommst du darauf, dass er ausgerechnet in Lissabon ist?«

Simone griff nach ihrer Handtasche, die über der Stuhllehne hing. Sie musste nicht suchen, benötigte nur einen Griff, um hervorzuholen, was sie ihm zeigen wollte. Es war eine Postkarte. Das klassische Lissabon-Motiv. Die Straßenbahnlinie E28, umgeben von den typischen Stadthäusern, erbaut im manuelinischen Stil. Er meinte sogar, den Straßenzug und die Perspektive zu erkennen.

»Die kam letzte Woche«, erklärte seine Mutter.

»Darf ich?«

Sie nickte. Offenbar war der Inhalt der Botschaft nicht zu intim. Henrik nahm die Postkarte. Die Rückseite war mit der Handschrift seines Vaters gefüllt. Etwas krakelig, als hätte er sie just während der Fahrt in einer Eléctrico geschrieben.

»Ich grüße dich ein weiteres Mal aus der bezaubernden Stadt am Tejo!«, las er. Der Rest war genauso nichtssagend. Eine Zeile übers Wetter, eine über die kulinarische Vielfalt. Danach eine knappe Bitte um Geduld, was seine überraschenden Reisepläne betraf. *Dein Albrecht.*

»Das beweist gar nichts«, murmelte Henrik. Der Poststempel war zu verwischt, um etwas erkennen zu können. Sein Vater konnte die Ansichtskarte überall in Portugal eingeworfen haben – aber diese Überlegung sprach er nicht laut aus.

»Sofern er nicht doch bei dir ist, kennst du vermutlich das Hotel, in dem er sich versteckt.«

»Wir drehen uns im Kreis«, seufzte Henrik. »Wenn er sich bei mir meldet, überrede ich ihn, mit dir Kontakt aufzunehmen.«

»*Kontakt aufnehmen.*« Sie schnaubte abfällig. »Wie sich das anhört. Als wäre ich ein ... wie nennt man das? Ein Alien!«

Er musste sich beherrschen, um nicht loszulachen, und versteckte seinen Mund hinter der Stoffserviette, bis er sich wieder unter Kontrolle hatte. Ein wenig rettete ihn auch der Salat, der in diesem Moment serviert wurde. Simone begann zu essen, auch wenn er ihr ansah, dass sie es ohne Appetit tat. Sie schwiegen, bis die Teller leer waren, und verscheuchten anschließend den Kellner, als dieser mit der Dessertkarte anrückte.

»Was planst du morgen?«, fragte Henrik endlich. »Ich kann dir ein paar hübsche Orte in der Stadt zeigen.« Es war ein widerwilliger Vorschlag, um sein Gewissen zu beruhigen. Insgeheim hoffte er darauf, dass sie ihren Prinzipen treu blieb, die kein so einfaches Verzeihen zuließen, und deshalb ablehnte. Doch sie nickte. »Ich rufe dich an. Aber jetzt bitte ich dich, mich zu entschuldigen. Diese Hitze den ganzen Tag über hat mich angestrengt. Ich gehe auf mein Zimmer.«

Das kam ihm wie eine schlechte Ausrede vor. Hatte sie nicht den ganzen Tag im klimatisierten Hotel verbracht? Er sagte nichts, stand nur seinerseits auf, als sie sich erhob.

»Ich lasse die Rechnung aufs Zimmer schreiben«, erklärte sie bestimmt, trat um den Tisch herum und küsste ihn nun ihrerseits auf die Wange. Dann sah er ihr nach, wie sie das Restaurant verließ. Jeder Schritt auf ihren hohen Absätzen war sorgsam gewählt. Er setzte sich wieder und trank nachdenklich den Wein aus, den sie in ihrem Glas gelassen hatte.

15

Sie hatte sich nicht lange bitten lassen. Wie immer. Wenn er sich meldete, nahm sie sich Zeit für ihn. Seit Neuestem allerdings glaube er in diesem Verhalten einen Hauch von Sadismus zu wittern. Zu Beginn ihrer Bekanntschaft wäre er nie auf so etwas gekommen – aber hätte er es nicht irgendwie merken müssen? Sie war wie die Katze, die gerne mit den Mäusen spielte, bevor sie ihnen den Kopf abbiss. Und er? War er eine dieser Mäuse? Schon aus diesem Grund hätte er die Begegnung heute gerne knapp gehalten. Aber sie verlangte ein Abendessen; nur unter dieser Bedingung wollte sie ihn treffen. Und so rückte er an diesem tropisch warmen Sommerabend ein zweites Mal zum Dinner an. Ein Abend, der längst in die Nacht übergegangen war.

Der Tisch im Café Luso war auf halb zehn Uhr reserviert, und genau deshalb hatte er das Essen mit seiner Mutter zwei Stunden früher angesetzt. Für Portugiesen war eine so frühe Uhrzeit natürlich völlig untypisch, aber im Hotel Oriente war man auf deutsche Gäste und ihre Gepflogenheiten eingestellt.

Wenn es etwas Gutes an dem heutigen Arrangement gab, dann, dass er nicht in Zeitnot geriet. Und dass er zu Fuß gehen konnte. Das Luso, die Kathedrale des Fado, wie am Eingang zu lesen war, galt als eines der Traditionslokale im Bairro Alto und war stets ausgebucht. Den Gast erwartete ein urwüchsiges Kellergewölbe, Säulen aus schweren Sandsteinblöcken, rauer Verputz, großflächige Gemälde unter den Rundbögen, Lichtinstallationen, die mittelalterlichen Fackelhaltern nachempfunden waren, schweres, dunkles Mobiliar, weiße, steife Tischdecken. Und ebenso steifes Personal. Auf der Speisekarte standen Fisch und Fleisch, in klassischer Manier zubereitet – keine Überraschung und gerade deshalb ein Magnet für Touristen. Auch wenn es erst seit den Neunzigerjahren des 20. Jahrhunderts existierte, konnte man sich vorstellen, dass in diesem erhabenen Rahmen auch schon António de Oliveira Salazar diniert haben mochte.

Henrik war zuvor erst einmal im Luso gewesen, auf Einladung seines Vaters. Albrecht hatte damals die Rechnung übernommen, und das war auch gut so, denn das Luso war alles andere als ein erschwingliches Restaurant. Nun, heute war es wohl an ihm, in diesen sauren Apfel zu beißen. Sie hatte den Abend zwar wunderbar eingefädelt, aber nur auf seinen Wunsch hin, weshalb er auch die Kosten würde tragen müssen. Und durfte er sich wirklich beschweren? Immerhin stand er tief in ihrer Schuld, nachdem sie ihn vor ein paar Tagen sogar aus dem Knast geholt hatte. Darüber konnte er schlecht einfach so hinweggehen. Trotzdem hätte er diese Angelegenheit gerne an einem anderen Ort abgewickelt. Hier war er gezwungen, nicht nur einen Batzen Geld auszugeben, er würde sich mit ihr auch zur Fadomusik unterhalten müssen. Warum bloß hatte sie das Luso gewählt? Was wollte sie ihm damit demonstrieren?

Die einfachste Erklärung war vermutlich die, dass der Besitzer ein Kunde von ihr war. Besser, er machte sich nicht zu viele Gedanken. Pünktlich auf die Minute trat er durch den schweren Brokatvorhang unter dem Eingangsbogen und wurde von einem der schwarz gekleideten Kellner in Empfang genommen.

»Haben Sie reserviert?«

»Auf Teixeira«, gab Henrik zurück. Der Ober nickte und bat ihn, ihm zu folgen. Ein Tisch für zwei, etwas abseits, mit Bedacht ausgerichtet. Privatsphäre in einem Raum, wo es eigentlich keine gab. Wenn Adriana Teixeira es so haben wollte, wurde es eben möglich gemacht.

Adriana ...

Auch sie war in gewisser Hinsicht ein Mysterium, und für ihn gab es selbst nach all der Zeit immer noch keine nachvollziehbare Erklärung, wieso diese attraktive Frau sich dazu herabgelassen hatte, Martins Steuerkram zu übernehmen. Obendrein zu einem Honorar, das weit unter ihren üblichen Sätzen lag, die sie sonst von ihren überwiegend betuchten Klienten verlangte. Eigentlich blieb nur eine einzige nachvollziehbare Antwort auf dieses Rätsel übrig. Eine, die Henrik ganz und gar nicht gefiel. Adriana war womöglich dazu abgestellt worden, Martin zu überwachen. Ganz ähnlich, wie man sie nach dessen Tod auf Henrik angesetzt hatte. Wenn dem wirklich so war, wirkte es umso unwahrscheinlicher, dass sein Onkel diese Absicht nicht durchschaut haben sollte. Aber auch dessen konnte er sich nicht gewiss sein. Denn vielleicht wusste Martin ja ganz genau, was für ein Spiel sie mit ihm trieb, und täuschte seine Ahnungslosigkeit nur vor, um so herauszubekommen, wer Adrianas Auftraggeber war. Egal, wie er diese verworrene Angelegenheit betrachtete, Adriana von seiner neusten Untersuchung zu erzählen, bedeutete, eine weitere Runde mit dem Teufel tanzen. Oder besser gesagt, mit der Teufelin.

Und das war sie in jeder Hinsicht. Da brauchte er nur an seinen tätowierten Nachbarn aus dem Esquina denken. Es war für Henrik immer noch schwer zu begreifen, wie die hinreißende Adriana sich mit diesem Straßenköter hatte einlassen können. War es ihr nur darum gegangen, Henrik eins auszuwischen, weil er sie letztlich zurückgewiesen hatte? Doch ein derartiges Verhalten passte gar nicht zu ihr, so wie er sie kannte – erfolgreich, stets kühl kalkulierend. Und berechnend. Was alles keine schlechten Eigenschaften sein mochten, wenn man sich um das Geld anderer Leute kümmerte.

Dennoch: Adriana und Victor? Er ärgerte sich darüber, wie ihn die Gedanken an diese Frau jedes Mal wieder aus dem Konzept brachten. Sie wirkten sich fast noch schlimmer auf ihn aus als seine Sehnsucht nach Helena.

Adriana war noch nicht da, aber davon war er auch nicht ausgegangen. Er setzte sich mit dem Rücken zur Wand, den Eingang im Blick, und bestellte ein Bier. Später würde er wieder Wein trinken müssen, so viel stand fest, doch noch konnte er sich frei entscheiden.

Wie erwartet, gab es kaum mehr freie Tische. Um diese Uhrzeit bewirtete das Lokal noch hauptsächlich Touristen. Die meisten von ihnen waren bereits fertig mit ihrem Essen und gespannt auf die Auftritte der Fadistas. Die Portugiesen, die sich einen Besuch im Luso leisteten, würden erst nach und nach eintrudeln, ihr Abendessen bis Mitternacht ausdehnen und sich dabei von den melancholischen Melodien der Musiker, Sänger und Sängerinnen begleiten lassen.

Tatsächlich erschien nach nur wenigen Minuten die erste Fadotruppe. Zu den Klängen portugiesischer Gitarren gab sich eine beleibte Dame mit großer Stimme der Saudade hin, einem ganz spezifischen wehmütigen Weltschmerz und, wie es oft hieß, dem portugiesischsten aller Gefühle.

Henrik war schon bei seinem zweiten Bier, als der Kellner, der auch ihn in Empfang genommen hatte, Adriana Teixeira zu ihrem Tisch geleitete. Männliche Gäste, aber auch weibliche, drehten sich nach ihr um und blickten ihr hinterher. Kein Wunder, denn ihre Präsenz füllte den Raum – und Henrik empfand gegen seinen Willen ein wenig Stolz darüber, dass sie ausgerechnet seinen Tisch ansteuerte. Sie hauchte ihm einen Begrüßungskuss auf die Wange. »Ich weiß, ich bin zu spät, minha coração!«

Mein Herz!

Sie liebte es, ihn damit aufzuziehen. Der Alkohol in seiner Blutbahn half ihm dabei, die Sache mit der nötigen Gelassenheit zu nehmen. »Ich verhungere bald«, murrte er, was zwar nicht ganz der Wahrheit entsprach, aber als angemessener Tadel für ihr Zuspätkommen herhalten konnte.

»Wenn ihr Nordeuropäer nicht Punkt achtzehn Uhr euer Abendessen bekommt, seid ihr nicht mehr zu ertragen«, gab sie zurück, während sie ihm gegenüber Platz nahm. Wie immer sah sie bezaubernd aus. Ihr dunkelbraunes Haar, das sie für gewöhnlich hochsteckte, wenn sie in ihren taillierten Businesskostümen steckte, trug sie jetzt offen, was sie noch verführerischer machte. Dazu kam dieses extravagante, für ihre Verhältnisse nahezu brave Kleid, das dennoch viel Spielraum für die Fantasie ließ. Genau wie ihre vollen Lippen, die hohen Wangenknochen und ihre für Portugiesinnen eher ungewöhnlichen blauen Augen. Im Grunde war es unmöglich, ihr nicht auf die eine oder andere Art zu verfallen, und das wusste sie. Und sie nutzte dieses Wissen schamlos aus. Um das zu durchschauen, brauchte man kein Psychologe zu sein.

Sie schloss sich ihm an und wählte als Hauptgang ebenfalls den Bacalhau. Kabeljau mit Kartoffeln, ohne Schnickschnack. Keine lukullische Sensation, aber kulinarisch sicher ein Genuss. Davor entschieden sie sich für Garnelen und Jakobsmuscheln in Koriandersoße. Adriana orderte einen Vinho Verde, nicht ohne einen missfälligen Blick auf das halb getrunkene Sagres zu werfen, das noch vor Henrik stand.

»Gut, dann schieß mal los! Wie komme ich zu der Ehre deiner seltenen Gesellschaft? Ich nehme an, es geht um etwas Geschäftliches, auch wenn ich es nicht unbedingt so nennen würde. Bist du etwa wieder dabei, eine Verschwörung aufzudecken?«

Sein unberechtigter Ruf als Verschwörungstheoretiker sprach sich offensichtlich herum. Er tat ihr den Gefallen und kam sogleich zum Thema. »Energ*í*as Portuguesas, wer steckt dahinter?«

»Hinter dem Energiekonzern?«, fragte sie überrascht.

»Genau. Und ich meine nicht die Namen, die im Impressum auf der Website zu finden sind.«

Adriana lachte laut, wenn auch auf damenhafte Art. »Henrik Falkner, du bist unverbesserlich. Warum kommst du damit gerade zu mir?«

»Weil ich weiß, dass du Antworten für mich hast, Adriana. Oder dass du zumindest jemanden kennst, der dir darüber Auskunft geben kann.«

Sie lächelte einfach weiter, was es schwierig machte, den Unbeugsamen zu geben. »Ich bin mir nicht sicher, ob ich mich geschmeichelt fühlen soll, dass du mich, ohne mit der Wimper zu zucken, diesem Risiko aussetzt.«

Er hob eine Braue. »Es besteht also ein Risiko, wenn du in diese Richtung Nachforschungen betreibst?«

»Nichts wäre gefährlicher, Sweetheart.«

»Aber du liebst doch die Gefahr«, meinte er.

Der Wein kam. Nachdem die Gläser gefüllt waren, bat sie den Kellner darum, das restliche Bier mitzunehmen. Dann prostete sie ihm zu. Der gut gekühlte Vinho Verde prickelte angenehm auf der Zunge. Er musste sich beherrschen, nicht gleich noch einen Schluck zu nehmen. Er hatte ohnehin schon zu viel getrunken und sollte besser alles daransetzen, einen klaren Kopf zu behalten. »Du kennst einfach die richtigen Leute«, erklärte er.

Sie ließ sich Zeit, drehte das Weinglas in ihren schlanken Fingern. »Ich habe gehört, für EP liegt ein Kaufangebot der Chinesen vor. Ist es das, was dich interessiert?«

Er verzog keine Miene, schon allein weil es nicht das war, was er hatte hören wollen. Andererseits wäre es vermutlich falsch gewesen, diese Information unbeachtet zu lassen. Die Chinesen kauften momentan alles Mögliche in der Stadt, und wenn man nicht aufpasste, kauften sie womöglich ganz Lissabon zusammen. In erster Linie waren es natürlich Immobilien. Aber auch vielversprechende Unternehmen. Warum also nicht den führenden Energieversorger des Landes? Dennoch ging es ihm vor allem darum, was EP vor fünfundzwanzig Jahren mit den Marokkanern ausgehandelt hatte.

Er unterdrückte einen Seufzer. Wollte er mithilfe von Adriana weiterkommen, würde er es wohl nicht vermeiden können, ihr ein paar Fakten zu liefern. Er trank von dem Wein, um noch ein paar Sekunden zum Nachdenken herauszuschinden. Dann fragte er: »Und wie ernsthaft ist diese Kaufabsicht?«

»Nachdem das Thema noch nicht an die Öffentlichkeit getragen wurde, gehe ich davon aus, dass man sich innerhalb des Aufsichtsrats noch nicht einig ist. Wie immer bei solchen Transaktionen gibt es zwei Lager, die sich erst zusammenraufen müssen. Mehr weiß ich nicht.«

»Und dennoch weißt du weit mehr als alle anderen, wie mir scheint. Wer sitzt im Aufsichtsrat von EP?«

Wieder dieses sanfte Lächeln, wie von einer Raubtierdompteuse, umringt von Löwen und Tigern. »Keine Namen aus meinem Mund, Henrik, schon vergessen?«

»Und wenn *ich* einen nenne?«

»Tu dir keinen Zwang an.«

»Rafael de Bragança?«, fragte Henrik – in derselben Sekunde, als erneut die Musik einsetzte.

16

Im Kloster São Vicente de Fora begannen die Glocken zu einer ungewohnten Zeit und mit einer Heftigkeit zu läuten, als würde der Herrgott persönlich an den Glockenseilen zerren. Der wütende Lärm gab nachdrücklich zu verstehen, dass etwas Tragisches geschehen war. Die Leute in den Straßen drehten die Köpfe, blickten auf zu den Zwillingstürmen der Barockkirche und wunderten sich darüber, mit welchem Zorn die Klöppel gegen die vor Jahrhunderten gegossene Bronze hämmerten und Klänge hervorbrachten, die von Ungerechtigkeit und Verdammnis sprachen. Die Leute reckten sich, hielten Ausschau nach dem Grund für den Radau, und gleichzeitig duckten sie sich, um ihrer Demut vor dem Allmächtigen Ausdruck zu verleihen. Nicht wenige bekreuzigten sich und murmelten Gebete. Die Nachtluft war schwülheiß, der Himmel sternenlos. Und ohne Antwort.

Henrik stellte fest, dass er zu den wenigen gehörte, die wussten, weshalb die Glocken wie vibrierender Donner über die Stadt hallten. Sie trugen eine Botschaft mit sich, die für ihn bestimmt war und die sein Herz genau so heftig malträtierte wie das Läuten die Trommelfelle. *Du hast ihn nicht retten können. Deinetwegen weint der Himmel. Alles deine Schuld! Der Padre ist tot! Ist viel zu früh vor seinen Schöpfer getreten. Wurde mit Gewalt aus dem Leben gerissen ... Bruno!*

Henrik schreckte auf. Sein Schrei hallte unter der Stuckdecke seines Schlafzimmers nach. Regen prasselte laut gegen das Fenster. Und tatsächlich ertönten in diesem Moment zwei kurze Schläge einer Glocke. Jedoch handelte es sich dabei nicht um das Geläut von São Vicente, dafür war die Kirche zu weit entfernt. Vermutlich war es die Stundenglocke der Igreja de Nossa Senhora da Encarnação, die seiner Wohnung am nächsten lag. Benommen wankte er ins Bad.

Bruno ist tot!

Was für ein irrer Traum. Es kam ihm fast vor, als hätte er erneut einen Flashback seines Ayahuasca-Rausches erlebt. Sein Herz pumpte wie verrückt. Es war kurz nach halb sieben. Kein Wunder, dass er sich so gerädert fühlte. Der Abend mit Adriana war lang geworden. Sie kannte keine Gnade, wollte ihn nach dem Essen nicht gleich entlassen, sondern schleppte ihn noch in eine Bar, in der sie sich teure Cocktails spendieren ließ. War es das wirklich wert gewesen? Hatte er bekommen, was er sich erhofft hatte? Natürlich war sie auf seine konkrete Frage nach Rafael de Bragança nicht eingegangen. Das war zu erwarten gewesen, aber *keine* Antwort war gleichzeitig *auch* eine Antwort. Im Nachhinein bereute er es sogar, sie direkt auf de Bragança angesprochen zu haben. Was hatte ihn da nur geritten?

Immerhin, falls sein Verdacht stimmte und Adriana tatsächlich Spitzeldienste für de Bragança leistete, hatte sie sich nichts anmerken lassen. Was das anging, war sie die perfekte Pokerspielerin.

Mit sandigen Augen spähte er in den Spiegel. Kein schöner Anblick. Er wandte sich ab. Egal, nachdem das Kind nun in den Brunnen gefallen war, konnte er nur abwarten, was als Nächstes passierte. Denn wenn er richtiglag, würde ohne Frage etwas passieren. So gesehen hatte er Aufstellung vor der Höhle des Löwen genommen. Nun blieb nur noch die Frage, ob er die Bestie damit herauslocken konnte oder sie im Dunkeln ausharrte, bis er den Mut fand, seinerseits die Höhle zu betreten.

Verdammt, warum hatte er bloß geträumt, jemand hätte Bruno ermordet? Er verspürte das Bedürfnis, ihn anzurufen, und das konnte selbst der harte Strahl des Brausekopfs nicht wegspülen. Noch immer tropfnass schlurfte er in die Küche, wo das Handy am Ladekabel hing. Er stellte sich ans Fenster. Es regnete wirklich heftig. Er dachte an den Ausflug, den er seiner Mutter angeboten hatte. Der fiel jetzt wohl ins Wasser. Nach einem Moment der Erleichterung machte sich gleich wieder sein schlechtes Gewissen bemerkbar. Abwarten, sagte er sich. Sie war es, die sich hatte melden wollen, und es gab schließlich genug Museen in der Stadt, in denen man dem Regen entkommen konnte.

Außerdem musste er sich zuerst um etwas anderes kümmern. *Mich versichern ...* Er wählte Brunos Nummer. Wie so oft tutete es vergebens in sein Ohr. Entweder der Padre las eine Frühmesse, oder er hockte im Beichtstuhl und hörte sich die Sünden von greisen Witwen an, die wöchentlich durch ihn beim Herrn um Vergebung baten.

Für einen Moment stand er unschlüssig da. Eigentlich hätte er wieder ins Bett gehen können, doch er wusste, dass er jetzt keinen Schlaf mehr finden würde. Er sah auf die Uhr. Wenn er vom *Praça Luís de Camões* eine Eléctrico nahm, wäre er in zwanzig Minuten auf dem Schlossberg. Um diese Zeit würde die historische Linie noch nicht von Touristen überquellen. Zur Entschädigung für den Aufwand würde er Bruno dazu nötigen, ihm einen Kaffee auszugeben. Er beeilte sich, schlüpfte in die Hose von gestern und kramte ein frisches Hemd aus dem Schrank. Auf der Treppe nahm er immer zwei Stufen auf einmal. Die Haustüre war von innen abgeschlossen. Catia vermutlich. Er fummelte den Schlüssel aus der Hosentasche und zitterte ihn ins Schloss. Als der Schließer endlich zurückschnappte, riss er die Tür auf.

Sie stand direkt vor ihm. Mit geweiteten Augen und zwei Bechern Kaffee in den Händen. »Santa Maria!«, keuchte sie.

»Helena!«

Regen perlte aus ihrem Haar und rann ihr über die Wangen. Sie war ohne Schirm gekommen. Augenblicklich vergaß er sein Vorhaben. »Das ist …«

»Eine Überraschung, ich weiß. Frühstück?«, bot sie an und hob die Pappbecher auf Schulterhöhe.

»Klar!«, Henrik griff danach und ließ sie eintreten. »Ich hab nur …«

»… nichts Essbares im Haus, wie immer«, vollendete sie den Satz und lachte. Erst jetzt sah er, dass sie auch noch eine bereits aufgeweichte Papiertüte unter dem Arm klemmen hatte. »Pão de Leite?«

Milchbrötchen, warum nicht. Ohne auf eine Antwort zu warten, stieg sie hoch in den ersten Stock. Er balancierte die vollen Kaffeebecher hinterher.

»Ich gehe kurz ins Bad«, sagte sie und legte die Brötchentüte auf die Ablage unter der Garderobe.

»Klar, du weißt ja, wo …«

Doch sie war schon abgebogen. Sie kannte den Weg.

Er brachte alles in die Küche. Aus dem Bad hörte er den Fön. Henrik verteilte Teller und Messer. Im Kühlschrank fand er eine Mandarinenmarmelade, die er kürzlich auf dem Markt gekauft hatte. Er war zu nervös, um sich zu setzen. Sie brauchte nicht lang. Noch während er überlegte, warum sie unangemeldet vor seiner Tür gestanden hatte, kam sie in die Küche und nahm am Tisch Platz, dort wo sie auch früher immer gesessen hatte. Ihr Haar war noch feucht. Vielleicht hatte sie es deswegen nicht wieder zusammengebunden. So wurde es noch schwerer, sie nicht ständig anzustarren. Er setzte sich dazu. Genau wie er trank sie ihren Kaffee schwarz. Beide in der Hoffnung, dass der andere das Gespräch eröffnen würde, aßen sie die fluffigen Brötchen, dick mit Marmelade bestrichen.

»Ich ... bin nicht aus uneigennützigen Gründen hier«, gestand sie endlich.

»Es geht um den Fall?« Die Frage war rein rhetorisch.

»Du weißt offenbar mehr, als du mir gestern erzählt hast.« Das klang nicht etwa verärgert – und verunsicherte ihn darum mehr, als wenn sie ihn wütend beschuldigt hätte.

»Wie kommst du zu der Annahme?«, hakte er vorsichtig nach.

»EP und Marokko. Das waren doch deine Stichworte.«

Henrik sog scharf die Luft ein. »Konnte ich dich also doch neugierig machen?«

»Meinst du, ich hätte deine Absicht nicht durchschaut?« Nun war der Vorwurf doch nicht mehr zu überhören.

Um nichts Unüberlegtes zu sagen, versiegelte er seinen Mund mit einem großen Schluck Kaffee.

»Offiziell findet man nichts darüber ...«

Enttäuschung machte sich in ihm breit. »Und was ist mit inoffiziell?«, hakte er nach.

»Es gibt da einen Kollegen im Wirtschaftsdezernat, der schon sehr lange dabei ist und ... sagen wir mal, der mich irgendwie mag ...«

Das ist nicht schwer, ich mag dich auch, sehr viel mehr sogar!

»Bei dem habe ich vorsichtig nachgefühlt. Auch weil ich einigermaßen sicher bin, dass er vertrauenswürdig ist …«

»Und?«, platzte es aus ihm heraus, doch Helena schien zu sehr in Gedanken versunken, als dass sie bemerkt hätte, wie hibbelig er in der letzten Minute geworden war.

»Du kennst mich ja, wenn etwas so komplett unter der Decke gehalten wird, erregt das erst recht meine Aufmerksamkeit.«

Henrik nickte. »Nun erzähl schon!«, verlangte er, weil es ihn kaum mehr auf dem Stuhl hielt.

»Energ*í*as Portuguesas war bis zum Beginn der Neunzigerjahre noch komplett verstaatlicht. Erst danach konnten Anteile an dem Energieversorger von Anlegern aus der freien Wirtschaft erworben werden. Damit änderte sich natürlich auch die Zusammensetzung der Gremien und des Aufsichtsrates. Plötzlich konnte man auf freigestelltes Kapital der Anleger zurückgreifen und investieren. Vor allem in die Verbesserung der Infrastruktur, aber auch in neue Projekte.«

»Und eines dieser Projekte umfasste eine Beteiligung in Marokko an … ja, an was?«

Helena krauste die Stirn. »EP hat irgendwann Mitte der Neunziger große Landflächen in der marokkanischen Wüste erworben.«

Genaugenommen 1993, dachte Henrik und bedauerte schlagartig, dass er immer noch nicht mit dem Datum herausgerückt war. Je länger er damit wartete, desto größer würde ihr Ärger darüber sein, dass er ihr diese Information vorenthalten hatte.

»Mein Kollege blieb vage; falls er über Details verfügt, rückt er nicht damit heraus. Vermutlich darf er überhaupt nichts davon wissen und findet es besser für mich, wenn auch ich keine Einzelheiten kenne.«

Henrik schlug mit der flachen Hand auf den Tisch. »Verdammt! Hat er dir wenigstens irgendwas über die Pläne erzählt, warum Land in der Wüste gekauft wurde?«

»Vielleicht basieren seine Informationen auch nur auf Spekulationen.«

»Spekulationen, Gerüchte, egal – alles kann hilfreich sein!«

Helena warf ihm einen skeptischen Blick zu. Das war nicht die Art und Weise, wie ordentliche Polizeiarbeit betrieben wurde, aber das wusste er natürlich selbst.

»Laut meinem Kollegen plante EP in der Westsahara einen Solarpark zu errichten. Es gab damals wohl schon ein Gelände für eine Testanlage unten bei Albufeira, wobei man die Gegend dort allenfalls als Halbwüste bezeichnen kann. Ein paar große Sanddünen, nichts weiter. Jedenfalls steckten die Technologien zur Gewinnung erneuerbarer Energien noch in einer Experimentierphase, und EP war bereit für den nächstgrößeren Schritt. Aber aus Gründen, die er nicht kannte oder mir nicht anvertrauen wollte, kam es nicht dazu. Womöglich stellte sich erst im Nachhinein heraus, dass dieses Wüstengebiet ungeeignet war – jedenfalls wurde das Projekt in Marokko nie realisiert.«

»Das klingt alles ziemlich unglaubwürdig. So etwas hätte man doch vorab von irgendwelchen Experten prüfen lassen. So aber hat EP buchstäblich Millionen in den Sand gesetzt. Wenn das wirklich so ablief, ist es nicht verwunderlich, dass diese Fehlinvestition bis heute totgeschwiegen wurde. Da wollte wohl keiner der Verantwortlichen seinen Kopf hinhalten«, erwiderte er.

»Seltsam ist es trotzdem.«

Da stimmte er ihr zu. Vor allem wenn diese geheime Transaktion mit den Marokkanern auch noch Anlass für einen Mord gewesen war. Aber dafür gab es natürlich noch immer keine Beweise. »Wie kann ich mehr über dieses Gebiet herausfinden?«

»Das habe ich meinen Kollegen auch gefragt.«

»Und was war seine Antwort?«

»Ich soll die Sache vergessen.«

»Das war ja klar«, stöhnte Henrik.

»Der Ratschlag ist sicher gut gemeint. Er will nicht, dass ich mich einer unkalkulierbaren Gefahr aussetze. Das hat er zwar so nicht gesagt, aber ich habe es ihm angesehen.«

»Weiß er denn, an welchem Fall du gerade dran bist? Und wenn ja, meinst du, er hat womöglich einen Zusammenhang dazu hergestellt?«

Helena wiegte zweifelnd den Kopf. »Ich habe ihm nicht gesagt, wieso ich mich für dieses Marokko-Geschäft interessiere, aber es ist gut möglich, dass er seine Schlüsse gezogen hat.«

»Du musst noch mal mit ihm reden!«, verlangte Henrik, nippte am Kaffeebecher und stellte fest, dass er ihn bereits leer getrunken hatte, ohne dass es ihm aufgefallen war. Für ein paar Sekunden spielte er mit dem Gedanken, nach Marokko überzusetzen. Sich vor Ort umzusehen, die Lage auszukundschaften. Aber er hatte nicht die geringste Ahnung, wo sich dieses Wüstengebiet befand. *Oder ... doch!* Die Erkenntnis schlug ein wie ein Lichtblitz. Wahrscheinlich wusste er sehr wohl, wo er suchen musste. Abrupt stand er auf. Helena sah ihn fragend an. Es war an der Zeit, sie einzuweihen, entschied er.

»Gehen wir runter ins Antiquariat. Dort habe ich, was wir brauchen!«

17

Sie beugte sich über den Katasterplan und strich mit dem Finger über die Ziffern, die Martin vor unbestimmter Zeit auf das spröde, grobfasrige Papier geschrieben hatte.

»Wie lange hättest du das noch für dich behalten, wenn ich nicht zu dir gekommen wäre?«, wollte sie wissen, ohne ihn anzusehen.

Er rieb sich verlegen über das unrasierte Kinn. »Es ist ein Datum. Ich vermute stark, es geht um den 12. bis 14. April 1993. In diesem Zeitraum wurde der Mann ermordet.«

Jetzt blickte sie zu ihm auf. Argwöhnisch.

»Ich bin sicher ... also, ziemlich sicher«, korrigierte er sich.

»Wie kommst du zu dieser Behauptung?«, fragte sie ungläubig.

»Ich habe so was wie eine ... Zeugenaussage«, gab er kleinlaut zu.

Helena richtete sich auf und verschränkte die Arme vor der Brust. »Eine Zeugenaussage«, wiederholte sie. Jegliche Weichheit war aus ihrer Stimme gewichen. Sie war sauer. Stinksauer. *Gleich geht sie in die Luft!* Er kannte sie lange genug, wusste, wie sie reagierte, wenn er ohne ihre Einwilligung ermittelte, noch dazu, wenn es sich um *ihren* Fall handelte. Und trotzdem hatte er es wieder darauf ankommen lassen.

»Es gibt einen ... sagen wir mal, so was wie einen Zeitzeugen im Hotel. Einen Kellner, Eduardo Lemos. Möglicherweise redet er mit dir, wenn ...«

»Ganz *gewiss* wird er mit mir reden«, fuhr sie ihm ins Wort. Ihr Tonfall war eisig. »Das hätte er schon längst tun müssen, als die Kollegen das Personal befragt haben.«

»Ich denke nicht, dass sie dabei besonders gründlich vorgegangen sind, und das hat Lemos gemerkt. Es ist seinem Arbeitgeber gegenüber sehr loyal ...«

Wieder unterbrach sie ihn. »Merda, Henrik, was weißt du noch?«

»Du vertraust deinen Leuten doch selber nicht«, gab er trotzig zurück, sah aber gleich darauf reumütig zu Boden, weil er sie nicht noch mehr aufbringen wollte. »Desculpe!«

»Dein ständiges Entschuldigen und Bedauern hilft mir nicht weiter, solange du dein Verhalten nicht änderst. Wie oft haben wir dieses Thema schon diskutiert?« Sie deutete wieder auf den Plan, der nach wie vor ausgerollt auf Henriks Schreibtisch lag. »Diese Zahlen, wofür stehen die?«

Die Ziffern unter dem Datum. Er hatte nichts damit anfangen können, bis ihn gerade eben die Erleuchtung oben am Küchentisch ereilte.

»Koordinaten«, sagte er.

Helena schien skeptisch, zog aber dennoch ihr Handy aus der Tasche und tippte die Nummernfolge in eine Karten-App. Während sie wartete, fluchte sie leise über die miese Verbindung. Abschnittsweise baute sich endlich eine Karte auf dem kleinen Bildschirm auf. In der Satellitenansicht erschienen nur gelbliche, von zarten Rot- und Ockertönen durchsetzte Flächen. Sie verkleinerte die Ansicht, bis am unteren linken Rand ein Ort angezeigt wurde. El Haggounia. »Westsahara«, murmelte Helena. »Ist das nicht so ein Krisengebiet, um das sich Marokko seit Jahrzehnten mit der indigenen Bevölkerung dort streitet?«

»Demokratische Arabische Republik Sahara«, ergänzte Henrik. Auch er hatte das Internet zurate gezogen. »Eine besetzte Zone, steht hier.« Er überflog den restlichen Text, der ihm angezeigt wurde, konnte aber nicht weiterscrollen, weil die Verbindung zu schlecht war; also schielte er wieder auf Helenas Display und deutete auf eine Stelle des Kartenausschnitts. »Zoom das mal ran!«

Mit Daumen und Zeigefinger zog Helena den Bereich nördlich des Ortes El Haggounia größer, der ohnehin nur aus einer Handvoll Häuser bestand.

»Sieht aus wie eine Militärbasis«, stellte sie fest.

»Ein von Marokko laut UNO und Internationalem Gerichtshof Den Haag unrechtmäßig annektiertes Gebiet ... Das machte die Sache noch viel schwieriger, als es ohnehin schon war«, folgerte er. »Wir brauchen jemanden, der sich damit auskennt.«

»Bevor wir uns zu sehr darauf versteifen, möchte ich erst mal klären, wie relevant diese verworrene Botschaft deines Onkels überhaupt für meine Ermittlung ist«, lenkte Helena ein.

Wir! Hieß das, er war nach wie vor mit im Boot? Keine Vorhaltungen oder offizielle Anweisungen, sich rauszuhalten? Das war gut, dachte Henrik und stimmte ihr kopfnickend zu. Es war schon verwunderlich, dass sie sich Martins Hinweis überhaupt angesehen hatte, nachdem sie sich zuletzt sehr von den eigenwilligen Recherchen seines Onkels distanziert hatte. Woher kam bloß dieser Sinneswandel? Egal, im Moment war nicht die Zeit, über ihr verändertes Verhalten nachzugrübeln. Da war nämlich noch ein Anliegen, das er dringend klären musste. »Wenn du dich noch mal mit deinem Kollegen von der Wirtschaftskriminalität unterhältst, könntest du ihn da auf jemand Bestimmten ansprechen und hören, was er über diese Person weiß?«

»In Bezug auf was?« Helena wirkte überrascht.

»Ob es eine Verbindung dieses Mannes zu EP gibt. Vielleicht ist er Aufsichtsrat, Großaktionär, irgendwas in die Richtung.«

»Von wem sprichst du?«, wollte sie wissen.

»Rafael de Bragança!«

»De Bragança? Wie kommst du auf diesen Namen?«

»Er sagt dir also was?«

»Diese Familie ist nicht unbekannt in Portugal und vor allem weitverzweigt.« Das hatte auch Bruno schon angedeutet.

»Weitverzweigt nicht nur, was ihre Abkömmlinge angeht, sondern auch, was wirtschaftliche und politische Interessen betrifft. Meinst du das damit?«

Helenas Blick verdunkelte sich. »Darüber weiß man besser nicht so gut Bescheid, das übersteigt bei Weitem meine Besoldungsgrenze.«

»Das stört dich doch sonst nicht«, stachelte Henrik sie an.

»Meine Vorgesetzten, einschließlich der Dienstaufsicht, haben mich ohnehin schon im Auge, ich kann es mir nicht leisten, noch mehr aus der Reihe zu tanzen. Du weißt, wie sehr ich diesen Job trotz aller Widrigkeiten brauche.«

Ja, das wusste er. Helena war alleinerziehende Mutter, ihre Tochter Sara gerade mal fünf Jahre alt. Insofern musste sie innerhalb der Truppe Disziplin wahren, besonders da sie wegen ihres Verhältnisses zu Henrik ohnehin schon verstärkt unter Beobachtung stand.

»Ja, ich verstehe«, lenkte er ein. »Ich halte dich da raus.«

»Und *du* hältst dich da auch raus!«, verlangte sie. Jetzt kam sie also doch noch, die dienstliche Anweisung. »Wenn man was von den de Braganças in den Medien hört oder in den Boulevardblättern liest, dann weil sie in der Regel als Wohltäter auf sich aufmerksam machen.«

»Das kann alles Fassade sein, und Spendenquittungen machen Eindruck bei den Finanzbehörden«, wandte er ein.

Sie schüttelte den Kopf. »Mir ist nicht bekannt, dass ein de Bragança jemals in eine Ermittlung verwickelt war.«

»Wieso verteidigst du diese Leute?«

Sie starrte ihn an. Wollte ihm schon widersprechen, hielt dann jedoch inne.

»Gut möglich, dass sie Bedürftigen helfen, Benefizgalas organisieren und Umweltschutzprojekte aus der Taufe heben – oder was auch immer. Aber wie du schon erwähnt hast, es gibt nicht wenige von ihnen, und jede Familie hat ihre schwarzen Schafe.«

»Willst du mir damit etwa sagen, dass dieser Rafael der dunklen Seite angehört?« Wider Willen musste sie grinsen.

»Ist das so abwegig? Es findet sich nichts über ihn im Internet, es ist, als ob es ihn gar nicht gäbe.«

»Dass du nichts findest, liegt vermutlich daran, dass du hier drin keine Verbindung hast.« Immerhin war sie wieder zu Scherzen aufgelegt.

Doch nun war es Henrik, der den Kopf schüttelte. »Ich bin sicher, Rafael de Bragança ist irgendwo dort draußen und steht als Drahtzieher hinter vielen fragwürdigen Dingen«, beharrte er.

»Woher weißt du das? Von deinem Onkel?«

Sollte er ihr von dem Skalpell erzählen? Davon, was er diesem Mann anlastete? Sie würde ihm nicht glauben, solange er nur auf die Notizen seines Onkels verweisen konnte. Daran würde auch die Kohlezeichnung nichts ändern, die João einst von dem *Mann ohne Nabel* angefertigt hatte und auf der kein anderer als de Bragança dargestellt war, wie seine Schwester Anabela bestätigt hatte. Natürlich waren auch das letztlich nur Spekulationen und damit für die rational denkende Kriminalkommissarin definitiv nicht genug. Selbst wenn es eine Verbindung von de Bragança zu dem Energiekonzern gab, wäre das noch lange kein Beleg dafür, dass er irgendetwas mit dem Toten im Betonsockel des Swimmingpools zu tun hatte. Verflucht, das *alles* fiel eher unter Wunschdenken, als unter brauchbare Überlegungen. So kam er nicht weiter. Er musste sich eine andere Strategie ausdenken, um de Bragança aus der Reserve zu locken. Mit Helena würde das nicht funktionieren. Aber da war ja immer noch Adriana …

Wie Helena richtig festgestellt hatte, besaß er keinerlei Indizien dafür, dass de Bragança auch nur in die kleinste Unregelmäßigkeit verwickelt war. Genau genommen konnte er nicht einmal sicher sein, ob es diesen Mann überhaupt gab. Oder *noch* gab. Er musste im selben Alter wie Martin gewesen sein, wenn Henrik nach dem ging, was er von Anabela gehört hatte. Und es gab keinerlei echte Belege für seine Existenz. Kein einziges Foto – nur diese Kohlezeichnung, die vermutlich über vierzig Jahre alt war. Ein kläglich dünner Beweis für die heutige Zeit. Nicht zum ersten Mal musste er sich fragen, ob der *Mann ohne Nabel* nicht einfach nur ein Phantom war, dessen Existenz oder auch Nicht-Existenz Martin in den Wahnsinn getrieben hatte.

Er biss sich auf die Lippen. »Es ist nur eine Theorie«, lenkte er ein. »Am besten vergisst du, was ich gesagt habe.«

Helena schnaubte. »Wenn du mir so kommst, meinst du genau das Gegenteil, Henrik Falkner.« Sie beugte sich vor. »Ich bitte dich, stürz dich nicht noch tiefer ins Unglück … das kannst du dir einfach nicht leisten!«

18

Nachdem Helena gegangen war, fühlte er sich noch unwissender als vor ihrem Besuch. Sowohl was den Fall als auch ihr Verhältnis betraf. Und er hätte nicht sagen können, was davon ihn mehr belastete.

Kurz darauf tauchte Catia im Laden auf, bereit, der Arbeit nachzugehen, die sie all die Jahre für Martin erledigt hatte. Henrik nahm es hin, auch wenn er keine Idee hatte, wie er sie bezahlen sollte, wenn heute nicht ein paar Kunden vorbeikamen, die nicht nur in den Büchern blätterten und lasen, sondern sie auch kauften. Sehr wahrscheinlich brauchte er diese Sache aber gar nicht zur Sprache zu bringen. Catia wusste, wie es um das Antiquariat stand.

»Ich bin bald zurück«, sagte er daher nur und trat hinaus auf die Straße. Der Regen war vorbei. Der Wind trieb die bleiernen Wolken das Flussdelta hinauf landeinwärts. Ohne es erneut mit einem Anruf bei Pater Bruno zu versuchen, machte er sich auf den Weg zum Kloster São Vicente de Fora. Einfach um nach dem Padre zu sehen. Und auch weil ihm eingefallen war, dass er noch auf eine weitere Option zurückgreifen konnte, um sich dem Dämon zu nähern.

In den windgeschützten Gassen herrschte eine schwüle Atmosphäre. Die Niederschläge hatten die Hitze nicht aus der Luft waschen können. Auch wenn das Wetter noch nicht danach war, die Touristen aus ihren Hotels zu locken, konnte er damit rechnen, dass die Eléctrico um diese Uhrzeit überfüllt sein würde. Aber das war egal; die Furcht aus seinem seltsamen Traum, die ihn am frühen Morgen aus dem Bett getrieben hatte, war verblasst. Warum auch sollte ihn so ein Hirngespinst beunruhigen? Er entschied also, den Schlossberg zu Fuß in Angriff zu nehmen. Henrik überquerte den Largo do Chiado, vorbei am berühmten Café A Brasileira, vor dem für immer Fernando Pessoa saß, ein Bein lässig übergeschlagen und in Bronze gegossen. Unter den weißen Schirmen, von denen nach wie vor das Regenwasser tropfte, drängten sich die Gäste um die runden Tische. Von dort lenkte er seine Schritte die Rua Garrett hinab ins Baixa-Viertel. Der bedeckte Himmel kam den Geschäften entlang von Lissabons bekanntester Einkaufsstraße entgegen. Schnell war er von einer Unmenge an Touristen umringt. Vermutlich hatten wieder zwei, drei Kreuzfahrtschiffe angelegt. Ihm bot sich das übliche Bild von Menschenmassen, die sich in dem schachbrettartig angelegten Viertel tummelten. Er wusste, wie sehr die Stadt von den vielen Urlaubern profitierte, und bedauerte es dennoch immer wieder. Vor allem wegen der gigantischen Ausflugsdampfer im Hafen unterhalb des Alfama-Viertels schien die Stadt regelmäßig aus allen Nähten zu platzen.

Er kannte mittlerweile Gassen und Treppen, die weitgehend frei von Touristen blieben, weil sie zu versteckt oder zu steil und unwegsam für die Städtebummler waren. Alles, worauf man hier achten musste, waren die durch die Nässe tückisch glatten Fliesen und Steinstufen und dazwischen den ein oder anderen maroden Tritt. So umrundete er unbehelligt die mächtigen Mauern des Castelo de São Jorge und ließ sich auch nicht vom bunten Treiben auf dem Largo Portas do Sol aufhalten, von wo aus man einen der besten Ausblicke über die östlichen Stadtteile und den Sund hatte.

Als er am Kloster ankam, klebte ihm das Hemd am Körper, allerdings nicht von einem weiteren Schauer, sondern vom Schweiß. Dank seiner regelmäßigen Besuche in dem Komplex aus Sakralbauten war er in Vicente de Fora schon bekannt. Ohne dass er fragen musste, informierte ihn daher auch gleich einer der dort lebenden Augustinermönche, dass er den Padre in der Kirche finden würde. Regelwidrig nahm er den Weg durch die Sakristei, den ihm Bruno gezeigt hatte und betrat durch eine versteckte Tür die Apsis der Igreja São Vicente de Fora mit ihrem Baldachinaltar. Das Gotteshaus war in jedem Reiseführer zu finden; deshalb hielten sich auch heute hauptsächlich Touristen unter der sehenswerten Kassettendecke des Mittelschiffs oder zwischen den Säulenreihen auf, die das Hauptschiff von den Seitenschiffen trennten. Die meisten Urlauber waren darum bemüht, eine der Umgebung angemessene Zurückhaltung an den Tag zu legen. Anders dagegen eine Gruppe junger Leute, die sich links vom Altar um die Statue des Vinzenz von Saragossa, des Schutzpatrons von Lissabon, scharte. Unter nur mäßig unterdrücktem Gegacker waren sie dabei, Selfies mit dem Heiligen zu machen. Ein Benehmen, das den echten Kirchenbesuchern – in erster Linie alte Leute aus dem Viertel – unübersehbar missfiel. Gebeugt in den Holzbänken sitzend oder kniend, mit Rosenkränzen in den gekrümmten Fingern, beäugten sie mit finsteren Blicken die unangebrachte Ausgelassenheit.

Henrik wandte sich den unter dem rechten Seitenschiff befindlichen, kunstvoll aus dunklem Holz gefertigten Beichtstühlen zu, deren Zugänge mit malvenfarbenen Brokatvorhängen verdeckt waren. Der Geruch von Weihrauch schwängerte die sakrale Luft. Henrik setzte sich in die Kirchenbank, die dem sich »*In Betrieb*« befindlichen Beichtstuhl am nächsten lag. So wie es aussah, wartete niemand mehr vor ihm, um seine Sünden loszuwerden. Tatsächlich dauerte es keine drei Minuten, da schob sich der Vorhang zur Seite. Zu Henriks Erstaunen schlüpfte ein Mann in seinem Alter aus dem Kabuff, gekleidet in einen eleganten Anzug. Banker oder Immobilienmakler, tippte er und sinnierte müßig darüber, wie viele Vaterunser und Ave Maria ihm Bruno wohl auferlegt hatte, um die Menge an Vergehen dieses Mannes an seinen Nächsten auszugleichen.

Henrik sah sich um. Niemand machte Anstalten, den frei geworden Büßerplatz einzunehmen, also stand er auf, ging hinüber und zwängte sich in den Holzverschlag, der dabei ein ehrwürdiges Ächzen von sich gab. Es war wie ein Déjàvu. Vor gut einem Jahr war er dem Padre hier im Beichtstuhl zum ersten Mal begegnet.

»Em nome do Pai e do Filho e do Espírito Santo. Amém!«

»Deus que ilumina nossos corações ... Henrik, bist du's?«

»Erwischt«, gestand er. »Was war es, die Stimme oder der Akzent?«

Bruno brummte etwas Unverständliches durch das filigrane Holzgitter, hinter dem er nur als Schemen sichtbar war.

»Tut mir leid, dass ich so unangekündigt auftauche, aber ich hatte das dringende Bedürfnis, nach dir zu sehen.«

»Nun, wenn du das Gespräch ausschließlich mit mir, statt mit deinem Schöpfer suchst, ist das hier nicht der passende Ort«, stellte der Priester fest.

»Es ist ohnehin keiner mehr da, der Reue zeigen möchte, du kannst Pause machen.«

»Dann sei so gut und warte bitte draußen, bis ich so weit bin«, verlangte Bruno mit ernster Stimme.

»Verstehe, du musst dich ordnungsgemäß abmelden«, scherzte Henrik und schlüpfte aus dem Beichtstuhl, eher der Padre ihn zurechtweisen konnte. Zehn Minuten später hatten sie es sich auf den schweren Ledermöbeln im Büro des Geistlichen bequem gemacht, so wie es beinahe schon zur Gewohnheit geworden war, wenn sie etwas zu besprechen hatten. Dazu gehörte mittlerweile auch der Tee von den Azoren, den Bruno aufbrühte und der ein angenehm frisches Orangenaroma verströmte. Nirgendwo fühlte er sich besser abgeschirmt als innerhalb dieser dicken Klostermauern. Und niemandem vertraute er mehr als dem Padre, wenn es um die prekären Angelegenheiten ging, die Martin ihm übertragen hatte.

»Also, was führt dich zu mir?«, wollte Bruno wissen. »Bist du wieder auf eine Azulejo gestoßen?«

Henrik schüttelte den Kopf. »Weder habe ich eine weitere im Antiquariat entdeckt, noch einen neuen Ort ausfindig gemacht, auf den uns die Fliesen meines Onkels hinweisen sollen. Wenn ich ehrlich bin, war es ... na ja, ein unschöner Traum, der mich zu dir geführt hat.«

Bruno gab sich überrascht. »Ein Traum? Ausgerechnet! Du lehnst doch sonst alles Zwischenweltliche ab, muss ich mir etwa Sorgen machen?«

Henrik winkte ab. »Keine Angst. Ich halte mich auch weiterhin von der Traumdeutung fern.«

»Dennoch bist du hier«, konterte der Priester. »Lässt du mich auch wissen, was dir in deinem Traum widerfahren ist?«

Sollte er ihm wirklich erzählen, dass die Glocken von São Vicente laut tönend Brunos Tod betrauert hatten? »Spielt keine Rolle«, wich er aus. »Bring mich lieber auf den aktuellen Stand, was deine Nachforschungen zu den Azulejos angeht! Hast du neue Erkenntnisse?« Seit sie der Spur der historischen Kacheln folgten, hatte er gelernt, dass allein in dem sakralen Komplex dieses Konvents vierzehntausend blau-weiße Azulejos die Wände zierten. Beispielweise zeigte das beeindruckende Wandbild im Pförtnerhaus, wie ihm Bruno erst kürzlich erklärt hatte, die Einnahme Lissabons durch die Mauren. Dazu kam die umfangreiche Azulejo-Sammlung im angegliederten Klostermuseum.

»Drängt denn die Zeit?«, fragte der Padre beunruhigt.

»Wenn ich das nur mit Gewissheit sagen könnte. Vermutlich nicht. Allerdings bin ich da an einer neuen Sache dran, und ...«

»Rafael de Bragança«, fiel Bruno ihm ins Wort.

Henrik setzte sich auf. »Hast du was gefunden? Gibt es eine Verbindung?«

Der Priester verzog keine Miene. Hatte er Bedenken bekommen? Wenn ja, dann standen ihm diese natürlich zu. Es waren allein Henriks Intuition und sein kriminalistisches Gespür, die seinen Verdacht gegen den mysteriösen Adeligen schürten.

»Ich weiß, es klingt verrückt. Vielleicht sehe ich tatsächlich nur Gespenster. Oder ich will diesen Mann unbedingt für etwas belangen, weil ich sonst keine Verdächtigen habe, und greife nach jedem Strohhalm ...«

Bruno nickte nachdenklich. Henrik hatte dem Geistlichen bislang weder von dem Skalpell erzählt, noch von Joãos Zeichnung, die den *Mann ohne Nabel* abbildete. Vor allem weil er ihn nicht mehr als nötig beunruhigen wollte. Je mehr Bruno wusste, desto mehr brachte ihn dieses Wissen auch in Gefahr. Das waren schlichtweg die Fakten, da brauchte es keinen unheilschwangeren Traum. Wenngleich dieser seine Bedenken noch verstärkt hatte, ohne dass er sich das so richtig eingestehen wollte.

»Ich habe dir versprochen, wenn Rafael de Bragança in welcher Form auch immer mit der Igreja de São Roque und dem Kloster São Pedro de Alcântara in Verbindung gestanden hat, so wie dein Onkel es mit den Fliesen zu belegen gedachte, dann werde ich diese Verbindung aufspüren«, versicherte ihm Bruno zum wiederholten Mal. »Unsere von Gott gelenkte Institution vergisst keinen Namen. Und was die beiden Azulejos angeht, die wir noch nicht zuordnen konnten, auch da bleibe ich selbstverständlich am Ball. Willst du sie sehen, wo du schon hier bist?«

Er winkte ab. »Lass sie lieber in deinem Safe, ich habe ja Fotos davon auf dem Handy.« Wohlweislich hatte Henrik die kritischen Fundstücke bei Bruno im Kloster gelassen. Dort waren sie sicherer als bei ihm im Antiquariat, wo Martin sie über Jahre versteckt gehalten hatte. Jetzt, da das Haus in sich zusammenzufallen drohte und zudem der *Wolf* auf der Lauer lag, waren die Azulejos hinter diesen jahrhundertealten Steinmauern deutlich besser aufgehoben.

Er rückte vor bis zur Stuhlkante und senkte die Stimme. »Ich will dich nur ermahnen, noch vorsichtiger zu sein! Vor allem solltest du darauf achten, mit wem du über diese Angelegenheit sprichst.« Schließlich war es Bruno gewesen, der bei seiner Recherche nach der Herkunft der Fliesen an Lobo geraten war. Ausgerechnet an den Mann, der Martin nach dessen Aussage dabei geholfen hatte, an die wertvollen Kacheln heranzukommen. Ein irrsinniges Unterfangen, das Henrik immer noch nicht begreifen konnte. Wieso hatte sein Onkel sich bloß auf dieses illegale Geschäft eingelassen?

Bruno faltete die Hände. »Ich weiß, ich weiß, ich hätte mich nicht an Senhor Lobo wenden dürfen. Ich habe verstanden, mein lieber Henrik.«

Henrik behielt für sich, dass Lobo plötzlich nicht nur die Fliesen zurückhaben wollte, sondern seine Wolfspranken neuerdings auch nach seiner Immobilie in der Rua do Almada ausstreckte. Er musste wirklich bald in Erfahrung bringen, was da nun wieder dahintersteckte. Aber das war vorerst nichts, womit er den Padre belasten wollte.

»Hast du denn endlich einen Hinweis gefunden, warum de Bragança überhaupt so sehr in den Fokus deines Onkels gerückt ist?«

Er hat Martins Liebe getötet!

Der Padre fragte das nicht zum ersten Mal, doch es widerstrebte Henrik auch jetzt, ihn zur Gänze einzuweihen. *Noch nicht,* sagte er sich. *Schieb es so weit hinaus wie möglich, um Bruno seine Unbefangenheit zu bewahren.*

»Es gibt lediglich ein paar Gedankenspiele«, sagte er und hoffte, dass dies ausreichte, um sich auch heute aus der Affäre zu ziehen. Der Padre neigte den Kopf. *Er sieht mir an, dass ich nicht die Wahrheit sagen will.* Henrik lehnte sich wieder zurück, und Bruno lächelte milde. Er durchschaute ihn, machte dennoch keine Anstalten, ihn zu bedrängen. Ein wahrer Freund eben, den es nicht einmal scherte, dass Henrik Atheist war.

Bruno rieb sich nachdenklich über das lange Kinn. Was gingen ihm wohl für Gedanken durch den Kopf? Vermutlich grübelte er darüber, aus welchem Grund Martin überhaupt mit Rafael de Bragança aneinandergeraten war. Woher die Obsession kam, diesen Mann zu verfolgen und sein Leben zu durchleuchten. Plötzlich war Henrik sehr nahe daran, sein Wissen und seine Überlegungen über de Bragança mit seinem Freund zu teilen. Und seine Annahme, dass Martin von der Liaison zwischen João und de Bragança gewusst hatte. Immerhin war sein Onkel im Besitz der Kohlezeichnung gewesen, die João vom *Mann ohne Nabel* angefertigt hatte. Eine Zeichnung, die de Bragança nackt zeigte. Wobei dieses Werk zwar ein Indiz war, aber zu keinerlei Aussage darüber taugte, ob de Bragança auch Joãos Mörder war. *Verdammt.* Wie sollte Henrik seine Wissenslücken jemals füllen, wenn er Martin nicht mehr danach fragen konnte? Was ihm blieb, war das Antiquariat. Die Rätsel, die dort für ihn hinterlegt waren und die es zu lösen galt.

»Es wäre natürlich leichter, du würdest mir ein, zwei Hinweise geben, worauf ich mich beziehen kann«, wandte Bruno plötzlich ein, als hätte er seine Gedanken gelesen. »Wie soll ich sonst weitermachen?«

Bruder Humberto. Der Name kam Henrik aus heiterem Himmel in den Sinn. Hatte Martin mit Bruder Humberto gesprochen? Ja, das war die richtige Aufgabe für den Priester.

»Es gab einen Mönch im Konvent São Pedro, der dort Kunst und Philosophie unterrichtet hat. Bruder Humberto. Von dessen Schwester weiß ich, dass er verstorben ist, aber vielleicht findest du jemanden, der ihn kannte.«

Bruno runzelte die Stirn. »Und was soll ich denjenigen fragen, der sich an Bruder Humberto erinnert?«

Durch Zufall war Henrik auf diesen Mönch gestoßen, der ebenfalls ein Faible für die Azulejo-Malerei hatte. In dem Franziskanerorden, wo Humberto auch als Lehrer in dem dort angegliederten Gymnasium tätig gewesen war, musste es noch Glaubensbrüder oder Pädagogenkollegen geben, die etwas über Humberto und dessen Lehrertätigkeit wussten. »Mich würde einfach interessieren, ob Bruder Humberto einen Schüler namens Rafael de Bragança unterrichtet hat.«

19

Wie üblich verabschiedete sich Henrik mit gemischten Gefühlen. Je mehr er den Padre da mit hineinzog, desto schlechter fühlte er sich. Da half es auch nicht, sich damit zu trösten, dass Bruno ein eigenes Interesse an der Sache hegte. Auch der Priester suchte nach Antworten. Oder nach Schuldigen. Ja, das traf es vermutlich eher. Bruno war schließlich ein Kind der Diktatur. Ihm waren grauenhafte Dinge angetan worden – und auch wenn es schwer vorstellbar war, blieb bei Henrik trotz all der Güte, die diesen Mann ausmachte, auch ein leiser Verdacht, dass ihn unchristliche Rachegedanken antrieben.

Kaum draußen, prüfte er sein Handy, das innerhalb der Klostermauern keinen Empfang gehabt hatte. Keine Nachricht von seiner Mutter. Er konnte sich nicht entscheiden, ob das gut oder schlecht war. Der Abwechslung halber entschied er sich für einen Umweg durchs Alfama. Das einstige Fischerviertel mochte er am liebsten, und bisweilen folgte er der fixen Idee, mindestens jede Gasse des verwinkelten Stadtteils einmal abgelaufen zu sein, egal wohin sie ihn führte. Im Alfama-Viertel konnte man mehr als in jedem anderen Teil der Stadt den Eindruck haben, dass die Zeit stehen geblieben war. Und er liebte den Stadtteil dafür. Es war schwer zu beschreiben, man musste es erleben, wollte man es verstehen. Die Menschen, die hier – häufig unter bescheiden Umständen – lebten, wirkten glücklich, waren stets freundlich und aufgeschlossen. Man fühlte sich wie in einer großen Familie. Und das Essen! Nirgendwo schmeckte es ihm besser als innerhalb dieser verschachtelten, in den Berg hineingebauten Architektur, in der es unzählige Tascas gab, diese kleinen, bisweilen versteckten Lokale, in denen der Wein günstig war und der gegrillte Fisch mit besonderer Leidenschaft zubereitet wurde. Heute war jedoch nicht der Tag, um kulinarische Köstlichkeiten zu genießen oder die Ortskenntnisse zu verfeinern. Henrik bewegte sich auf bekannten Wegen, immer abwärts hinunter zum Tejo. Gerade befand er sich auf Höhe der Barockkirche Santo Estêvão, dort, wo sich zwischen dem Sakralbau und dem östlich angebauten, neu restaurierten Gebäude ein schmaler Durchgang erkennen ließ, in dem ein besonders beeindruckendes Fliesengemälde an der weiß getünchten Kirchenwand angebracht war. Die Darstellung zeigte eine Monstranz, flankiert von zwei Engeln, und stammte, wie er wusste, aus dem frühen 18. Jahrhundert. Ein Fliesenbild, das vollständig erhalten war, sofern er seinem inzwischen antrainierten Kennerblick trauen konnte. Beim Betrachten der filigranen Details musste er plötzlich wieder an Simone denken. Mittag war bereits vorbei, und er hatte noch nichts von ihr gehört. Wieder waberte die Frage durch seinen Kopf, ob sie wohl an einer ernsthaften Krankheit litt, und er beschloss, nicht länger zu zögern und sie seinerseits anzurufen.

Unterhalb der Kirche lag ein kleiner Platz, der von einer Platane beschattet wurde. Hier lud eine Bank zum Verweilen ein. Er setzte sich, um zu telefonieren. Im Gegensatz zu gestern, als sie aus gekränktem Stolz seine Anrufe ins Leere hatte laufen lassen, ging sie heute unverzüglich ans Telefon.

Auch er kam sofort zur Sache. »Wie steht es um unseren Ausflug?« Das Wetter hatte sich deutlich gebessert. Zwar war der Himmel immer noch wolkenverhangen, aber es sah nicht nach weiterem Regen aus. Allerdings auch nicht nach zu viel der erschöpfenden Sommerhitze, die den Organismus im Übermaß belastete. Davon waren die Lisboetas in den letzten Wochen im Überfluss drangsaliert worden. »Das Wetter ist perfekt, nicht zu heiß. Was meinst du?«

»Was soll ich schon meinen? Hast du Albrecht erreicht?«

Verdammt, er hatte ihr versprochen, mit seinem Vater zu reden, und es im nächsten Moment wieder vergessen. »Noch nicht«, log er. »Ich kann es aber gleich noch mal versuchen.«

»Du hast doch gar kein Interesse daran, mir diesen Gefallen zu tun«, warf sie ihm vor.

Will sie jetzt schon wieder auf beleidigt machen? Er riss sich zusammen. »Warum besprechen wir das nicht bei unserem Stadtbummel?«

»Später vielleicht. Ich habe gleich einen Termin«, ließ sie ihn wissen.

»Termin? Was für einen Termin?«

»Später, Henrik! Zum Kaffee«, wich sie ihm aus. »Überleg dir was, ich will aufs Meer sehen und nicht zu viele Leute um mich herum haben! Ich melde mich, wenn du mich im Hotel abholen kannst.« Damit legte sie auf.

Den Kopf voller Gedanken stand er auf und nahm die nächstbeste Treppe abwärts. Eine Weile folgte er einfach nur den Gassen. Über seinem Kopf flatterten bunte Fähnchen im Wind. Zusammen mit den vielfarbigen Girlanden die Überbleibsel des Stadtfestes, das vor zwei Wochen wie jedes Jahr zu Ehren von Santo António, einem weiteren Schutzheiligen der Stadt, gefeiert worden war.

Ohne echten Grund blieb er plötzlich stehen und wurde zum Hindernis für die Leute, die in jede Richtung an ihm vorbeidrängten. *Einen Termin!* Was hatte sie bloß vor? Ihm fiel auf, dass er sein Telefon immer noch in der Hand hielt. Ein abwegiger Gedanke kam ihm in den Sinn. Heuerte sie etwa einen Privatdetektiv an, der Albrecht finden sollte? Das war ihr durchaus zuzutrauen.

Es war definitiv an der Zeit, Albrecht zur Vernunft zu bringen oder zumindest dazu, das Gespräch mit seiner Gattin zu suchen. Wenn Henrik das hinbekam, würde sie ihm zuhören, wenn er einen Gefallen einforderte. Einen Gefallen in Form eines Darlehens zum Beispiel, um die Renovierung des Hauses abzuschließen. Danach konnte er endlich versuchen, sich mit Helena auszusöhnen – etwas, das er sich mehr als alles andere wünschte. Vermutlich war er, was die Inspetora betraf, ohne das Antiquariat und seine morbiden Geheimnisse sogar besser dran ...

Jemand rempelte ihn an und machte ihm bewusst, dass er immer noch mitten im Weg stand. Er setzte sich wieder in Bewegung. Also nur noch diese eine Geschichte, sagte er sich. Diesen de Bragança finden, ihn zur Rede stellen, ein Schuldgeständnis einfordern. Mehr wollte er gar nicht. Nicht mehr als eine letzte Antwort. Darum ging es doch. Nicht um Rache, nicht darum, dass jemand angeklagt und bestraft wurde, denn das würde ohnehin nicht passieren. Seine Beweise und Mutmaßungen hielten schließlich keiner Gerichtsverhandlung stand. Nicht bei einem guten Anwalt – und er ging davon aus, dass sich der Dämon die besten Verteidiger leisten konnte. Nein, ein Verfahren wäre absurd. Alles was er verlangte, war Gewissheit. Die Wahrheit. Danach konnte er Ruhe geben und sich endlich um sich selber kümmern. Wieder anfangen zu leben. Vielleicht in einer Beziehung mit Helena?

Eigentlich hätte dieser Gedanke ihn besänftigen können, doch er bewirkte das Gegenteil. Mit einem Mal war der Zorn zurück, der nun schon seit Tagen in ihm schlummerte.

Gleichzeitig mit der Wut kam auch die Sonne zurück. Mit Macht brach sie durch die Wolkendecke und flutete die Gassen mit Hitze. Als er in der Rua do Almada ankam, erhellte ein diffuses, von Dunst durchzogenes Licht die Häuserzeile. Das Kopfsteinpflaster war abgetrocknet. Die Luft schmeckte nach klebriger Feuchtigkeit und Fischabfällen. Seine Hand lag schon auf dem Griff der Ladentür, da überlegte er es sich anders. In seiner momentanen Gemütsverfassung wollte er Catia nicht begegnen. Daher schloss er leise die Haustür daneben auf. Sie knirschte in den Angeln. Der Baustaub war einfach überall. Im Flur horchte er an der Tür, die von hier ins Antiquariat führte, hörte jedoch nichts. Falls sich denn Kunden im Laden aufhielten, waren sie still in Bücher vertieft.

Er mied die Treppenstufen, von denen er wusste, dass sie besonders laut ächzten, und stieg in den ersten Stock hinauf. Auf dem Absatz hielt er erneut inne. Von oben drang leise Musik zu ihm herab. Es war noch früh genug, er konnte also davon ausgehen, dass sie noch zu Hause waren. Besser, er erledigte es jetzt gleich.

Oben in der zweiten Etage waren die Klavierklänge deutlich zu hören. Energisch klopfte er an die linke Wohnungstür. Sie ließen sich Zeit. Der Rhythmus ihrer Musik bestimmte auch ihr sonstiges Leben. So verging bestimmt eine halbe Minute, bis Luis die Tür öffnete. Er war barfuß, trug verschlissene Shorts und ein Unterhemd.

Nachdem Luis klar realisiert hatte, wer da vor ihm im Treppenhaus stand, wirkte er schlagartig hellwach.

»Ist Paco da?«, fragte Henrik.

Der Jazzmusiker sah sich hilfesuchend um und atmete gleichzeitig erleichtert auf. »Paco? Ja. Ist gerade … im Bad, glaube ich.«

»Kann ich reinkommen?«

Schon war die Erleichterung wieder aus Luis' Zügen gewichen. Für ein paar Sekunden trat er unentschlossen auf der Stelle, dann machte er Platz. Henrik war erst ein Mal in der Wohnung der Musiker gewesen: zusammen mit dem Baugutachter, bevor die neuen Fenster eingesetzt wurden. Damals fand er es erstaunlich aufgeräumt für einen Männerhaushalt. Auch jetzt war keine große Unordnung zu erkennen. Mindestens einer der Musiker schien sich nicht vor der Hausarbeit zu scheuen. Allerdings war die Wohnung wirklich eng. Nur halb so groß wie Henriks – und doch arrangierten sich hier drei Männer mit dem, was sie an Quadratmetern zur Verfügung hatten. Neben den paar bunt zusammengewürfelten Möbelstücken sah man vor allem Musikinstrumente. Überall verteilt standen und lagen sie herum oder hingen in speziellen Halterungen an den Wänden. Er folgte Luis ins Wohnzimmer, das auch der Schlafplatz für einen der Musiker war. Er bekam einen Platz auf dem Sofa angeboten, lehnte jedoch ab. »Dauert nicht lang.«

»Bei dir vielleicht nicht«, kommentierte Luis und schaute zu der Tür, hinter der sich das Badezimmer befand. »Paco, ist für dich!«, rief er. Die Musik war zu laut, um eine Antwort oder sonst etwas aus dem Badezimmer zu hören. Jazz tönte aus den Lautsprechern einer antiquierten Stereoanlage, an die ein Plattenspieler angeschlossen war. Die Nadel strich in eiernden Wellenlinien über das schwarze Vinyl.

»Sonny Clark«, erklärte Luis. Seine langen Finger folgten in ihren Bewegungen der Musik, vermutlich ohne dass es ihm selbst bewusst war.

Henrik nickte. Er verstand nichts von Jazz, aber was er hörte, gefiel ihm. Für Sekunden lauschten sie der Aufnahme. Henrik merkte dem Nordafrikaner an, dass dieser sich lieber verzogen hätte.

»Hast du über das nachgedacht, was ich gestern gesagt habe?«

Luis sog die Wangen nach innen und verschränkte die Hände vor der Brust. »Weißt du, ich bin doch gar kein Marokkaner.«

»Ja, du hast mir schon erklärt, dass du dich durch und durch als Portugiese fühlst.«

»Das meine ich nicht ... Meine Eltern stammen aus der Westsahara. Du fragt also den Falschen.«

»Westsahara«, wiederholte Henrik und hatte das Gefühl, die Klavieranschläge aus den Lautsprechern hätten nun auch seine Nerven in Vibration versetzt. War das möglich? Konnte es sein, dass Luis *deswegen* unter seinem Dach wohnte? »Wusste mein Onkel, woher du ursprünglich kommst?«

»Martin? Nein, wieso? Ich meine ... keine Ahnung ... Er hat mich nie danach gefragt.«

Die Badezimmertür öffnete sich, und Paco wankte heraus, gehüllt in eine Wolke aus aufdringlich riechendem Raumspray. Luis war die Erleichterung anzusehen.

»Olá Henrik, willst du zu mir?«, fragte Paco überflüssigerweise.

»Das will er«, erklärte Luis und beeilte sich aus dem Wohnzimmer zu kommen.

»Hey, Paco!« Henrik musterte den Saxofonisten des Jazztrios – ein dürrer Hering, der wie üblich einen Joint hinter dem Ohr klemmen hatte. Ein Blick in seine hellen Augen verriet Henrik, dass er bereits wieder in höheren Sphären unterwegs war.

»Die Miete ist erledigt, Senhor«, erklärte er nicht ohne Stolz.

»Ja, alles erledigt, keine Panik«, versicherte Henrik.

Vom Flur her hörte er die Wohnungstür schlagen.

»Scheiße, der hat's aber eilig«, kommentierte Paco Luis' überstürzten Aufbruch.

Henrik machte ein unschuldiges Gesicht. »Ja, komisch«, erwiderte er. »Egal, dich wollte ich fragen, ob du zufällig weißt, wo mein Vater steckt?«

Wie immer brauchte Paco ein paar Sekunden, um die Frage zu verarbeiten. »Albrecht?«

»Genau der! Er ist nicht etwa unten an der Algarve?«

»Com minha mãe?«

»Ja, bei Dona Celeste«, bestätigte Henrik. »Hast du was in der Richtung von deiner Mutter gehört?«

Paco grinste schief. »Ähm, für gewöhnlich fragt sie nicht um Erlaubnis, wenn sie sich einen Mann einlädt.«

»Könntest du sie vielleicht anrufen und dezent nachfragen?«

Paco zuckte die Achseln und nickte.

»Aber dezent!«, wiederholte Henrik.

»Hab ich verstanden«, meinte der Musiker.

»Und heute noch.«

»Sim, sim, Senhor.«

Henrik wollte sich schon zum Gehen wenden, da fiel ihm noch etwas ein. »Seit wann wohnt ihr hier eigentlich, Paco?«

Diese Frage machte den Jazzer sofort nervös. Paco hatte wie kein anderer Schiss davor, auf die Straße gesetzt zu werden. »Das weißt du doch, seit acht Jahren …«

Martin hatte dazu nichts schriftlich festgehalten; es gab keine beidseitig unterzeichneten Mietverträge oder Ähnliches. Und zwar von keinem der Leute, die hier wohnten.

»Okay … Aber wer von euch dreien hat die Wohnung damals aufgetan?«

»Hm, ich weiß nicht …«

»Denk nach, verdammt!«

Paco duckte sich merklich. So bekifft, wie er war, hätte er eigentlich viel gelassener reagieren müssen.

Jetzt beruhig dich mal, und mach ihn nicht noch nervöser, mahnte Henrik sich im Stillen. »Luis vielleicht?«, suggerierte er mit betont ruhiger Stimme.

»Luis?«, wiederholte Paco und sah sich um, als hätte sich sein Musikerkollege nicht schon längst verdrückt. »Jaaa, ich erinnere mich. Dein Onkel war damals auf einem unserer Konzerte, und die beiden kamen irgendwie ins Gespräch. Oder so ähnlich. Ist echt lange her, wir sollten ihn fragen.« Er deutete in den Flur, dann besann er sich darauf, dass Luis die Wohnung verlassen hatte.

Henrik schüttelte den Kopf. Er musste ohnehin erst einmal darüber nachdenken, wie bedeutungsvoll diese Information sein mochte.

»Ist … das jetzt irgendwie ein Problem?«, hakte Paco kleinlaut nach.

Henrik klopfte ihm auf die Schulter. »Nein Paco, alles gut! Danke. Mach deinen Anruf, und halt mich auf dem Laufenden!«

20

Fest stand, er musste sich Luis noch einmal vornehmen, insbesondere weil das, was er soeben erfahren hatte, den Musiker selbst zu einem von Martins Botschaften hatte werden lassen, so verrückt das auch klingen mochte. Nach allem, was er zusammen mit Helena herausgefunden hatte, war dessen unbedachte Äußerung, dass seine Eltern einst aus der Westsahara kamen, unvermittelt relevant geworden. Und das bestärkte Henrik in seiner Vermutung, dass sich unter diesem Dach nichts aus Zufall ereignete. Vielmehr schien Martin nicht nur versteckte Indizien und Botschaften hinterlassen, sondern selbst die Anwesenheit bestimmter Personen mit voller Absicht inszeniert zu haben. Konnte das möglich sein?

Seine Notizen lagen im Büro. Er konnte sie ergänzen und schauen, ob sich damit weitere Erkenntnisse ergaben. Allerdings würde ihn das mit Catia konfrontieren. Und ein Gespräch mit ihr wollte er nach wie vor umgehen. Oder zumindest nicht mit leerem Magen führen. Er betrat seine Wohnung, die einmal die von Martin gewesen war. Bislang hatte er daran kaum etwas verändert. Keine neuen Möbel, nichts umgestellt. Mit einem Mal erschien ihm das falsch. Hatte er nicht viel zu wenig an sich gedacht, seit er hier lebte?

Grübelnd trat er in die Küche, ohne recht zu wissen, was er hier wollte. Der Blick in den Kühlschrank war überflüssig, er wusste genau, dass darin praktisch nichts zu finden war.

Mit einem Mal wurde ihm die Küche zu eng. Die Mauern um ihn herum raubten ihm die Luft. Ähnlich leise, wie er sich vor einer guten halben Stunde ins Haus geschlichen hatte, verließ er es wieder. Er ging hinauf zum Largo do Carmo und kaufte sich am Kiosk an der Ecke ein Wasser und eine Portion Bolinhos, frittierte Fischbällchen. Er setzte sich auf die Steinstufen des Brunnens in der Mitte des Platzes, aß in aller Ruhe und hing seinen Überlegungen nach. Warum hatte der portugiesische Energiekonzern nur dieses scheinbar nutzlose Gebiet in der Wüste gekauft? Barg die Antwort auf diese Frage, sofern er sie jemals bekommen sollte, das Motiv für die Ermordung des Mannes im Betonfundament?

Er beschloss, noch einmal ins Oriente zu gehen. Vielleicht lief ihm dort ja auch seine Mutter über den Weg. Dann konnte er sie fragen, wie ihr *Termin* gewesen war.

Aber der eigentliche Grund, warum er dorthin wollte, war natürlich nicht Simone. Er leckte sich das Fett von den Fingern, trank sein Wasser leer und erhob sich. Abweichend von seinem sonstigen Weg, suchte er sich eine Route, die ihn hinter dem Bahnhof herumführte, benutzte Straßenzüge, die er noch nie genommen hatte – oder an die er sich zumindest nicht erinnerte. Auch wenn ihm dieser Weg neu war, verlief er sich nicht. Die Stadt war ihm mittlerweile zu vertraut, als dass er die Orientierung verlor. Trotzdem war er, wie er feststellte, noch nie auf dem Praça da Alegria gewesen, den er nach einer Viertelstunde Fußmarsch erreichte. Es handelte sich um einen runden, üppig begrünten Platz mit altem Baumbestand und einen mittig angelegten Brunnen. Dazu gab es einen Kinderspielplatz und einen Kiosk, so wie sie auf den meisten Plätzen in Lissabon zu finden waren. Ein paar Tische unter Sonnenschirmen und immer irgendwelche Leute, die dort saßen und den Moment genossen. Weil das Terrain nach Osten hin abfiel, wurde die Grünanlage zur Hälfte von einer Mauer gestützt. Eine Tafel verwies auf den Komponisten Alfredo Keil, von dem die portugiesische Nationalhymne stammte.

Aufmerksam beobachtete Henrik das Treiben in dem kleinen Park, während er ihn ohne Eile umrundete. Den Praça da Alegria umgaben einige recht baufällige Gebäude, das eine oder andere davon wurde gerade renoviert. In der Regel hieß das, der Denkmalschutz verlangte den Erhalt der Fassade; der Rest konnte entkernt und komplett neu aufgebaut werden. Er konnte nur beten, dass bei seinem Haus die Schädigung der Bausubstanz nicht auch schon so weit fortgeschritten war. Eine Entkernung würde die Kosten ins Unermessliche treiben. So nahe an der Avenida da Liberdade allerdings würden sich die Sanierungen der maroden Häuserzeilen um den Praça da Alegria auf jeden Fall auszahlen, weit mehr als bei ihm jenseits des Hügels in der Rua do Almada. Hier entstanden wohl vor allem neue Hotels, wie überall in der Stadt. Eine Entwicklung, die nicht nur Vorteile brachte.

Entlang der Stützmauer waren heute einige Marktstände aufgebaut, ganz klassisch, mit Obst und Gemüse in den Kisten. Bauern, die aus dem Umland in die Stadt kamen und ihre Ware anpriesen. Hier kauften hauptsächlich Lisboetas ein, wie Henrik auf Anhieb erkannte. Er wollte sich nicht länger aufhalten, war schon unterwegs zur Avenida da Liberdade, als ihm der kleine Pavillon mit den Antiquitäten ins Auge fiel. Oder besser: mit Trödel, wie er beim Näherkommen feststellte. Der Stand hätte besser auf den Feira da Ladra gepasst, den samstäglich stattfindenden riesigen Flohmarkt im Alfama-Viertel. Dennoch, was Henriks Aufmerksamkeit erregte, waren die zahlreichen Azulejos, die hier zum Verkauf angeboten wurden. Darunter waren neben dem üblichen, für Touristen bestimmten Sortiment an Mustern und Farben auch einige alte Fliesen, nicht unähnlich denen, die Martin im Antiquariat versteckt hatte. Henrik schob sich an zwei interessierten Käufern vorbei und betrachtete die kunstvoll bemalten und gebrannten Raritäten.

»Der Blick eines Kenners, wie ich sehe«, ertönte nach wenigen Sekunden eine Stimme neben ihm. Der ältere Herr, der den Stand betrieb, ließ es sich nicht nehmen, trotz der sommerlichen Wärme einen Anzug zu tragen. Schokoladenbraun, mit Nadelstreifen, darunter ein weizengelbes Hemd. Sein silbergraues langes Haar, trug er zu einem Pferdeschwanz gebunden. Augenscheinliche Eleganz und Extravaganz – dennoch fühlte sich Henrik sofort an einen Gaukler erinnert

»Sie haben da ein paar wunderbare Stücke im Auge.«

»Haben Sie noch mehr davon?«

Der Händler vollführte mit seinen langen, dünnen Fingern eine ausladende Geste über die Ware hinweg, die Henrik bereits betrachtet hatte.

Henrik senkte die Stimme zu einem Flüstern. »Ich spreche von ausgewählten Exemplaren, die Sie vielleicht nicht jedem zeigen ...«

Der Mann nickte kaum merklich und taxierte Henrik jetzt genauer. Henrik wirkte alles andere als betucht in seiner Jeans und dem nassgeschwitzten Hemd. Aber womöglich machte genau das den Unterschied für den Händler, der hinter dem legeren Auftreten eine Art Tarnung zu wittern schien. Außerdem hielt er Henrik sehr wahrscheinlich für einen Touristen. Jedenfalls trat der Mann noch einen Schritt an ihn heran, sodass Henrik zurückwich und damit weiter in das Zelt hineingeriet. Etwas versteckt hinter gestapelten Holzkisten und Kartons, von der Straße aus nicht zu sehen, stand ein kleiner Tisch, der mit einem blickdichten Samttuch abgedeckt war. In der Manier eines Zauberkünstlers klappte der Händler eine Ecke um, darauf bedacht, mit seinem schlanken Körper das darunter Verborgene vor ungewollten Blicken abzuschirmen.

Henrik sah acht Azulejos, sauber in zwei Reihen ausgelegt, alle unterschiedlich in Musterung oder Zeichnung. Zum Teil waren die Ränder abgeplatzt, und das erdfarbene Grundmaterial kam zum Vorschein. In den letzten Wochen hatte sich Henrik viel mit der portugiesischen Fliesenkunst beschäftigt und erkannte sofort, dass er hier keine maschinell gefertigten Kacheln vor sich hatte. Vor allem war da diese eine, ganz rechts in der oberen Reihe, die ihn augenblicklich nach Luft schnappen ließ. Die Fliese war zwar nicht die einzige, die sich ausschließlich im traditionellen Blau und Weiß präsentierte, doch glaubte er den partiell in einem Orangeton gehaltenen Farbauftrag wiederzuerkennen. Vorsichtig griff er danach und hielt sie gegen das hereinfallende Sonnenlicht. »Wissen Sie, woher diese Azulejo stammt?«

»Wenn das jemals jemand wüsste, Senhor«, sagte der Mann neben ihm mit einem undurchschaubaren Lächeln. »Gerade das ist ja das Besondere an diesen exquisiten Kacheln – dass man nicht weiß, für welches Fliesengemälde sie einst hergestellt wurden. Der Umstand, dass sie so ein Geheimnis in sich tragen, macht sie doch erst so unwiderstehlich.«

»Aber ist es nicht illegal, sie zu verkaufen, wenn man nicht weiß, welcher Künstler sie einst hergestellt hat? Also ohne jegliche Expertise?«

Der Händler nahm ihm mit spitzen Fingern die Fliese aus der Hand und drückte sie an sich, als müsste er sie vor Henrik in Schutz nehmen. Dann trat er zur Seite und gab den Weg nach draußen frei. Eine Geste, die deutlich machen sollte, dass es an der Zeit war, den Verkaufstand zu verlassen. Sofort brodelte wieder der Zorn in Henrik hoch, und er schnappte laut nach Luft, als hätte dieses wütende Feuer in seiner Seele mit einem Schlag allen Sauerstoff in seinen Lungen verbrannt. Er konnte sich gerade noch daran hindern, die Fäuste zu ballen.

»Was wollen Sie dafür?«, presste er zwischen den Zähnen hervor.

»Ganz ohne Expertise?«, fragte der Händler zurück, ohne sein Misstrauen zu verbergen.

»Ohne jeden Nachweis, aber mit einem Tipp, von welchem Wandgemälde diese Kachel abgefallen ist. Mir reicht der Ort, das Gebäude. Für mich persönlich ist das sehr wichtig, für ... meine Sammelleidenschaft.«

Erneut musterte ihn der Händler ausgiebig. »Ich glaube ihnen kein Wort.«

»Ich zahle das Doppelte.« Das war ein leichtsinniges Angebot, angestachelt von seiner Wut, aber in seinem angeheizten Gemütszustand fiel ihm kein anderer Weg ein, um an die Information zu kommen, die er so unbedingt haben wollte. Außerdem dachte er nicht ernsthaft daran, tatsächlich Geld dafür auszugeben.

»Eintausend«, sagte der Alte mit hintergründigem Grinsen und streckte die Hand aus.

Henrik musste sich nun wirklich beherrschen. »Abgesehen davon, dass Ihr Angebot völlig überzogen ist, werden Sie verstehen, dass ich keine annähernd große Menge an Bargeld bei mir trage. Diese Azulejo ist allenfalls 18. Jahrhundert und war Bestandteil einer Außenfassade.« Vielleicht ließ sich der Mann ja durch seine aufgesetzte Fachkenntnis beeindrucken. Zumal es durchaus zutreffen mochte, falls es sich um eine Kachel aus demselben Wandbild handelte, von dem er eine im Antiquariat gefunden hatte. Dieses Wissen hatte er von Bruno, und der war ziemlich gut in Sachen Azulejo-Kunst. »Ich bin bereit, einen guten Preis dafür zu bezahlen, allerdings nur in Verbindung mit der Information, wo diese Fliese angebracht war.«

Der Händler musterte ihn eindringlich aus seinen dunklen, eng stehenden Augen. Und unübersehbar amüsiert, wie er feststellte, was ihn erneut aufbrachte. *Dieser schmierige Hehler, was bildete der sich ein!*

»Geben Sie mir einen Grund, in mein Hotel zu gehen und mir eine angemessene Summe aus dem Safe zu holen.« Henrik konnte nur hoffen, dass sich seine innere Hitze nicht als Zornesröte auf seinen Wangen niederschlug.

Der Alte hielt ihm die Azulejo vor die Nase. »Ist dieses prachtvolle Stück nicht ausreichend Grund genug? Der nächste Bankautomat ist gleich um die Ecke, auf der Avenida da Liberdade.« Er deutete in die Richtung. »Und entscheiden Sie sich schnell. Ich bin nämlich nur heute hier.«

Der Händler würde ihm nichts zu der Kachel sagen, wenn er nicht mit einem Geldbündel wedelte. Und wie sollte er das so schnell bewerkstelligen? Er hatte ja keinerlei Versicherung, dass es den Aufwand überhaupt wert war. Was, wenn er sich irrte? Was, wenn es doch nicht dasselbe Orange war wie auf seiner Fliese aus dem Antiquariat? Er konnte sie ja schlecht holen und danebenlegen. In der nächsten Sekunde kehrte die Gewissheit zurück, dass er sich nicht irrte. Nicht nur die Farbe, auch die Größe stimmte. »Geben Sie mir dreißig Minuten«, bat er schließlich und versuchte dabei möglichst unbeeindruckt zu wirken. Leider war er kein guter Schauspieler, und das Feilschen lag ihm ebenso wenig.

Der Händler legte die Azulejo wieder sorgsam an seinen Platz und schlug das Tuch darüber. Dann vollführte er eine exaltierte Geste, die erneut an einen mittelalterlichen Gaukler erinnerte. *Dieser selbstgefällige Mistkerl.*

Mit eingezogenem Kopf verließ Henrik den Verkaufsstand. *Tausend Euro!* Was für eine dreiste Forderung. Dennoch musste er so tun, als ob, um zu bekommen, was er wollte. Was wiederum bedeutete, er musste irgendwie auf der Stelle Bargeld besorgen. Wie viel war in der Kasse im Antiquariat? *Vergiss es!* Was gab sein Bankkonto her? Dreihundert. Allenfalls. Die Bank, auf der Martin einst sein Geschäftskonto eingerichtet hatte, hatte Henrik für sein dort eröffnetes Privatkonto keinen Dispo eingeräumt, obwohl er mit allen nötigen Papieren am Schalter aufgetaucht war. Einschließlich der Besitzurkunde seines Hauses in der Rua do Almada. Aber er war eben kein Portugiese. Nur ein alemão. Von daher konnte er wohl froh sein, dass sie ihn überhaupt ein Konto hatten eröffnen lassen.

Tausend Euro!

Es gab da natürlich noch eine andere mögliche Quelle, die sich obendrein ganz in seiner Nähe befand.

Er konnte Simone darum bitten.

21

Der Portier des Oriente öffnete ihm die Tür, so freundlich wie für jeden anderen Hotelgast. Ohne Umwege marschierte er zur Rezeption und fragte nach seiner Mutter. Nicht im Haus, hieß es. Aber dass er gerne warten dürfe. Es sah auf die Uhr, bedankte sich und ging zu den ausladenden Sitzmöbeln, von denen aus er den Eingang im Blick hatte. Bevor er allerdings Platz nehmen konnte, entdeckte er Eduardo Lemos. Hoch aufgerichtet, ein Tablett mit Espressotassen vor sich hertragend, durchquerte er die Lobby. Henrik wartete, bis der Kellner den Kaffee serviert hatte, dann winkte er ihn heran. Lemos ignorierte seine Geste und bewegte sich wieder Richtung Restaurant. Henrik sprang auf und schnitt ihm den Weg ab. Lemos hielt das Silbertablett schützend vor sich.

»Ich bin bei der Arbeit, Senhor Falkner«, klärte er ihn mit gesenkter Stimme auf.

»Dann hätten Sie mich erst recht fragen sollen, was ich wünsche.«

Der Kellner reckte die Nase noch ein wenig weiter in die Höhe. »Verzeihung, Sie haben auf mich nicht den Eindruck gemacht, eine Bestellung tätigen zu wollen.«

Henrik runzelte die Stirn. »Habe ich Sie irgendwie beleidigt?«

»Nun, Senhor Falkner, in der Tat, das haben Sie, indem Sie mir diese junge Polizistin auf den Hals gehetzt haben. Ich fühlte mich reichlich unangenehmen Fragen ausgesetzt. Muss ich noch mehr sagen?«

Helena war also schon hier gewesen. Natürlich. Nach allem, was er ihr berichtet hatte, war Lemos vermutlich ihre heißeste Spur. »Die Inspetora wäre auch ohne mein Zutun früher oder später auf Sie gestoßen. Konnten Sie ihr denn helfen?«

Eduardo Lemos Mundwinkel sackten noch eine Nuance weiter nach unten. »Ich bin meiner Verpflichtung gegenüber dieser Ermittlungsbeamtin nachgekommen, mit der Sie offenbar unter einer Decke stecken. Obschon sich mir nicht erschließt, wie Ihre vermeintliche Zusammenarbeit von Rechts wegen funktionieren soll. Sind Sie jetzt zufrieden?«

Henrik drückte seinerseits den Rücken durch und nickte. Um die Stirnadern des Kellners nicht noch mehr zum Schwellen zu bringen, entschied er sich, nicht nachzufragen, ob Lemos bei Helena ähnlich ins Detail gegangen war wie bei ihm. »Sie wissen nicht zufällig, wohin meine Mutter unterwegs ist?«, verlangte er stattdessen zu wissen.

»Diese Frage werden Sie der werten Senhora selbst stellen müssen. Und nun bitte ich Sie, mich zu entschuldigen. Ich muss mich dringend um meine Gäste kümmern.«

Lemos machte einen Schritt nach rechts, doch Henrik folgte dieser Bewegung. »Gestatten Sie mir noch eine letzte Frage, Senhor Lemos! Wem gehört das Oriente?«

Der Oberkellner hob alarmiert seine weißen Brauen.

»Für jemanden, der so lang dabei ist wie Sie, muss das doch leicht zu beantworten sein«, insistierte er. »Und ich rede nicht von den im Handelsregister genannten Geschäftsführern, mich interessiert der *wahre* Besitzer.«

Lemos machte auf den Haken kehrt und stakste davon, den Kopf merklich zwischen die Schultern gezogen.

»Wir können das Gespräch auch wieder auf Ihrer Lieblingsbank im Universitätsgarten fortführen«, rief er ihm hinterher, laut genug, dass sich einige Leute in der Empfangshalle nach ihm unwandten.

»Henrik, hör auf, das Personal anzupöbeln«, rügte ihn seine Mutter, die plötzlich und ohne Vorwarnung neben ihm auftauchte.

Verlegen wich er zurück. »Schön dich zu sehen«, murmelte er.

»Ich bin noch nicht bereit«, stellte sie klar. Ihre Reisegarderobe schien ausschließlich aus konservativ geschnittenen Kostümen zu bestehen. Diesmal trug sie eines in Taubenblau. Zu viele Lagen Stoff für die vorherrschende Temperatur.

Sie muss krank sein! Er hatte sie immer noch nicht danach gefragt, und hier mitten im Durchgangsverkehr der Hotellobby konnte er es wieder nicht tun. Nicht allein der fehlenden Intimität wegen, auch weil es pietätlos wäre, sich zuerst nach ihrem Befinden zu erkundigen und sie im nächsten Atemzug um Geld zu bitten. »Ich weiß ... Ich hatte nur hier um die Ecke zu tun und dachte, ich versuche mein Glück. Ich kann gerne warten, wenn du dich noch umziehen willst.«

»So fürsorglich auf einmal?«

Wollte er wirklich so tief sinken, seine Prinzipien über Bord werfen? War es das wert? Er dachte an Martin. Rief sich das Leid und die Toten in Erinnerung, denen keine Gerechtigkeit mehr widerfahren konnte, wenn er seinen Stolz nicht hinter sich ließ. Er fasste sie am Oberarm und schob sie leicht zur Seite, hinein in den Säulengang unter der Galerie, um mit ihr nicht weiter wie auf dem Präsentierteller zu stehen. »Gut, ich mache es kurz. Ich brauche Geld«, erklärte er.

»Für dein Antiquariat?«, fragte sie abfällig. Ihre Miene bekam etwas Geierhaftes.

Die Sache mit dem Kredit für die Umbaumaßnahmen hatte er sich eigentlich noch aufsparen wollen, aber da sie es so direkt wissen wollte, konnte er es nicht weiter abstreiten. Für sie musste es naheliegen, dass er genau darauf abzielte. »Auch dafür«, gestand er. »Das Haus muss dringend renoviert werden. Selbstverständlich rede ich von einem Darlehen. Du kriegst jeden Cent davon wieder zurück.«

Ihre schmalen, von einem Geflecht aus blauen Äderchen überzogenen Hände krampften sich um den Schulterriemen ihrer Handtasche. Sie schüttelte den Kopf. Langsam, wie in Zeitlupe.

»Es ist wichtig!« Das klang schon viel zu flehentlich, und er hasste sich dafür.

»Ich werde in nichts in dieser Stadt investieren, Henrik. In nichts!«

»Ist deine Verachtung gegenüber deinem Bruder so tief?«

Sie stieß empört die Luft aus. »Mach dich nicht lächerlich, darum geht es nicht. Ich habe schon lange vergessen, was Martin getan hat. Ich habe *ihn* schon lange vergessen! Mir geht es allein um dich. Ich will dich zurückholen. Es wird Zeit, dass außer mir endlich jemand Verantwortung in unserer Familie übernimmt.«

»Unsere Familie«, wiederholte Henrik und wurde laut. »Die gibt es nicht mehr, Mama, finde dich endlich damit ab. Du bist allein und wirst es auch in Zukunft bleiben, wenn du nicht endlich einlenkst und Miriam und mich unser Leben so leben lässt, wie wir es für richtig halten.«

»Dann steht deine Schwester bald als Alleinerziehende mit zwei Kindern da, angewiesen auf den Unterhalt ihres Exmannes und dem, was unser Sozialstaat ihr zugesteht. Und du? Du ruinierst dich mit diesem Irrsinn hier in Portugal. Ich sehe keinerlei Sinn oder Vernunft in der Art und Weise, wie ihr euch euer Leben vorstellt.«

»Und dennoch ist es *unser* Leben, das wir in den Sand setzen! Aber das ist es doch nicht wirklich, was dir Probleme bereitet, oder? Womit du nicht umgehen kannst, ist die Tatsache, dass deine missratenen Kinder ein schlechtes Licht auf *dich* werfen. Hast du wirklich so große Angst davor, unseretwegen dein Gesicht vor den Leuten aus den erlauchten Kreisen zu verlieren? Vor dieser elitären Gesellschaft, zu der du so gerne gehören würdest?«

Sie schnappte nach Luft, starrte ihn für einen Moment an, als läge ihr noch eine ganze Menge auf der Zunge, wirbelte dann herum und verließ hoch erhobenen Kopfes die Lobby.

22

Zu guter Letzt gelang es ihm, achthundert Euro zusammenzukratzen. Zusätzlich zu dem, was sein Besuch beim Bankautomaten erbrachte, und dem Mietgeld, das er von Luis erhalten hatte, musste er dafür noch die Kasse des Antiquariats plündern. Catia staunte nicht schlecht, als er hereingestürmt kam. Früher hätte sie für dieses Verhalten eine Erklärung verlangt. Diesmal musterte sie ihn nur mit zusammengekniffenem Mund.

Er hoffte, die Summe würde ausreichen, um den Händler angemessen zu beeindrucken. Außer Atem kehrte er auf den Praça da Alegria zurück. Eine Stunde über der Zeit, die ihm der Trödler eingeräumt hatte. Tatsächlich erkannte er schon von Weitem, dass dessen Zelt abgebaut war. Nahezu panisch rannte er zu der leeren Stelle in der Reihe der Marktstände und sah sich hektisch um. Im Pavillon daneben veräußerte ein Asiate billige Textilien und Lederwaren.

»Wo ist er hin?«, verlangte Henrik von dem beleibten Verkäufer zu wissen, der vermutlich Chinese war. »Onde está indo?«

Der Mann beäugte ihn irritiert, überlegte zwei, drei Sekunden und deutete dann über Henriks Schulter hinweg. Er folgte dem Zeigefinger des Straßenhändlers und erblickte einen rostigen, verbeulten Lieferwagen, rund dreißig Meter entfernt in der Gasse, die von Südwesten her auf den Platz zuführte. Vor kaum einer Minute war er blind daran vorbeigerannt, um möglichst schnell auf den Praça da Alegria zu gelangen. Die hinteren Ladetüren standen offen.

Davor stapelten sich Kartons. Der Fliesenhehler war noch am Zusammenpacken.

Henrik atmete tief durch, ballte die Fäuste und marschierte los. Diesmal beeilte er sich nicht.

Er kam bei dem Kastenwagen an, als der Händler gerade von der Ladefläche stieg. Das Sakko hatte er ausgezogen, die Hemdsärmel hochgekrempelt. Er sah abgehetzt aus. Wie einer, der es eilig hatte, zu verduften.

»Schon Feierabend?«, fragte Henrik laut, und der Mann fuhr herum. Für einen Moment wirkte er erschrocken, fing sich aber sogleich wieder. Schweiß perlte auf seiner hohen Stirn, große nasse Flecken hatten sich unter seinen Achseln gebildet. »Das Los des fahrenden Händlers, man ist nie lange am selben Ort«, verkündete er in alter Gauklermanier, griff sich den nächsten Karton und wuchtete ihn auf die Ladefläche.

»Was ist mit der Azulejo?« Henrik versuchte, ruhig zu bleiben und sein inneres Beben zu verbergen.

»Ich bin morgen auf dem Markt draußen in Estoril, wenn Sie noch Interesse haben«, erklärte der Mann so beiläufig wie möglich. Auch er verbarg etwas. Nervosität? Immer wieder glitt sein Blick an Henriks Ohr vorbei Richtung Praça da Alegria. Hektisch packte er die letzten beiden Kisten und warf sie förmlich in den Lieferwagen.

Henrik drehte sich um und entdeckte den Streifenwagen der Polícia Municipal, der langsam an den Marktständen entlangrollte.

»Hat Sie jemand verpfiffen?« Er wandte sich wieder dem Hehler zu, der nur ein verkniffenes Grinsen zustande brachte. Dann traf Henrik eine Entscheidung. Er schnellte vor und schubste den Händler in den Kastenwagen, sprang hinterher und zog die Flügeltüren zu. In dem nahezu vollgeladenen Transporter war es stickig und unglaublich heiß. Licht fiel nur durch die vor Schmutz verkrusteten, nahezu blinden Heckscheiben.

»Was soll das, Senhor!«, fauchte der Mann, der gekrümmt zwischen den zuletzt eingeladenen Kartons gelandet war. Henrik packte ihn am Hemdkragen und riss ihn zu sich heran.

»Ich lasse Sie fahren, aber zuerst will ich alles über die Herkunft dieser Fliese wissen!«, zischte er zornig und ballte die Faust.

23

Er brauchte ein Bier. Er brauchte es so dringend, dass er entschied, ins Esquina zu gehen. Die Eckkneipe verfügte über eine kleine Terrasse, die spitz zulaufend die Rua do Almada teilte. Nur drei Tische hatten darauf Platz, und unter den Schirmen war jeder Stuhl besetzt. Doch er hatte ohnehin nicht vor, sich dort dazuzugesellen. Er holte sich das Sagres an der Bar und war froh, dass nicht Victor hinter dem Tresen stand, sondern eine Aushilfe, die er in letzter Zeit gelegentlich im Lokal hatte arbeiten sehen. Die Frau war in ähnlicher Vielfalt tätowiert wie ihr Chef. Die großzügige Menge an nackter Haut, die ihr Tanktop zeigte, war vollständig mit bunten Bildern bedeckt. Ein Kaleidoskop in Form und Farben, bewegt durch das Muskelspiel unter ihrer Epidermis. Wenn man zu lange daraufschaute, konnte einem schon schwindlig werden. Sie hieß Lisa, wie er mitbekommen hatte, und stammte aus England. Ihr Portugiesisch war deutlich besser als das seine.

»Allein heute?«, fragte er.

»Victor ist kurz einkaufen, die Limetten sind alle«, erklärte sie, während sie das Bier aus dem Kühlfach holte, öffnete und über den Tresen reichte. »Glas?«

»Flasche reicht.«

»Was ist mit deiner Hand?«

Er blickte auf die Wunden, fühlten den Schmerz, als wäre es gerade eben passiert. Die Haut über den Knöcheln von Zeige- und Mittelfinger war aufgeplatzt.

Ich hab die Kontrolle verloren.

Mit dem Kopf deutete er rüber zu seinem Haus. »Kleiner Unfall auf der Baustelle«, log er. »Handwerklich habe ich leider zwei linke Daumen.«

Sie lächelte, als wäre sie heute zum Flirten aufgelegt. Was sie vermutlich immer tat, wenn es ums Trinkgeld ging. Er tat ihr den Gefallen und rundete beim Bezahlen ordentlich auf. Dann eilte er aus der Bar, drängte durch die Tische auf der Terrasse und ging hinters Haus. Dort hockte er sich auf die Treppe, die hinter dem Gebäude die Straßen, die links und rechts daran vorbeiführten, wieder verband. Von hier aus konnte er auf die Baustelle starren. Auf das Gerüst mit den Abdeckplanen, die durch den Wind stets in Bewegung waren. Dafür musste endlich eine Lösung her. Nur wie sollte er seine Mutter dazu überreden, ihm das Geld für die Fertigstellung vorzuschießen, besonders nach seinem unbedachten Auftritt vorhin in der Hotellobby.

Er legte den Kopf schräg. Das Antiquariat sah geschlossen aus. Hatte Catia heute etwa schon aufgegeben? Auch ihr wäre es nicht zu verdenken gewesen, so wie er sie vorhin überfallen hatte. Im Moment fühlte er sich zu ausgelaugt, um nachzusehen. Das musste bis nach dem Bier warten.

Die Sonne stand tief, reichte nicht mehr direkt hinein in die Gasse. Heiß war es trotzdem. Die Sommerhitze war nach den Schauern mit neuer Kraft zurückgekehrt. Eine Kraft, die ihm völlig fehlte. Wie lange war er nach seiner *Verhandlung* mit dem Hehler ziellos durch die Stadt geirrt? Es fiel ihm schwer, sich zu erinnern, wie er zurück in die Rua do Almada gekommen war. Diese verdammten Drogen machten ihm immer noch zu schaffen.

Und sie haben mein Wesen verändert!

Dieser Gedanke jagte ihm regelrecht Angst ein, und er sog wie ein Ertrinkender an der Bierflasche, um ihn fortzuspülen. Sie war viel zu schnell leer. Er verspürte den Drang weiterzutrinken. Nach Ninas Tod, während der Depressionen, die er danach durchlitten hatte, war es nie eine Option gewesen, sich zu betrinken. Fast als hatte er gar nicht die Absicht gehegt, sich in irgendeiner Form zu betäuben. Tatsächlich war der Schmerz das Einzige, was ihm vermittelte, noch am Leben zu sein. Doch er wollte jetzt nicht an seine tote Frau denken. Der Moment erschien ihm unpassend. Stattdessen rief er sich ganz bewusst den Zwischenfall mit dem Trödler ins Gedächtnis. Seine Hand schmerzte. Er sollte Eis daraufpacken. Aber auch diesen Schmerz zu betäuben, wäre falsch gewesen. Das Pochen in der Hand erinnerte ihn daran, dass er zu weit gegangen war. *Ich hab die Kontrolle verloren.*

Es war nicht die Angst vor der anrückenden Polizei gewesen, die Angst davor, dass der illegale Verkauf der Azulejos eine Anklage zur Folge haben könnte. Nein, es war Henriks Faust gewesen, die dem Mann die Zunge gelöst hatte. Die zwei gut platzierten Schläge auf das Jochbein des Händlers. Danach hatte er diese tiefe Furcht in den Augen des Mannes gesehen, trotz des Zwielichts im Lieferwagen, in dem eine unerträglichen Hitze herrschte. *Ich hab die Kontrolle verloren.*

War es das wirklich wert gewesen? Es hatte nie in Henriks Natur gelegen, jemandem durch Gewaltandrohung Angst zu machen. Selbstredend war er als Kriminalbeamter manchmal aggressiv aufgetreten, hatte die Rolle des *Bad Cop* gespielt, wenn es dem guten Zweck diente. Aber abgesehen von Gelegenheiten wie Fahndungseinsätzen, die zu Verhaftungen führten, hatte er nie jemanden wirklich *angefasst.* Schon gar nicht so, wie er es bei dem Straßenhändler getan hatte. *Das war mehr als nur die Androhung von Gewalt,* dachte er niedergeschlagen.

Nun, er würde die Information, die er sich mit seinem brutalen Vorgehen erkauft hatte, überprüfen müssen, um darüber entscheiden zu können, ob der verängstigte Mann zu guter Letzt die Wahrheit gesagt hatte. *Und ob es das wert war.*

»Was ist mit deiner Hand?«

Er schreckte aus seinen Gedanken. Helena stand vor ihm. Peinlich berührt stellte er die Bierflasche neben sich auf die Treppenstufe und blickte ihr entgegen. Sie war nicht so leicht zu belügen wie die Thekenkraft aus dem Esquina, also sagte er einfach gar nichts zu seinen blutverkrusteten Fingerknöcheln. Stattdessen fragte er: »Bist du weitergekommen? Mit EP und Rafael de Bragança?«

»Weichst du mir aus?«

Henrik stand auf. »Nein, das ist wichtig!«

»Klingt ein bisschen nach Besessenheit.«

»Und *du* klingst, als hätten sie dich schon wieder umgedreht«, konterte er.

»Mich hat noch nie irgendwer irgendwann umgedreht, puta merda!«, fuhr sie auf. »Nur weil es *dir* nicht mehr gelingt, objektiv zu bleiben, musst du deinen Frust darüber nicht an mir auslassen.«

Ja, er steckte zu tief in all diesem Morast, und er war befangen – das abzustreiten wäre albern gewesen. Dennoch konnte er klar denken. »Ich halte Rafael de Bragança für den Drahtzieher hinter zahlreichen Machenschaften hier in Lissabon. Vermutlich reicht sein Arm sehr, sehr weit.

Über Portugal hinaus, da gehe ich jede Wette ein. Er steckt auch irgendwie in diesem fragwürdigen Geschäft mit Marokko. Ich kann dir nicht erklären, wie ich darauf komme, aber ich weiß es. Ja, verdammt, ich weiß es einfach. De Bragança ist irgendwie in diese Sache mit EP verwickelt, er hatte seine Finger mit in diesem Deal, der damals mit den Marokkanern eingefädelt wurde. Davon hat Lemos dir doch erzählt?«

»Was dieser Lemos mir erzählt hat, lass mal meine Sorge sein. Es deckt sich jedenfalls nicht mit deinen wirren Spekulationen«, widersprach Helena.

Merda! Er hatte schon befürchtet, dass sie Lemos gegenüber zu nachgiebig sein und dass dieser sie mit seiner charmanten Oberkellnerart einwickeln würde. Mit seinen Geschichten über Luis Figo und Cristiano Ronaldo.

Wie konnte er sie nur davon überzeugen, dass er richtiglag? »Das Oriente ist ebenfalls im Besitz der de Braganças«, behauptete er und hörte sich selbst in seinen eigenen Ohren an wie trotziges Kind. Auch das war ja nur eine Vermutung, aber vielleicht brachte er Helena auf diesem Weg dazu, zumindest das zu überprüfen. »Das sind einfach zu viele Zufälle, findest du nicht? Aber klar, ich kann mir schon denken, wie das läuft. Wäre ja nichts Neues bei eurem korrupten Haufen. Dieser Mann ist für die Behörden unantastbar.«

Helena kam einen Schritt näher. Für den Moment dachte er, sie würde ihm eine scheuern, doch sie begnügte sich damit, ihn aus schmalen Augen anzufunkeln. »Você é louco, Henrik Falkner!«, fauchte sie. »Offenbar ist es nun so weit, du bist durchgedreht wie dein Onkel.«

Er dachte an die Azulejos, die Martin gesammelt hatte. Sie hatten ihn zu Orten geführt, die mit Rafael de Bragança in Verbindung standen. Auch dafür hatte er immer noch keinen handfesten Beweis, dennoch blieb für ihn keine andere Erklärung. Und jetzt war auch *seine* Wut neu entfacht. Er rückte ebenfalls auf. Nun trennten sie nur noch wenige Zentimeter. »Im Gegenteil! Ich sehe mittlerweile alles ganz deutlich. Alle Botschaften, die mir mein Onkel hinterlassen hat, laufen in einem Pfad zusammen, und der führt mich zu diesem Rafael, dem Mörder von Martins Lebensgefährten João de Castro. Es gibt einen guten Grund, warum er mit seiner Anschuldigung gegen diesen Mann nie zur Polizei konnte. Weil nämlich die Führungsriege der PSP alles unterbunden hätte. Im besten Fall hätten sie ihn mit seinen Verdächtigungen und Indizien einfach wieder weggeschickt. Und ihn in Zukunft mit Argusaugen beobachtet. Also hat er alles für sich behalten, hat sein Archiv angelegt und derweil darauf gelauert, dass ihm endlich ein entscheidendes Indiz in die Finger fiel, bei dem die Staatsanwaltschaft nicht mehr wegsehen konnte.«

»Bloß dass das nie passiert ist«, wandte Helena ein, »in all der Zeit. Und das spricht überdeutlich dafür, dass es diese Beweise gar nicht gab, weil er schlicht und einfach den Falschen verdächtigt hat.«

Henrik schüttelte den Kopf und rang gleichzeitig um Beherrschung. Er durfte nicht noch lauter werden. »Nein, ich bleibe dabei! Martin hatte lange Zeit das Glück, dass ihm niemand ernsthaft Gehör schenkte, sonst hätte ihn de Bragança nicht davonkommen lassen. Darum vermied er es, sich an die Behörden zu wenden und hat so lange nichts unternommen. Und als er endlich jemanden bei der Polizei ausgemacht hatte, dem er meinte, vertrauen zu können, ließen sie ihn umbringen ...«

»Du meinst mich!«

»Ja, und das weißt du. Darum hat er dich angesprochen, auf der Beerdigung deiner Großmutter. Und mir später diese Botschaft hinterlassen, in der er mich auf dich hinwies. Verspiel ihn also nicht, diesen Vertrauensbonus!«

»Bragança, Bragança! Es gibt nichts über de Bragança!«

Viel zu laut! Wir sind viel zu laut! Henrik machte einen Satz auf sie zu und hielt ihr den Mund zu. Sie wehrte sich, entkam aber nicht seinen Griff. Aneinandergeklammert wirbelten sie herum, und er drückte sie gegen die Wand. Er versuchte zu verhindern, dass sie an ihre Dienstwaffe kam, während er ihr gleichzeitig ins Ohr raunte: »Rafael de Bragança hat diesen Mord aus Eifersucht begangen, nur reichen meine Beweise bislang nicht aus. Aber zusammen können wir ihn aus der Reserve locken. Ihn provozieren, bis er einen Fehler macht. Du und ich, Helena, wir können die Ordnung wiederherstellen. Tu es für deinen toten Bruder!«

Danach lockerte er vorsichtig seine Hand, und prompt stieß sie ihn von sich. »Ich erkenne dich nicht wieder, Henrik! Sind das die Drogen, die man dir aufgezwungen hat? Haben die dich so verändert?« Sie klang nun nicht mehr nur wütend, sondern auch verzweifelt. »Und wenn ich mir deine wirre Geschichte so anhöre, gibst du mir jetzt offensichtlich sogar indirekt die Schuld am Tod deines Onkels!«

Er schüttelte den Kopf. Nein, so hatte er das nicht gemeint. Warum machte er bloß alles falsch?

»Es tut mir leid!«, flüsterte er. Erneut schaute er sich um, wollte sichergehen, dass niemand ihren Disput mitbekommen hatte. Von der Barterrasse drangen Gelächter und Stimmen herüber. Es waren meist junge Leute, die sich dort trafen, um nach der Arbeit runterzukommen. Um den Sommer zu feiern. Was man eben so tat in dieser Stadt, um nicht an morgen denken zu müssen. Wer sollte sich da für zwei Streitende interessieren?

»Wir können uns nicht mehr sehen«, sagte Helena. Sie sah traurig aus.

»Du hast Angst um deinen Job, ich versteh das.«

»Du verstehst es eben nicht«, widersprach sie.

Ratlos hob er die Arme. »Erklärst du's mir?«

»Es gab da die Hoffnung in mir, dass du ... anders bist.«

»Das bin ich doch!«

Sie schüttelte den Kopf. »Das warst du vermutlich, aber du hast dich verändert. Die Dämonen, denen du hinterherjagst, haben dich verwandelt, dich infiziert ...«

Es ist nur *ein* Dämon, und ich kenne seinen Namen, wollte er einwenden, aber er schwieg. Helena drehte sich um und ging die Rua do Almada hinauf.

Doch er empfand nicht nur Sehnsucht, als er ihr hinterherstarrte. Da war auch Wut. Eine grenzenlose, tiefe Wut.

24

Er merkte, dass jemand hinter ihm stand, oben am Treppenabsatz, wo die Gasse rüber zum Miradouro Santa Catarina führt. Er erkannte Lisa, die an der Hauswand lehnte und rauchte. Die untergehende Sonne zeichnete einen intensiven roten Schimmer um ihre Silhouette.

»Nicht sehr galant«, sagte sie.

Es klang wenig vorwurfsvoll, dennoch fühlte er sich ertappt. Wie lange stand sie schon dort, was hatte sie alles mit angehört?

»Nimmst du noch ein Bier?«, fragte sie, während sie die Kippe in einen mitgebrachten Aschenbecher drückte.

»Keinen Bock auf Victor«, gestand er.

Die Bedienung aus dem Esquina grinste. Sie war schlank und hochgewachsen. Ihre Haare waren kurz geschnitten, wild verstrubbelt und von so tiefem Auberginеschwarz, dass sie nur gefärbt sein konnten. Es war schwer, ihr Alter zu schätzen, doch er ging davon aus, dass sie kaum jünger war als er selbst. Mitte dreißig. Warum arbeitete man da aushilfsweise als Bedienung? Noch dazu in einem fremden Land. »Ihr mögt euch nicht besonders, was?«

Zuerst dachte er, sie spräche von Helena, dann wurde ihm klar, dass sie Victor meinte. »Wie kommst du darauf?«

»Manchmal macht er Witze über den alemão, der das Antiquariat des Verrückten übernommen hat.«

»Er war nicht verrückt«, zischte Henrik.

Lisa nickte. »Hab schon gemerkt, dass du in der Richtung empfindlich bist. Also, was ist jetzt?«

»Was meinst du?«

»Ein weiteres Bier? Ich bringe es dir auch gerne hier nach hinten, damit du dir Victors Anblick ersparen kannst.«

»Warum so nett?«, wollte er wissen.

»Warum so misstrauisch?«, konterte die Engländerin.

»War kein guter Tag heute, sorry!«

»Dann tu wenigstens was dafür, den Abend zu retten, so wie man das in dieser Stadt für gewöhnlich macht.«

Das entlockte ihm ein Schmunzeln. Er konnte fühlen, wie sein Puls sich beruhigte. »Offenbar bin ich noch nicht lang genug hier, um dieses Prinzip verinnerlicht zu haben. Ich nehme ein Bier, wenn du eins mittrinkst.«

»Erst nach Feierabend, Honey! Und das kann dauern.«

Sie vereinbarten, dass er einfach hier sitzen bleiben würde und sie ihm regelmäßig, wenn sie eine Rauchpause machte, eine frische Flasche Sagres mitbrachte.

Also blieb er auf der Treppe hocken, trank Bier und lauschte der Stadt, die fortwährend zu ihm sprach. Mal war es nur ein Flüstern, als sänge sie ihm einen traurigen Fado, mal war es ein lautes Plärren, ein Kreischen und hochfrequentes Winseln, als schrie sie um Gnade. Ihm war durchaus bewusst, dass er damit aufhören sollte. Sowohl mit dem Bier als auch mit dem Hineinhorchen in die Eingeweide der Metropole am Tejo. Nichts davon brachte ihn der Lösung seiner Probleme näher. Er fragte sich sogar, ob er vorhin vielleicht einen Nervenzusammenbruch erlitten hatte. Wie hatte er nur so ungerecht gegenüber Helena sein können? Andererseits zeigte sie keinerlei Verständnis für ihn. Nicht für ihn und nicht für die Ausnahmesituation, in der er steckte. Wie hatte Martin das nur dreißig Jahre lang ausgehalten? Was hatte er anders gemacht? Gut, er war bedachter vorgegangen. War weniger ungeduldig gewesen, hatte sich Zeit genommen. Es mochte ein Fehler sein, alles auf einmal erledigen zu wollen.

Natürlich trank er auch, weil er Helena nun endgültig verloren hatte. Auch bei ihr hatte er keine Geduld bewiesen, nicht die Spur von Feingefühl. War er zu egoistisch? Von Beginn an hatte er sie für seine Zwecke eingespannt – und ihr stets zu wenig zurückgegeben. Was natürlich vor allem daran lag, dass er dem Polizeiapparat nicht traute, für den sie arbeitete. Der PSP ebenso wenig wie der Unterabteilung zur Bekämpfung und Aufklärung von Gewaltverbrechen. Aber war das nicht auch einfach nur ein Vorwand gewesen? Hätte er ihr dennoch mehr vertrauen sollen, so wie Martin es vorgesehen hatte?

Sie ist so was wie mein Gewissen. Oder sie war es, korrigierte er sich. Die Opposition, die widersprach, wenn er zu forsch voranpreschte. Die ihn mahnte, alles sauber zu analysieren und sich nicht kopflos ins Verderben zu stürzen. Gegen die von der Sommersonne immer noch aufgeheizte Wand gelehnt, bedauerte er sich selbst. Sammelte die leeren Bierflaschen zwischen seinen Beinen. Betrachtete sein eingerüstetes Erbe. *Nervenzusammenbruch,* sinnierte er. *Definitiv.*

Jemand tippte ihm auf die Schulter, und er schreckte hoch. Er musste dreimal blinzeln, bevor er Luis erkannte.

»Schaffst du es noch rüber ins Haus, oder soll ich dir helfen?«

Henrik fühlte sich benommen. *Betrunken, ich bin betrunken.* »Schon gut!«, murmelte er. Er bemerkte einen Schmerz in seinem Rücken, der vorhin noch nicht da gewesen war. Offenbar war er eingenickt, in einer Haltung, über die sich seine Bandscheiben nun beschwerten. Warum hatte ihn Lisa nicht geweckt?

»Wir kommen gerade von einem Aufritt. Ich hab dich hier drüben sitzen sehen«, erklärte der Jazzmusiker.

Henrik schielte an ihm vorbei. Die beiden anderen waren wohl schon im Haus. Er meinte das Knarzen der Holztreppe bis hierher zu hören. Auch er sollte aufstehen, doch er spürte, dass es ihm nicht auf Anhieb gelingen würde.

»Kann ich dich alleine lassen?«, fragte Luis vorsichtig.

Henrik nickte. »Alles gut!« Eine Lüge. Nichts war gut.

Luis sah ihn an, als traute er dem Braten nicht recht.

»Ich komme gleich«, versicherte Henrik.

Der Musiker wandte sich ab, kam aber nach halber Strecke über die Straße noch einmal zurück. »Kennst du die Moschee in der Calçada da Rosa?«

Er wusste nicht, dass es dort eine Moschee gab. »Finde ich«, sagte er dennoch.

»Frag nach Said Belahbib.«

»Said Belahbib«, wiederholte er mit schwerer Zunge. »Ist gespeichert.«

Luis schüttelte den Kopf, machte kehrt und ging ins Haus. Was war das? Woher dieser Sinneswandel? Wieso bot Luis plötzliche seine Hilfe an? Was hatte den Musiker zum Umdenken gebracht, sodass er nun doch mit einer marokkanischen Verbindung herausgerückt war? Sicherheitshalber murmelte er Ort und Namen mehrfach vor sich hin. *Moschee in der Calçada da Rosa, Said Belahbib …*

»Ich mach jetzt Feierabend«, hörte er plötzlich Lisa in seinem Rücken sagen. Er war nicht sicher, ob er nicht zwischenzeitlich schon wieder geschlafen hatte. Sie setzte sich zu ihm auf die Treppe, ehe er reagieren konnte und reichte ihm eine kalte Flasche Sagres. »Das letzte für heute.«

»Das heißt, du kommst zum Abkassieren?«

»Victor hat sich schon gefragt, warum ich heute so häufig zum Rauchen gehe und zudem jedes Mal ein Bier mitnehme.«

»War keine sehr schlaue Abmachung, die ich da mit dir getroffen habe.« Er kramte in seiner Hosentasche, zog etwas umständlich das Geldbündel mit den achthundert Euro heraus und gab ihr zwei Zwanziger. »Was hat dich eigentlich nach Lissabon verschlagen?«

»Die Liebe«, antwortete sie achselzuckend.

War es bei ihm nicht auch die Liebe gewesen? Nur eben eine verlorene. »Und, hat es sich gelohnt?«

»Wie man's nimmt. Ich bin noch hier, er nicht. Wir hatten einen Tätowierladen, drüben im Stadtteil Estrela. Obwohl es gut lief, hat er leider nicht lange durchgehalten. Ich will dich nicht langweilen, fest stand nur, er war über Nacht weg und mit ihm das ganze Geld. Ich habe versucht, alleine weiterzumachen, aber der finanzielle Verlust ließ sich nicht ausgleichen.«

»Und der emotionale, wie sieht es damit aus?«

Ihr Lachen enthielt eine Spur Wehmut. Sie nahm ihm das Bier aus der Hand und nippte daran. »Victor war ein guter Kunde von uns. Er hat mir diesen Job angeboten. Natürlich reicht es nicht für die Miete. Schon gar nicht, um die Schulden zurückzuzahlen ...«

»Du tätowierst also auch?«

Sie nickte. »Ich bin nicht schlecht. Mein Ex war allerdings um einiges besser.«

»Kannst du zurück nach England?«

»Wer will das schon? Mieses Wetter und engstirnige Politiker, die unsere Zukunft mit Füßen treten. God save the Queen«, fügte sie mit einem schiefen Lächeln hinzu und nahm noch einen Schluck. »Würdest du denn zurückgehen? Ich meine, wenn du dazu gezwungen wärst?«, fragte sie.

Vielleicht bin ich das bald, dachte er, schüttelte aber den Kopf. »Mieses Wetter und engstirnige Politiker.«

Ihr Lächeln vertiefte sich, dann atmete sie tief durch und blickte hinauf in den dunklen Himmel. »Ich kann nicht genug bekommen von diesen Nächten, in denen man nicht frieren muss.« Ein paar wenige Sterne leuchteten hell genug, um sich gegen die ewigen Lichter der Großstadt durchzusetzen. Eine Weile saßen sie schweigend nebeneinander und teilten sich das Sagres.

»Zeigst du mir dein Haus?«, fragte Lisa plötzlich. »Dann zeig ich dir meine Tattoos.«

25

Er konnte den Schmerz unter seiner Schädeldecke hämmern fühlen, noch bevor er richtig wach war. Und er brauchte nicht darüber nachzudenken, woher das peinigende Wummern kam. Und wieso sein Magen mit Übelkeit gefüllt war. Es widerstrebte ihm, die Augen zu öffnen. Trotz der Migräne hoffte er darauf, dass ihn der Schlaf noch einmal übermannte und von seinen Leiden befreite. Doch dann vernahm er die Geräusche im Bad. Wasser lief. Die Klospülung. Es war also keine Einbildung gewesen. Kein Traum. Er war nicht alleine in seiner Wohnung. Mühsam wälzte er sich vom Fenster weg und öffnete vorsichtig die Lider, konnte dem grellen Licht, das unbarmherzig in seine Netzhaut stach, aber dennoch nicht entkommen. Die Sonne strahlte durchs Schlafzimmerfenster, es musste schon weit nach acht Uhr sein. Die Badezimmertür wurde geöffnet. Schritte tappten durch den Gang hinüber in die Küche. Unfreiwillige Tränen trübten seinen Blick, während er sich aufrichtete. Die Geschirrschublade wurde aufgezogen und wieder zugeschoben. Zwei, drei Küchenschränke geöffnet. Sein Gehör schien heute übernatürlich gut zu funktionieren, und sein Kopf reagierte entsprechend empfindlich auf den Lärm. Dafür lag ein Schleier über seinen Augen, der sich nicht wegblinzeln ließ. Er stellte die nackten Füße auf die Holzdielen. Der Versuch, ihren Namen zu artikulieren, scheiterte. Er brachte nur ein Röcheln zustande, das allerdings laut genug war, um ihre Aufmerksamkeit zu wecken.

»Hast du keinen Kaffee?«, rief sie herüber.

Anstatt zu antworten, begnügte er sich damit aufzustehen. Nur noch ein paar Sekunden, mahnte er sich und machte mit einem Räuspern seine Kehle frei. »Ich dachte, ihr Engländer trinkt Tee zum Frühstück?«, krächzte er.

»Meine Mum vielleicht«, kam es aus der Küche.

Unweigerlich dachte er an seine eigene Mutter und daran, dass er bei ihr vorsprechen musste. Nein, er musste wohl eher angekrochen kommen – aber gut, zu etwas anderem fühlte er sich in seinem jetzigen Zustand ohnehin nicht fähig. Dieser Gedanke verbesserte seinen Zustand nicht im Geringsten.

»Ich gehe welchen holen«, schlug sie vor, und er hatte nichts dagegen einzuwenden. Das verschaffte ihm auf jeden Fall Zeit, mit der Situation klarzukommen. In jeder Hinsicht.

Sekunden darauf schlug die Wohnungstür zu. Die Frau mit der hellen Haut, die nur noch an sehr wenigen Stellen durch die Unzahl an bunten Bildern schimmerte, war also schon angezogen und damit weitaus länger wach als er. Benommen torkelte er nach einer Weile hinüber ins Bad. Bis sie zurückkam, wollte er wenigstens aufrecht stehen können. Er duschte ausgiebig. Es dauerte ewig, bis der Kopf weniger schmerzte und sich eine gewisse Erleichterung einstellte. Auch sein Magen beruhigte sich. Nur mit einem Handtuch um die Hüften wankte er in die Küche, stellte sich ans Fenster und blinzelte durch den Spalt in der Bauplane hinaus in den von gleißendem Licht überstrahlten Morgen.

Er dachte an Lisa, deren verzierter Körper ihn geradezu hypnotisiert hatte. Ein psychedelisches Popart-Gesamtkunstwerk. Hautbilder, fortwährend in Bewegung. Es war beinahe wieder so wie während seinem Ayahuasca-Rausches. Dummerweise wusste er nicht mehr, ob er wirklich mit ihr geschlafen hatte oder dafür schlichtweg zu betrunken gewesen war. Besser Letzteres, dachte er dumpf. Besser für uns alle.

Lisa war auch nach einer guten halben Stunde noch nicht zurück. Offenbar hatte sie entschieden, ihren Kaffee ohne ihn zu trinken. Sein Kopf war immer noch sehr langsam, weshalb er einige weitere Minuten brauchte, bis er Verdacht schöpfte. Er ging hinüber ins Schlafzimmer, hob seine verknüllte Jeans vom Boden auf, drehte sie auf rechts und durchsuchte die Hosentaschen.

Natürlich reicht es nicht für die Miete. Schon gar nicht, um die Schulden zurückzuzahlen ... Das waren ihre Worte gewesen.

Er schaute noch unters Bett, obwohl er wusste, dass es unnötig war. Das Geld war weg.

Drüben im Esquina waren die Sonnenschirme zusammengebunden. Es würde Nachmittag werden, bis Victor die Bar öffnete. Doch Henrik ging ohnehin nicht davon aus, dass die Engländerin heute hinter dem Tresen stehen würde. Vermutlich war gestern ihr letzter Tag in diesem Etablissement gewesen. Oder war sie tatsächlich so abgebrüht, dass sie wiederkam und so tun würde, als wäre nichts geschehen? Schließlich hatte er keine Beweise, und sie konnte einfach alles abstreiten. Selbst dass sie jemals in seinem Bett geschlafen hatte.

Gut, wenn er sich anstrengte, konnte er vermutlich ein paar Details ihrer Tätowierungen an verfänglichen Stellen beschreiben. Nur wofür? Wie er es auch drehte und wendete, sein Geld konnte er vergessen. Es nahm sich vor, für den

Moment keinen weiteren Gedanken daran zu verschwenden. Sich vor allem nicht mehr darüber aufzuregen. Im Idealfall ergab sich womöglich eine Gelegenheit, Victor ein paar Informationen über Lisa aus der Nase zu ziehen. Brauchbare und vor allem zutreffende Fakten – denn er zweifelte inzwischen auch an ihrer Geschichte über das Tattoo-Studio.

Aus der Holzschale auf der Flurkommode, in die er für gewöhnlich seinen Schlüsselbund warf, fischte er ein wenig Kleingeld. Es klimperte in seiner Hosentasche, als er aus dem Haus und in die nächstbeste Pastelaria ging, um sich mit starkem Kaffee und zwei Aspirin wieder auf Vordermann zu bringen. Nahezu sofort bekam er Sodbrennen, schaffte es aber nicht, etwas zu essen, um es abzumildern. Der Zorn, den er gestern die ganze Zeit empfunden hatte, kehrte mit voller Kraft zurück, und irgendwie schärfte er diesmal Henriks Gedanken. Er fasste einen Entschluss. Bevor er aufbrach, brauchte er ein paar Informationen, was die Westsahara anging. Mittlerweile bot auch die etwas angestaubte Pastelaria in der Rua da Horta Seca WLAN an, ohne dass ein Passwort verlangt wurde. Neuerdings gab es diesen Service sogar in der Eléctrico, was in diesen hundert Jahre alten Gefährten recht absurd anmutete. In Sache Digitalisierung schienen die Portugiesen Deutschland um einiges voraus zu sein.

Mit all der Konzentration, die er in seinem Zustand aufbringen konnte, durchstöberte er ein paar Websites. Als er sich ausreichend informiert hatte, erinnerte er sich plötzlich auch wieder daran, was Luis gestern Abend gesagt hatte. So ungefähr zumindest. Angetrieben von einer Mischung aus Ärger, Koffein und Acetylsalicylsäure, nahm er die Metro bis zur Haltestelle Martim Moniz. Der große

Platz, nordwestlich unterhalb des Schlossbergs gelegen, war der zentrale Umsteigebahnhof von der U-Bahn auf die Trams und Busse, weshalb hier stets viel Betrieb herrschte. Doch es waren nicht nur die Touristen aus aller Herren Länder, die hier für eine besonders bunte Vielfalt sorgten. Im Mouraria-Viertel konnte man auch unter den Bewohnern auf alle möglichen Ethnien treffen: auf Asiaten, Araber, Inder, Afrikaner ... Dementsprechend vielfältig und exotisch wirkte diese Ecke Lissabons.

Bei der Calçada da Rosa handelte es sich um eine versteckte, recht kurze Gasse. Dennoch lief er auf der Suche nach der Baitul Mukarram Moschee zweimal auf und ab. Selbst die digitale Stadtkarte war keine große Hilfe – aber vielleicht lag es ja auch nur an der Trägheit in seinem Kopf, dass es einige Zeit dauerte. Endlich wurde ihm klar, dass es sich bei der Moschee um das mit Bauplanen verhüllte Gebäude handeln musste. Ähnlich wie sein Haus, nur um ein Stockwerk höher, war die Front eingerüstet; direkt davor stand ein Bauschutt-Container. Neben der Zentralmoschee in der Nähe des Gulbenkian-Museums, nördlich vom Parque Eduardo VII, war dieses Haus der einzige offiziell verzeichnete Treffpunkt für Muslime im inneren Stadtgebiet, den er hatte finden können. Langsam näherte er sich. Zement- und Verputzrückstände knirschten unter den Sohlen seiner Sportschuhe. Der Zugang war fein mit Baustaub bepudert. Irgendwo über seinem Kopf wurde gehämmert. Er konnte schwere Stiefel scharren hören. Zumindest waren hier, anders als in der Rua do Almada noch Bauarbeiter auf dem Gerüst tätig.

Die Tür war nur angelehnt. Dahinter befand sich ein halbdunkler schmaler Gang, der mit blau-weiß gemusterten

Kacheln gefliest war. Das portugiesische Ambiente verwirrte ihn. Hatte er sich doch im Gebäude geirrt? Ohne dass er jemandem begegnete, folgte er dem Flur zu einer Holztreppe, die zwar wesentlich breiter war, aber nicht weniger laut knarrte als seine eigene. Hier stiegen also fünfmal am Tag gläubige Muslime hinauf, um sich zum Gebet einzufinden? Seine Zuversicht, am richtigen Ort zu sein, schwand weiter. Über die Treppe gelangte er in eine Art Foyer. Die Plakate an der Wand links von ihm wiesen unverständliche Schriftzeichen auf. Am Ende des Raumes entdeckte er eine Flügeltür mit einem Schild darüber, das er ebenso wenig hätte entziffern können, hätte nicht auch eine erklärende Zeile in Portugiesisch darunter gestanden. Dahinter befand sich also der Gebetsraum. Offenbar handelte es sich hier um eine muslimische Gemeinde aus Bangladesch, die diese Moschee verwaltete. Sofern *verwalten* das richtige Wort war. Genaugenommen wusste er viel zu wenig über den Islam und dessen Strukturen. Plötzlich drängte sich ihm die Frage auf, ob er als *Ungläubiger* diesen Ort überhaupt betreten durfte. Unschlüssig drehte er sich einmal im Kreis. Ob man seine Anwesenheit inzwischen bemerkt hatte oder ob es dem Zufall geschuldet war – jedenfalls öffnete sich mit einem Mal die Tür eines Nebenraums. Den Empfangsraum betrat ein kleiner Mann im dunkelblauen Kaftan, mit einer weißen, gehäkelten Takke, der für muslimische Männer typischen Kopfbedeckung, auf dem runden Kopf. Der Mann lächelte aus einem faltigen, tiefbraunen, aber bartlosen Gesicht. Sein Aussehen entsprach dem der Menschen vom indischen Subkontinent. »Posso te ajudar?«, fragte er mit sanfter Stimme.

»Bom dia. Äh … darf ich fragen: Beten hier auch Araber?«, wollte Henrik wissen.

»Wenn sie zu Allah beten, dann ja«, sagte der Mann leise und lächelte.

»Ich suche Said«, antwortete Henrik verlegen und stellte gleichzeitig fest, dass er ziemlich unvorbereitet aufgebrochen war. Was, wenn dieser Said nur zum Gebet hierherkam?

»Said …?«

Verdammt, wie war noch mal der Nachname, den Luis ihm genannt hatte? »Ein Marokkaner«, versuchte er es. Bei seinem Glück war der Vorname Said im arabischen Raum ähnlich geläufig wie Thomas in Deutschland.

Der Mann wackelte sanft mit dem Kopf und sah ihn dabei schräg von unten an. »Draußen«, antwortete er dann.

Henrik war sich nicht ganz sicher, ob er diesen Said *draußen* finden würde oder ob er das Ganze vielleicht falsch verstand und es sich um einen Rauswurf handelte. »Draußen?«, wiederholte er.

Der Kaftanträger nickte und vollführte eine entsprechende Geste, die jedoch nicht ungeduldig, sondern vielmehr aufmunternd wirkte. Und die ihn auch nicht Richtung Tür wies, sondern hin zu einer Nische mit Fenster. »Auf dem Gerüst«, fügte er erklärend hinzu.

Henrik verstand, bedankte sich und ging zu dem offen stehenden Fenster. Gerade schlüpfte dort ein Arbeiter vorbei, der eine graue Staubfahne hinter sich herzog. Henrik steckte den Kopf nach draußen. Der Mann bemerkte ihn, drehte sich auf dem schmalen Gerüst nach ihm um und musterte ihn aus dunklen Augen. Seine Rechten umklammerte einen Zimmermannshammer.

»Onde Said?«

»Said?«

»Said … Bela …«,

»Belahbib«, half der Handwerker.

»Sim, sim, claro, Said Belahbib«, bekräftigte Henrik. Genau das war der Name, der bei seiner gestrigen Unterhaltung mit Luis gefallen war.

Der eingestaubte Arbeiter drehte mehrfach den Hammer in seiner Hand, dann nickte er kaum merklich und deutete nach oben. Henrik mühte sich aus dem Fenster auf das Baugerüst. Der Steg bestand aus zwei schmalen und nicht sonderlich dicken Brettern, die sich unter seinem Gewicht bedenklich durchbogen. Er schluckte. Das würde eine wacklige Angelegenheit werden. Auch der Konstruktion aus Stahlstreben und Holz an seinem Haus in der Rua do Almada vertraute er nicht. Doch dieses Gerüst hier wirkte noch deutlich instabiler, und er bezweifelte, ob es irgendwelchen Sicherheitsbestimmungen auf deutschen Baustellen standgehalten hätte.

Vorsichtig folgte er dem Mann mit dem Hammer zum Ende der Längsseite. Von dort führte eine Leiter hoch zur nächsten Etage. Der Arbeiter zeigte hinauf. Die Anweisung war klar, und er machte sich widerwillig an den Aufstieg. Er hatte das Gefühl, dass sämtliche Streben und Stützen unter ihm bebten, während er hinaufkletterte. Der Zimmerer schrie etwas an ihm vorbei nach oben, was er nicht verstand. Der Ruf setzte sich fort wie ein Echo, jeweils aus einer anderen Kehle. Da waren noch mehr, mindesten drei, vier Leute, die auf dem Gerüst arbeiteten. Ihre Sprache klang nicht wie Portugiesisch. Nach dem ersten Absatz, den er durch eine Luke betrat, empfingen ihn zwei weitere Männer, die ihre Gesichter mit Tüchern verhüllt hatten, weswegen er nur ihre verschatteten Augenpartien sehen konnte. Der gewebte Stoff, den sie um ihre Köpfe geschlungen hatten, diente sicher vorrangig dem Schutz gegen Staub und Sonne. Doch auf ihn wirkten sie wie Wegelagerer aus der Wüste, dazu bereit, die nächstbeste Kamelkarawane zu überfallen. In ihren zementbesprenkelten Händen hielten sie Maurerkellen, als wären es Streitäxte. Einer signalisierte, Henrik müsse weiter nach oben. *Heilige Scheiße!* Mit Höhe hatte er immer schon Probleme gehabt, und für seinen Geschmack war er längst hoch genug. Doch der Respekt vor dem Schwindel hielt sich im Moment die Waage mit dem vor den vermummten Kerlen, die sich so leichtfüßig auf den schmalen Gerüstbrettern bewegten. Gegen die Höhenangst gab es zumindest noch Geländer und Gestänge, um sich festzuhalten. Da hatte er während seiner Zeit in Lissabon doch schon Schlimmeres erlebt. Er brauchte nur an den schmalen Dachfirst des Klosters von São Vicente denken, über den er gezwungenermaßen hatte balancieren müssen, um am Leben zu bleiben.

Nur heute war er verkatert, was der Herausforderung noch eins draufsetzte. Vielleicht half ihm der Adrenalinkick wenigstens dabei, endlich einen klareren Kopf zu bekommen. Er beeilte sich mit der letzten Leiter, die ihn hoch bis auf die Dachkante brachte. Aus der dortigen Luke streckte sich ihm eine schwielige Hand entgegen. Eine Einladung, die er nicht ausschlagen konnte. Er fasste danach, und ein kräftiger Arm verhalf ihm hinauf in die luftige Höhe. Während des Aufstiegs war er heftig ins Schwitzen gekommen, stellte er fest. Jetzt blies ihm kräftiger Wind um die Ohren, der den Schweiß kühlte, ihm jedoch auch feinen Sand in die Augen wehte. Gleichzeitig blendete ihn die Sonne. Er schirmte sie ab, um einigermaßen sehen zu können. Das

Gerüst wankte, das bildete er sich nicht ein, und hier oben, fünf Stockwerke über dem Kopfsteinpflaster, fand er es alles andere als beruhigend. Da half auch die spektakuläre Aussicht über das quirlige Viertel bis hinauf zum Castelo nichts.

»Said Belahbib?«, fragte er den massigen Mann, der vor ihm aufragte wie eine Wand.

»Sie sind der alemão«, stellte dieser mit rauer, von einem heißen Wüstenwind ausgetrockneten Stimme fest.

26

»Trinken wir einen Mokka!«, entschied Said, nachdem er Henrik einige Sekunden mit bohrendem Blick dabei beobachtet hatte, wie der sich an eine der Gerüststreben klammerte. Einen größeren Gefallen hätte ihm der Mann, dessen Arbeitsmontur ebenso eingestaubt war wie die seiner Kollegen, gar nicht tun können. *Said ist ein Bauarbeiter wie der Tote im Pool*, schoss es Henrik durch den Kopf, ehe ihm einfiel, dass er diese Theorie bereits verworfen hatte. Sie machten sich an den Abstieg, und Henrik fragte sich, warum ihn der Marokkaner zuerst bis über Dachhöhe hatte klettern lassen, nur ihm dort oben einen Besuch im Kaffeehaus vorzuschlagen.

Er wollte sehen, wie weit ich bereit bin zu gehen.

Ihr Ziel, ein Straßencafé ganz im arabischen Stil, befand sich unweit der Moschee, in der Rua do Terreirinho. Drinnen herrschte Gedränge, selbst um diese Tageszeit. An eng zusammengestellten, niedrigen Tischen saßen ältere Herren in dunklen, ausgebeulten Anzügen, Tee trinkend und über Brettspiele gebeugt. Dazwischen ebenso viele jüngere Männer, die laut durcheinanderredeten und nur Pausen einlegten, um an ihren Wasserpfeifen zu saugen. Aus einem versteckten Lautsprecher dudelten orientalische Klänge. Said betrat das Lokal und für einen kurzen Moment verstummte alles. Die Gespräche wurden unterbrochen, das Blubbern aus den Shishas versiegte, und nirgendwo klapperten mehr Würfel. Selbst die Musik machte Pause. Zwei, drei Sekunden, in denen sich alle Blicke auf sie richteten.

Dann zischte heißer Dampf aus einem der Teekessel und hob die gespenstische Stille wieder auf. Henrik folgte Said, und man machte ihm unaufgefordert Platz. Unter einem eiernden Deckenventilator setzten sie sich auf harte Holzhocker an einen der runden Tische. Mittlerweile hatten die Unterhaltungen um sie herum wieder ihre vorherige Lautstärke erreicht.

Die gebückte Haltung verursachte Henrik unverzüglich Rückenschmerzen, während Said trotz seiner mächtigen Statur eine erstaunlich entspannte Sitzposition fand. Es war eng, und die süßlichen Shisha-Dämpfe konnten die Ausdünstungen der ausschließlich männlichen Gäste kaum überdecken.

Said bestellte mit einem lauten Ruf über den Lärm hinweg bei einem beleibten Mann mit Glatze, der kaum über seinen Tresen schauen konnte. Was vor allem daran lag, dass der Ausschank mit allerlei Gläsern, Messingkannen und weiteren Shishas vollgestellt war.

»Luis hat mich also angekündigt?«, fragte Henrik.

Der Marokkaner grinste. Alles war groß und breit an diesem Mann, auch die Zähne. »Luis hat Angst vor Ihnen.«

Henrik hob verblüfft die Brauen. »Das braucht er nicht, wie kommt er darauf?«

»Sie fragen herum, das ist nicht gut.«

»Wer nicht fragt, kriegt keine Antworten.«

»So gerät man leicht an die Falschen«, erwiderte Said.

»Das Risiko ist mir bewusst, doch ich muss es in Kauf nehmen.«

»Das heißt, Sie sind ein mutiger Mann, alemão. Ein mutiger Mann, der keine Höhe verträgt.« Wieder lachte der Marokkaner maliziös.

Dann kam der Mokka in kleinen Tassen, auf einem Silbertablett, mit einer großen Dose Zucker in der Mitte. Said tauschte ein paar Sätze mit dem Kaffeehausbetreiber, während er drei gehäufte Löffel Zucker in seinen Mokka schaufelte, bis das Tässchen fast überquoll. Danach schob er Henrik die Zuckerdose über den Tisch.

Henrik schüttelte den Kopf, was bei Said und dem Wirt auf ungläubiges Stirnrunzeln stieß. Sie wechselten ein paar schnelle Worte in ihrer Sprache. Er konnte nicht beurteilen, ob sie sich über seinen Verzicht auf Zucker ausließen, jedenfalls wirkten sie amüsiert. Um irgendetwas zu tun, nippte er von dem heißen Gebräu. Er schmeckte sandig den Kaffeesatz auf der Zunge, fühlte aber auch, dass ihm das würzige Gebräu guttat. Damit würde er endgültig wach werden, und das war auch dringend nötig. Er brauchte alle Sinne für sein Gespräch mit Said.

»Er fragt, ob Sie lieber Gebäck dazu möchten?«, wollte der Marokkaner jetzt wissen.

»Süß, nehme ich an?«

»Sehr süß, alemão«, bestätigte Said, und wieder erntete er einen breiten Lacher.

»Nennen Sie mich Henrik«, bat er. »Und nein danke, kein Gebäck!«

Der Glatzkopf wackelte mit seinem Kopf. Hatte er ihn damit etwa beleidigt? Jedenfalls trollte sich der Wirt, und Said begann bedächtig in seinem Mokka zu rühren. Jetzt, da er nicht mehr abgelenkt war, fand Henrik Zeit, sein Gegenüber zu mustern. Saids dunkles, kurz geschnittenes Haar war bereits deutlich grau meliert. Ebenso der Dreitagebart – der auch gut schon eine Woche alt sein konnte. Die Nase des Nordafrikaners war lang und gekrümmt, die

Lippen schmal. Sein Teint ging eine Spur ins Olivfarbene. Ein Ansatz von Krähenfüßen lag um seine erdbraunen Augen. Er mochte um die vierzig sein, aber selbst das war nur eine vage Schätzung.

»Leben Sie schon lange hier?«, fragte Henrik.

Said ging nicht darauf ein, sondern kam mit einer Gegenfrage sofort zum Punkt. »Sie wissen etwas über den Toten aus dem Swimmingpool?«

»Möglicherweise.«

»Möglicherweise«, wiederholte der Marokkaner leise. »Lassen Sie mich hören, ob mir *möglicherweise* genügt. Immerhin sind Ihre Kenntnisse, sofern Luis nicht nur ein geschwätziges Weib ist, der einzige Grund, warum ich Sie vorhin nicht vom Dach geworfen haben, Henrik!«

Er konnte nicht beurteilen, wie ernst er diese Aussage nehmen sollte, beschloss aber, noch mehr auf der Hut zu sein. Mit einem Mal fühlte er sich deutlich weniger wohl in diesem Café, umgeben von all diesen arabischstämmigen Männern, die sich teilnahmslos gaben und doch immer wieder verstohlene Blicke auf ihn warfen.

»Woher kennen Sie Luis eigentlich?«, fragte Henrik.

»Es ist vielleicht nicht ganz korrekt zu behaupten, er ist einer von uns, aber … er ist einer von uns.«

»Einer von uns«, wiederholte Henrik.

Am liebsten hätte er da sofort nachgehakt, aber Said verfolgte ein anderes Interesse: »Also, Henrik, was wissen Sie über den einbetonierten Mann, was ich nicht in der Zeitung lesen konnte?«

Eigentlich hatte *er* die Fragen stellen wollen, doch er sah ein, dass in diesem Café andere Regeln herrschten. Said betrachtete ihn herausfordernd, als hockten sie über einem

Schachspiel. Henriks Eröffnungszug musste wohl durchdacht sein, um die Partie nicht gleich zu Anfang aus der Hand zu geben.

»Er war kein Marokkaner«, antwortete er.

»Dann weiß ich nicht, warum wir uns überhaupt unterhalten sollten«, knurrte sein Gegenüber.

Das Eis war dünn. Einerseits verfügte er über keinerlei Beleg dafür – andererseits hatte er seine Hausaufgaben gemacht und war davon überzeugt, dass er diesem Mann keine Lüge erzählte. »Er stammte aus der Westsahara und gehörte vermutlich einer sahraouischen Minderheit an.«

Said wahrte seine unbewegte Miene, doch Henrik mit seiner Erfahrung aus zahllosen Verhören meinte ein innerliches Zucken bemerkt zu haben, als hätte sein Schachzug seinen Gegner die Dame gekostet. Der Marokkaner kippte seinen Mokka hinunter, als befände sich in dem Tässchen etwas Hochprozentiges. Danach beäugte er Henrik lange und nickte schließlich. »Sieht so aus, als wären Sie tatsächlich mein Mann, Henrik! Wir sollten jetzt Tee bestellen.« Said winkte dem Wirt. Schweigend warteten sie, bis Teegläser und eine Kanne mit überbrühter marokkanischer Minze vor ihnen stand. Wieder löffelte Said reichlich Zucker in sein Glas. »Was wissen Sie über Rio d'Oro oder Spanisch-Sahara, wie es einst genannt wurde?« In Saids Worten schwang Verachtung mit.

Henrik kannte lediglich die paar Fakten, die er sich im Internet angelesen hatte, und fürchtete nun, dass er doch viel zu wenig wusste. »Sie spielen auf den Westsahara-Konflikt an, nichts, womit ich mich besonders gut auskenne«, gestand er.

Said klappte den Deckel der Teekanne auf und inspizierte den Inhalt. Trotz der Shisha-Raucher ringsherum roch Henrik das kräftige Aroma der Minze.

»Noch drei Minuten«, entschied Said. »Genug Zeit für eine kurze Einführung.« Die fehlenden Kenntnisse schien er Henrik demnach nicht übelzunehmen. Er drückte das breite Kreuz durch. »Waren Sie schon einmal in der Wüste, Henrik?«

Der schüttelte den Kopf und erntete dafür einen mitleidigen Blick, der ihm wohl sagen sollte, dass man nirgendwo jemals wirklich gewesen war, wenn man nicht einen Teil seines Lebens in der Wüste verbracht hatte.

»Hitze am Tag, Kälte in der Nacht, ewiger Sand, Dünen bis zum Horizont, der heiße Wind, der den Sand vor sich hertreibt. Kein Wasser, keine Vegetation, dafür Steine, Geröll und Staub. Und immer wieder Sand. Sand und Entbehrung, ein Leben lang. Und trotzdem ist jede Wüste Heimat für ihre Völker. Menschen, die sich mit diesen Gegebenheiten arrangieren, weil sie es über Generationen hinweg gelernt haben. Zähe, genügsame Menschen, die nichts anderes kennen und nichts anderes wollen. Unterschiedliche Stämme mit unterschiedlichen Ansichten können natürlich auch Streit bedeuten, auch wenn dort allem Anschein nach nichts von Bedeutung existiert, um was man sich streiten könnte – abgesehen vom Sand.«

Henrik lächelte. »Ist das nicht überall so auf der Welt, egal ob etwas zu holen ist oder nicht? Es findet sich immer jemand, der diesen Ort besitzen will und gegebenenfalls zur Gewalt greift, um sein Vorhaben umzusetzen.«

»Sie verstehen die Welt, Henrik, was freilich nicht schwer ist. Seit es Menschen gibt, kämpfen sie um Territorien.

Auch das Wüstengebiet der Westsahara blieb davon nicht verschont. Und so ist es noch immer. Haben Sie es vor Augen, Henrik? Dieses Stück Land, das im Westen an den Atlantik grenzt, im Osten an Algerien und Mauretanien und im Norden an Marokko. Haben Sie es sich angesehen, auf Google Maps?« Wieder hörte er die Verachtung in Saids Stimme.

»Das habe ich.«

»Was Sie nicht sehen konnten, waren die Unmengen von Blut, die in diesem Boden bis zum heutigen Tage versickert sind.«

Auch wie fast überall auf der Welt, dachte Henrik, aber diesmal behielt er die Bemerkung für sich.

»Rio d'Oro nannten es die Spanier. Goldfluss. Eine irreführende Bezeichnung für eine Wüste, finden Sie nicht? Dort fließt kein Fluss, erst recht keiner, der Gold führt. Aber Sie müssen diesen Namen weitläufiger fassen, verstehen Sie? Diese verfluchten Spanier transportierten durch Rio d'Oro Waren, die mit Gold aufgewogen werden konnten. Afrikanische Sklaven zum Beispiel, die sie von dort aus über den Atlantik in ihre amerikanischen Kolonien verschifften. Wodurch das Gold nur so floss … Das ist meine Interpretation, allerdings halte ich sie für recht zutreffend.«

Vielleicht erlag Henrik nur einem Vorurteil, aber dieser Mann sprach nicht wie ein Bauarbeiter, der Mauern hochzog und verputzte.

»Offiziell war das Gebiet nur bis 1924 spanische Kolonie. *Offiziell!* Und dennoch hatte die UNO-Generalversammlung in den 1960er Jahren einen guten Grund, von Spanien zu verlangen, das Gebiet zu dekolonialisieren. Bloß was passierte? Ein Scheißdreck. Wissen Sie, warum?«

Henrik schüttelte den Kopf.

»Weil es niemanden interessierte, was auf irgendeinem Papier stand. Deshalb und weil dieser Zustand von Ungerechtigkeit und Ignoranz nicht mehr hinnehmbar war, gründete sich in den Siebzigern die sahraouische Befreiungsfront, die den bewaffneten Kampf gegen diese dreckigen Hurenböcke aufnahm.«

Nein, das war kein Bauarbeiter, auch wenn seine Ausdrucksweise bisweilen diesen Eindruck erweckte – oder vielleicht auch nur erwecken sollte.

Obwohl er aufgebracht war, schenkte Said mit ruhiger Hand dampfenden Tee in die schmalen Gläser, während er weitersprach: »Zu dieser Zeit erhob auch der marokkanische König Hassan II. Anspruch auf das Wüstenland, ebenso wie Mauretanien. Nur Sand, Sie erinnern sich, Henrik? Nur Sand – und doch griffen sie mit ihren gierigen Fingern danach. Die beiden Länder schlossen sogar ein Abkommen, das eine Aufteilung der Westsahara vorsah. Dass die UNO zur selben Zeit die Unabhängigkeit der sahraouischen Bevölkerung festlegte, scherte sie dabei einen Dreck. Man schaltete sogar Den Haag ein, um die Ansprüche von Marokko und Mauretanien zurückzuweisen. Den Haag! Nichts als nur eine weitere, wirkungslose Institution, die den Schein zu wahren sucht, dass Recht und Ordnung die Welt retten kann. Noch im selben Jahr ließ König Hassan mehr als zehntausend Soldaten an den Grenzen zur Westsahara und zu Algerien stationieren.«

Said probierte den Tee, der noch immer viel zu heiß war, was ihm allerdings nichts auszumachen schien. Geschichten über die Wüste verursachten wahrscheinlich einen trockenen Mund.

»Hassans Truppen rückten am 31. Oktober 1975 in die nordöstliche Westsahara ein und vollzogen eine gnadenlose Annexion. All jene unter der sahraouischen Bevölkerung, die davonkamen, flohen nach Algerien, wo sie Asyl erhielten. In der Nähe der algerischen Stadt Tindouf entstanden in den nächsten Monaten große Flüchtlingscamps. Erbärmliche Orte voller Elend und Traurigkeit, die jedem, der dort ankam, nicht nur die Hoffnung, sondern vor allem die Ehre raubten. Diese Camps waren kaum besser als die Hölle selbst ...«

Er hätte zu gerne gefragt, ob Said in einem dieser Flüchtlingslager aufgewachsen war, wagte es aber nicht. Womöglich hätte er den Mann, von dem er nun sicher glaubte, dass er ebenso wie Luis kein Marokkaner war, damit gekränkt.

»Nur Mauretanien nahm seine Forderungen gegenüber der Westsahara zurück. Nicht hingegen Marokko, das seinen Anteil an dem Land bis heute als eigenes Staatsgebiet sieht.«

Also lag dort wohl auch das Areal, das Marokko später an EP verkauft hat, folgerte Henrik im Stillen. So musste es sein. Das war die Ausgangslage, dort hat alles seinen Anfang genommen. »Wie reagierten eigentlich die Spanier auf die Annexion durch Marokko? Haben die ihre Kolonialherrschaft einfach so aufgegeben?«

Saids Lachen war so rau wie seine Stimme. »Spanien hat nach Francos Tod im Spätherbst 1975 formell auf seine ehemalige Provinz Rio d'Oro verzichtet. Wohlweislich, weil man nach dem Ende der Diktatur ein gutes Bild von sich zeichnen wollte und um jeglichen internationalen Konflikten vorerst aus dem Weg zu gehen. Man könnte auch sagen, die Spanier waren vollauf damit beschäftigt, zuerst im eigenen Land Ordnung zu schaffen.«

»Und wie ging es in Nordafrika weiter?«

»Im Februar 1976 wurde eine Exilregierung gebildet, die die Demokratische Arabische Republik Sahara ausrief. Ein am grünen Tisch in Genf erschaffenes Konstrukt, von dem man glaubte, dass es die Forderung nach Unabhängigkeit für die gesamte Westsahara stellen konnte. Was für ein lächerliches Marionettentheater! Man plante ein Referendum, dessen Leitung und Durchführung der UNO oblag. Ein Referendum, das Marokko bis heute zu verhindern wusste.«

»Seit nahezu vierzig Jahren«, resümierte Henrik kopfschüttelnd.

Said nickte und bekam einen traurigen Zug um die dunklen Augen. »Zumindest herrscht seit Anfang der 1990er Jahre ein Waffenstillstand zwischen Marokko und der Frente Polisario, der militärischen und politischen Organisation, die die Belange der indigenen Westsahara-Bevölkerung vertritt. Kein Grund allerdings aufzuatmen, denn in Wahrheit beherrscht Marokko derzeit zwei Drittel des Landes, ist in allen größeren Städten vertreten und bedient sich aus den bedeutenden Phosphatvorkommen der Region.«

»Also doch nicht nur Sand in ihrer Wüste, Said«, erwiderte Henrik und erntete prompt einen bösen Blick. Aber was half es, sich etwas vorzumachen? Natürlich ging es um Rohstoffe und in der Folge um Macht und Geld. »Was muss ich noch wissen?«, fragte er. Ihr Tauziehen um Informationen war noch nicht zu Ende, nicht für ihn jedenfalls.

»Die Polisario, oder nennen Sie sie von mir aus auch Demokratische Arabische Republik Sahara, kontrolliert als eine Art Volksfront das Hinterland, während der größte Teil ihrer Angehörigen immer noch außerhalb der Heimat in den algerischen Flüchtlingslagern dahinvegetiert. Der endgültige Status der Westsahara ist nach wie vor ungeklärt.«

Henrik nahm den Lärm ringsherum, die lauten Gespräche, die mit kehlig krächzenden Worten geführt wurden, das Gelächter und die Musik kaum mehr wahr. Während Said sich Tee nachschenkte, versuchte er zu verstehen und einzuordnen, was er eben gehört hatte. Seine Sicht auf die Vorfälle, die zu einem Toten im Betonfundament eines Swimmingpools geführt hatten, hatte sich zwar erweitert, das Bild lag aber nach wie vor hinter einem Schleier. Ein Schleier, den der Mann, der ihm gegenübersaß, wohl lüften konnte, nach allem, was Luis angedeutet hatte. »Gehören Sie zu denen, die aus dem Hinterland heraus operieren?«

»Ich gehöre einem Volk ohne Land an. Auch das ist auf diesem Planeten nicht mehr ungewöhnlich«, erwiderte Said, was zwar keine direkte, aber trotzdem eine Antwort war.

»Sie sagten vorhin, ich sei *Ihr* Mann, aber nun, Said, würde mich interessieren, warum Sie *mein* Mann sind.«

27

»Sie wollten wissen, wie lange ich mich schon in Lissabon aufhalte. Ihre Frage hätte jedoch lauten müssen, was mich in diese Stadt geführt hat.«

»Gut, Said, dann frage ich Sie das jetzt. Was hat Sie hergeführt?«

Der Mann mit dem finsteren Blick sah sich um und rückte dann ein Stück näher. Offenbar fühlte sich Said in diesem Kaffeehaus doch nicht völlig unter seinesgleichen.

»Sie haben Luis eine Jahreszahl genannt. 1993, richtig?«

Henrik nickte und versuchte eine plötzliche Aufregung zu unterdrücken. Er spürte, dass er unmittelbar vor einem entscheidenden Moment stand. Zudem wusste er mit einem Mal, dass er genau dieser Information das Treffen mit Said verdankte. »1993«, wiederholte er leise. »Was bedeutet diese Jahreszahl für Sie?«

»Sie schließt einen Kreis«, antwortete Said.

»Ein Kreis, der seinen Anfang in jenem Jahr nahm. Das verstehe ich. Und der Sie letztlich in diese Stadt geführt hat. Warum?«

Der Mann, der nie Marokkaner gewesen war, ließ sich viel Zeit mit der Antwort. »Ich folgte dem Pfad, den mein Vater gegangen ist«, erklärte er schließlich nicht ohne Pathos.

Henriks Gedanken begannen zu rasen. Bestand tatsächlich die Möglichkeit …? Er befeuchtete sich die Lippen. »Ihr Vater war also in Lissabon …«

»… und kehrte nicht wieder zurück. Ja. Aber das wissen Sie doch längst, Henrik.«

»Waren Sie bei der Polizei?«, fragte er nach ein paar Sekunden. Eigentlich eine überflüssige Frage, dennoch musste er sie stellen. »Das könnte Ihnen Gewissheit verschaffen.«

Said grinste zynisch. »Meinen Sie, mit einem amtlichen Bescheid wäre es getan?«

»Also geht es um mehr für Sie als nur darum, zu erfahren, ob der Tote tatsächlich Ihr Vater ist«, stellte Henrik fest. Es war, wie er bereits vermutet hatte. Nun musste er einen Vorstoß wagen. »Ein portugiesischer Energiekonzern hat von den Marokkanern vor fünfundzwanzig Jahren Land gekauft. Land, das Ihrem Volk gehörte. War Ihr Vater deshalb in der Stadt? Womöglich um diesem Kauf entgegenzuwirken?«

Er stellte sich vor, wie der Mann aus der Wüste, in seine traditionelle Beduinenkleidung gehüllt, versuchte, in das Nobelhotel Oriente zu gelangen, um zu den Delegationen vorzudringen, die die Verkaufsverhandlungen führten. Wie er von Sicherheitskräften überwältigt wurde … Oder nein, das hätte zu viel Aufsehen erregt, wenn man bedachte, dass der Abgesandte des Wüstenvolks danach in einem Betonfundament versenkt worden war. Wusste Said, was sich damals wirklich zugetragen hatte? Nein, gab er sich selbst die Antwort, sonst hätten sie hier nicht zusammengesessen. Sie wollten beide das Wissen des anderen. Das war der Handel, den Luis irgendwie eingefädelt hatte.

»Mein Vater war Sheïk Salamah von Aït Tbeïla, Sohn des Tahar Kamal. Sie würden ihn vermutlich als Stammesfürsten bezeichnen. Wie auch immer, es wurde verfügt, ihn zum Gesandten zu machen. Die, die ihn schickten, waren so einfältig zu glauben, man würde ihm Gehör schenken.

Selbst mein Vater baute darauf, obwohl er es besser hätte wissen müssen. Krieger setzen sich nicht an einen Verhandlungstisch.«

»Das war er also, ein Krieger?«

Said sagte nichts. Der Tee war ausgetrunken. Nun war es Henrik, der näher rückte. »Sind Sie das auch, Said? Ein Krieger? Und der Nachfahre eines Stammesfürsten, der nun das Erbe übernommen hat? Der für Gerechtigkeit sorgen soll, dafür, dass die Wahrheit ans Licht kommt?« Wie ähnlich sie sich in ihren Aufgaben waren ...

»Ich bin jemand, der nicht verhandelt«, gab der Wüstensohn barsch zur Antwort.

Es wäre wichtig gewesen zu erfahren, wie genau sich seine Rolle in dieser Inszenierung definierte. Und ob er ebenfalls ausgesandt worden oder aus eigener Initiative nach Lissabon gekommen war. Das waren jedoch nicht die einzigen Unklarheiten, und er musste Prioritäten setzen, jetzt, da das Bild dieses Falls mit jeder Minute an Schärfe gewann. »Warum war und ist Ihnen dieses Stück Wüste so wichtig? Gibt es dafür einen kulturellen Hintergrund? Was muss ich mir unter diesem Ort vorstellen? Einen Tempel? Wurden dort Ihre Ahnen beigesetzt?«

Said umklammerte sein Teeglas so fest, dass Henrik Angst bekam, er könnte es in seiner mächtigen Faust zerdrücken. In seinen Augen loderte ein schwarzes Feuer, das vor langer Zeit tief in seiner Seele entfacht worden war. In der Seele eines Kriegers. »Dafür sind Sie nicht bereit, Henrik. Oder soll ich sagen, so viel Vertrauen von meiner Seite haben Sie sich noch nicht verdient.«

»Was erwarten Sie denn von mir?«

»Müssen Sie das wirklich fragen?«

Er würde sein Versprechen gegenüber Helena also erneut brechen müssen, wollte er hier weiterkommen, denn alles womit er jetzt noch handeln und verhandeln konnte, waren die Ermittlungsfakten, die ihm die Inspetora verraten hatte.

»Er wurde erwürgt, mit einem Draht.«

»Also hinterrücks«, folgerte Said, den die Tatsache, dass sein Vater ermordet worden war, wenig zu entsetzen schien. Offensichtlich war er davon bereits ausgegangen.

»Nicht die Art, wie man als Krieger sterben möchte, nehme ich an.«

»Nicht die Art, wie irgendjemand sterben möchte, würde ich sagen.« Nun klang deutlich mehr Verachtung aus der Stimme des Mannes. »Gehen Sie jetzt besser!«

Henrik versuchte, seine Stellung zu behaupten. »Sobald ich weiß, was ich wissen muss.«

Said stand auf. »Wir werden unser Gespräch fortsetzen, Henrik, sobald Sie mir einen Namen nennen können. So und nicht anders gestaltet sich dieser Handel.«

Henrik wollte ihm hinterher, doch er hatte keine Chance. Auch wenn es zufällig wirken sollte, standen ihm plötzlich Männer im Weg, rempelten ihn an, hinderten ihn am Weiterkommen. »Wie erreiche ich Sie?«, schrie er Said nach, doch der drehte sich nicht einmal um. Stattdessen bremste ihn nun auch noch der beleibte Kaffeehausbetreiber, der sich vorhin so über ihn amüsiert hatte.

»Er weiß schon, wo Sie Ihr Geschäft haben«, ließ er Henrik wissen.

28

Die Sonne hatte den Zenit überschritten, und der Marsch durch die aufgeheizten Gassen wurde wieder einmal zur Qual. Allerdings war er so sehr in seine Gedanken vertieft, dass er kaum bemerkte, wie ihm der Schweiß herunterlief. Leider konnte er nach diesem Treffen nicht beurteilen, wie viel Said wirklich über den Mord an seinem Vater und die Umstände, die dazu geführt hatten, wusste. Oder besser, wie viel er Henrik verschwiegen hatte. Noch gab es keinen Beweis, dass das Opfer überhaupt dieser Sheïk Salamah war. Der Krieger mit seiner Mission, an der er gescheitert war.

Er musste einfach mehr über dieses Wüstengebiet herausfinden. Ging es um Bodenschätze? Aber warum hatte EP dann nicht unverzüglich nach dem Kauf mit dem Schürfen begonnen? Um die Marokkaner nicht vorzuführen, die offenbar nicht wussten, dass sie ein wertvolles Stück Land verhökert hatten? Das ergab doch keinen Sinn. Vor allem, da selbst jetzt nach Jahren noch nichts passiert war, jedenfalls nach Aussage von Helenas Kollegen. Fest stand nur, dass in all der Zeit keine Solaranlage errichtet worden war. Und jetzt ging vielleicht alles an die Chinesen. War dieser Weiterverkauf der Grund für die neue Umtriebigkeit seitens der Polisario? Hatten sie Said deshalb nach Lissabon geschickt, wie ein Vierteljahrhundert zuvor seinen Vater? Oder war Said gar nicht auf Geheiß dieser Volksfront nach Portugal gereist? Handelte er auf eigene Rechnung?

Nach ihrer Unterredung war sich Henrik ziemlich sicher, dass der Mann aus der Wüste auf Rache aus war. Warum sonst wollte er unbedingt den Namen des Mörders erfahren? Oder den Namen dessen, der diesen Mord beauftragt hatte …

Er musste noch einmal mit Luis reden, herausbekommen, wie gut er Said kannte, und bestenfalls erfahren, wie der Musiker diesen Mann einschätzte. Und er musste Helena einweihen.

Nach all dem Rauch aus den Wasserpfeifen sehnte er sich nach frischer Luft und freier Sicht. Über die Stadt zu blicken half ihm manchmal beim Denken, und oben bei den Miradouros wehte meist ein angenehmer Wind. Eine wunderbare Kombination.

Zuvor wollte er allerdings noch eine andere Information überprüfen. Eine, die er mit den falschen Mitteln erhalten hatte – was ihn nach wie vor belastete. Es war ein Aussetzer gewesen, versuchte er sich sein Handeln immer wieder selbst zu erklären. Eine kurzfristige Unzurechnungsfähigkeit, die er den Resten der halluzinogenen Substanzen in seinem Blut verdankte. Oder der Hitze. Umstände, die vermutlich auch für sein gestriges Besäufnis verantwortlich waren. Und für die Sache mit Lisa. Augenblicklich wurde seine Stimmung noch schlechter. Was er zuletzt alles angestellt hatte, machte es nicht eben leichter, Helena gegenüberzutreten. Er verdrängte den Gedanken und überlegte, wohin er sich wohl orientieren musste, bevor er sich an den Aufstieg zu einem seiner Lieblingsorte über den Dächern der Stadt machte.

Dass ihn seine Suche nach der Baitul Mukarram Moschee so nahe an den Ort geführt hatte, den ihm der Hehler in Sachen Azulejo genannt hatte, war purer Zufall. Und er war ohnehin erst darauf gekommen, nachdem ihn Said in dem Kaffeehaus hatte stehen lassen. Unterwegs auf der schnurgeraden Rua Palma, konnte er sein Ziel schon aus der Ferne sehen. Das markante Gebäude stand am Eingang zum Largo do Intendente Pina Manique. Die runde, reich mit Kapitellen und Reliefs verzierte Fassade schloss nach oben mit einem Kuppeldach ab, und obschon das Haus in der Front kaum breiter war als die Eingangstüre, dehnte es sich weit nach hinten. Er war noch nie hier gewesen oder auch nur daran vorbeigefahren. Der Platz, der sich rechts davon erstreckte, war neu gestaltet worden. Die Stadt oder ein Investor hatten viel Geld dafür in die Hand genommen. Aber das war, seit die Wirtschaft in Portugal so prächtig florierte, ein gewohntes Bild. Bevor er den Largo do Intendente betrat, griff er zum Handy und schrieb Helena eine kurze Nachricht, wo sie ihn in einer Stunde finden konnte.

Straßencafés und Restaurants nahmen die – von ihm aus gesehen – linke Hälfte des lang gezogenen Platzes ein. Was vor allem daran lag, dass die Gebäudezeile auf der rechten Seite sich in weiten Teilen noch im Sanierungszustand befand. Dahinter wuchs die Anhöhe empor, um die sich das Mouraria-Viertel schmiegte. Wie so oft stellte er fest, dass vieles in dieser Stadt näher beieinanderlag, als man vermutete.

Die Geschäfte, die sich zwischen die Gastronomiebetriebe mischten, konnte man wohl als *angesagte Läden* bezeichnen. Auch wenn die Fassaden in ihren alten Formen erhalten worden waren, befand er sich durchaus an einem Ort, der das moderne Lissabon widerspiegelte. Das traf zwar weniger seinen Geschmack, aber er war nicht hier, um über städtebauliche Maßnahmen oder das Verschachern von Immobilien zu urteilen. Er ging eine frisch gepflanzte Baumreihe entlang, die noch nicht hoch genug war, um ausreichend Schatten zu spenden. Dazwischen gab es Wasserspiele mit Fontänen, die aus dem Boden schossen und vor allem kleine Kinder erfreuten. Was er suchte, befand sich am Ende des Largo do Intendente und war mit Abstand das beeindruckendste Bauwerk hier, vor allem wegen der Azulejo-Kunst, die dort gezeigt wurde. Bei diesem Haus mit der Nummer fünfundzwanzig handelte es sich möglicherweise auch um das älteste noch erhaltene Haus auf dem Platz, erbaut Mitte des 19. Jahrhunderts, wie eine Tafel über dem Portal verriet. Er blickte auf einen kleinen Stadtpalast, dessen Vorderfront, soweit er sie über die mannshohe Mauer hinweg einsehen konnte, vollständig mit Fliesen verziert war. Die Bezeichnung Palast traf es freilich nicht so ganz. Das Gebäude verfügte nur über zwei Stockwerke, dennoch war es besonders und hob sich ab von allen anderen Gebäuden am Platz. Das, wonach er suchte, entdeckte er beinahe auf Anhieb, denn es war hoch genug angebracht und befand sich rechts des Balkons über dem Bogen der in Kalkstein gefassten Eingangstüre. Das Wandbild zeigte einen Affen mit einer Orange in der Hand. Im Antiquariat hatte er vor geraumer Zeit eine Kachel aus diesem Mosaik gefunden. Und eine zweite davon bei dem Trödler von dem Praça da Alegria, der ihm letztlich auch diesen Ort genannt hatte. Lange betrachtete er die zahlreichen Bilder und Verzierungen und wurde dabei von gemischten Gefühlen heimgesucht. So viel Symbolik und versteckte Botschaften. Warum hatte Martin ihn bloß hierher geschickt?

Das schmucke Stadthaus besaß ein hohes Gittertor an der linken Gebäudeseite, das eine gewisse Einsicht in einen

Hof gewährte. Eine Eigenheit, die in dieser Umgebung nur dieses Grundstück aufwies. Zudem sah es unbewohnt aus. Ein Eindruck, den die durchwegs geschlossenen Fensterläden verstärkten. Er versuchte unbefangen darüber nachzudenken, was er da wohl vor sich hatte. Aber entweder war er bereits viel zu eingefahren, oder es blieb tatsächlich nur eine Spurrinne, in der alles zusammenlief, hin zu einer Person. Hatte Rafael de Bragança auch bei der Sanierung des Largo do Intendente und der ihn umgebenden Architektur seine Finger im Spiel? Einschließlich des Prunkstücks, vor dem er gerade wie auf dem Präsentierteller stand? Er ging noch ein paar Schritte näher heran. Nirgendwo entdeckte er einen Hinweis, es gab kein Türschild, nicht einmal eine Klingel oder Gegensprechanlage. Was war hier nur? Worauf sollte er sein Augenmerk richten?

Mit einem Mal fühlte er sich beobachtet. Natürlich tummelten sich viele Leute auf dem Platz, hockten in den Straßencafés, rannten hinter ihren Kindern her oder bummelten an den Schaufenstern der Geschäfte entlang. Allem Anschein nach interessierte sich niemand für ihn. Und doch fühlte er ein Unbehagen.

Nun gut, im Moment konnte er hier ohnehin nichts ausrichten. Außerdem hatte er noch eine Verabredung.

Über endlose Treppen stieg er hinauf zur *Lieben Frau vom Berg*, dem begehrten Aussichtspunkt *Miradouro Nossa Senhora do Monte*. Unter den schattigen Pinien und im steten Wind war es auszuhalten, auch wenn er bei Weitem nicht der Einzige war, der an der Brüstung den herrlichen Blick über die Stadt suchte. Noch so ein Ort, der in keinem Reiseführer fehlte. Zu seiner Freude war der Andrang heute aber erträglich, und zudem war es bisweilen nicht verkehrt, ein paar Leute um sich zu haben, vor allem wenn man eine konspirative Zusammenkunft plante.

An einem der mobilen Verkaufsstände für Snacks und Getränke, die sich neuerdings hier oben postiert hatten, bestellte er Wasser und einen weiteren Kaffee. Ihm war klar, dass der nicht gerade förderlich für seinen Magen war, aber er brauchte jetzt einfach etwas, woran er sich festhalten konnte, selbst wenn es nur ein Pappbecher war. Er hatte keine Ahnung, wie er aussah, und vermutlich war es auch besser, nicht zu wissen, welch klägliche, abgehetzte Figur er abgab. Ja, er verlor zunehmend an Substanz. Womöglich war er bald nicht mehr als ein Schatten, wenn es ihm nicht demnächst gelang, dem Irrsinn ein Ende zu setzen, in den er mit seinem portugiesischen Erbe geraten war.

Mit seinen Getränken schlenderte er bis ans Ende der Brüstung, wo das hübsche kleine Kirchlein der Frau vom Berg angrenzte. Unmittelbar davor stand ein überdachter Glaskasten, der eine etwa vierzig Zentimeter große, ganz in weiß gehaltene Marienstatue beherbergte. Der Sockel des Schreins war wie immer mit Blumen geschmückt. Auch wenn er nichts von Heiligenverehrung hielt, verspürte er beim Betrachten der Mutter Gottes eine gewisse innere Ruhe. Diese Besinnlichkeit konnte nicht einmal die blecherne Stimme des Gitarrenspielers vertreiben, der auf der Bank unmittelbar daneben saß. Henrik warf ihm sein Wechselgeld in den aufgeklappten Gitarrenkoffer, dann setzte er sich auf die Steinstufen, die zum Kirchenportal führten. Von hier hatte er einen guten Blick über den ganzen Platz. Zwar reichte der Schatten der Bäume nicht bis zu ihm, doch dafür hatte er niemanden in seinem Rücken. Er trank seinen Kaffee, lauschte dem Straßenmusiker und kam wieder ins Grübeln.

Vielleicht waren die Vorwürfe oder Bedenken ja nicht unbegründet, die er immer wieder zu hören bekam. Von Catia, von Helena, auch von Renato, diesem Pharisäer. Sie alle hatten ihn schon darauf hingewiesen, dass er mehr und mehr demselben Wahnsinn verfiel, den sie auch Martin unterstellten. Was, wenn sie nun doch recht hatten?

Er schüttelte den Kopf. *Unsinn!* Was er aufdeckte, waren keine Fantastereien, und auch Martin war zu seinen Lebzeiten keinen Hirngespinsten gefolgt. Er hatte verzweifelt versucht, die Wahrheit zu finden. Und in der Regel war genau das am allerschwersten: die Wahrheit zu ertragen. Entweder man war stark genug dafür und schaffte es – oder aber man zerbrach daran.

Der nie nachlassende Wind, der vom Fluss heraufwehte, war wirklich ein Segen. Er prüfte sein Handy. Helena hatte seine Nachricht offenbar gelesen, aber nicht darauf geantwortet. Zwangsläufig musste er an ihre Worte denken. *Wir können uns nicht mehr sehen!* Machte sie diese Drohung nun endgültig wahr? Andererseits kannte er diese Ankündigung von ihr, hatte sie nicht zum ersten Mal gehört. Das musste nicht zwangsläufig bedeuten, dass sie nicht auftauchte. Zumal sie jeden Grund dazu hatte, denn was in seiner Mitteilung stand, war ziemlich eindeutig.

Natürlich erinnerte er sich auch daran, wie idiotisch er sich ihr gegenüber gestern Abend verhalten hatte. Was sie sich auf der Straße alles ins Gesicht gesagt hatten, viel zu laut und ohne sich darum zu scheren, ob ihnen jemand dabei zuhörte. Er wusste nicht mehr genau, was er von sich gegeben hatte, dafür war er zu angetrunken gewesen. Aber er wusste, dass er zu weit gegangen war.

Nach dem Kaffee trank er das Wasser. Um nicht mehr über die Auseinandersetzung mit Helena nachdenken zu müssen, konzentrierte er sich auf das Kommen und Gehen der Besucher hier oben. Neben dem Kiosk, der ihm am nächsten war, lehnte ein junger Mann an einem der Pinienstämme. Unverkennbar trug er die Merkmale arabischer Herkunft. Und auch wenn er vorgab, die Aussicht zu bewundern und zwischenzeitlich sein Handy zu checken, wanderte sein Blick immer wieder in Henriks Richtung. Falls er tatsächlich dazu abgestellt worden war, ihn zu observieren, stellte sich der Jüngling nicht sonderlich geschickt an. Hatte ihm Said einen Spitzel hinterhergeschickt? Henrik wog das Für und Wider gegeneinander ab. Es war wohl besser, gleich einen anderen Treffpunkt zu wählen. Besser für Helena, aber auch besser für ihn. Obschon er nicht in sonderlich guter Verfassung war, fühlte er sich doch in der Lage, den Jungen abzuschütteln. In dieser Ecke der Stadt kannte er sich mittlerweile recht gut aus.

In diesem Moment betrat vom Largo Monte her Helena den Aussichtspunkt und machte weitere Überlegungen hinfällig. Sie ging zum Kiosk und kaufte sich ebenfalls ein Wasser. Dabei gab sie sich ganz natürlich und sah kein einziges Mal zu ihm herüber. Er kannte sie allerdings gut genug, um ihr die Anspannung anzusehen. Seine Vorhaltungen von gestern hatte sie ihm noch nicht verziehen. Dennoch hatte der Wissensdurst der Ermittlerin sie hierher auf den Berg getrieben. Kein Wunder, immerhin hatte er ihr in seiner SMS den Namen des Mordopfers in Aussicht gestellt.

Sie schlenderte zu ihm herüber und setzte sich wortlos neben ihn. Beide blickten sie über die Stadt. Schulter an Schulter, ohne sich zu berühren. Der Wind spielte mit ihrem Pferdeschwanz. Ahnte sie etwas von der Sache mit Lisa? Verdammt, daran wollte er jetzt nicht denken. Auch wenn seine Beziehung zu Helena sich jetzt auf das Berufliche beschränkte, die Nacht mit der Engländerin hatte ihn nicht nur die mühsam zusammengekratzten achthundert Euro gekostet ...

Unter dem Einfluss seines schlechten Gewissens wurde das Schweigen zwischen ihnen zur Nervenprobe, und schließlich konnte er nicht mehr anders, als die erdrückende Stille zu brechen. »Gut, dass du da bist!«, sagte er, ohne sie anzusehen.

Sie schraubte den Deckel von der Wasserflasche und trank ausgiebig. »Deine Nachricht las sich recht vielversprechend«, bekannte sie danach. »Also, wen haben sie da aus dem Fundament gemeißelt?«

»Sheïk Salamah, einen Sahraoui. Er war Stammesführer eines Beduinenklans aus der Westsahara.«

Lange Sekunden erwiderte Helena nichts darauf. Endlich wandte er den Blick von der Stadt ab und schaute sie an. Sie presste die Lippen aufeinander, dachte offenbar darüber nach, wie sich das eben Gehörte mit dem verknüpfen ließ, was sie bereits herausgefunden hatte.

»Woher hast du die Information?«, hakte sie schließlich nach.

»Es deutet vieles darauf hin, dass ich mit dem Sohn des Ermordeten gesprochen habe.«

»Der ist in Lissabon?« Endlich war ihr die Aufregung über seinen Ermittlungsfortschritt auch anzuhören, und er atmete auf. »Wieso ist er mit seinem Verdacht nicht zur Polizei gekommen? Nein, verdammt, die Presseabteilung hat ja noch keine Details veröffentlicht. Er kann zwar von dem Leichenfund in den Nachrichten gehört haben, aber ...« Sie hatte mit sich selbst geredet, doch plötzlich funkelte sie ihn herausfordernd an. »Dein Onkel! Er hat dir mehr Informationen über die Sache hinterlassen, als du mir bisher unterbreitet hast. Oder wie sonst wärst du an diesen Mann gekommen? Sag mir, wie hast du ihn aufgestöbert? Und seit wann ist er in Lissabon?«

»Beruhige dich, er ist schon eine Weile in der Stadt und arbeitet hier ...«

»Hör auf mit Beruhigen«, schnauzte sie. »Erklär's mir!«

Henrik warf einen Blick hinüber zu dem Pinienstamm. Der junge Araber war nicht mehr auf seinem Posten. Hatte Henrik sich doch geirrt? Seit er Martins Erbe aufarbeitete, plagte ihn eine gewisse unterschwellige Paranoia, das konnte er nicht mehr abstreiten. Trotzdem glaubte er nicht, sein Gefühl dafür verloren zu haben, ob sich jemand für ihn interessierte oder einfach nur so in der Gegend herumstand.

»Wie gesagt, ich habe mit einem Mann gesprochen, der meint, der Sohn des Toten zu sein. Die genauen Hintergründe verstehe ich noch nicht, aber es geht in die Richtung, die wir vermutet haben. Irgendwie dreht sich alles um diesen Landkauf in dem annektieren Gebiet. Der Sheïk wurde vor fünfundzwanzig Jahren nach Lissabon gesandt, um zu verhindern, dass die marokkanische Regierung unrechtmäßig ein Stück Wüste verhökerte. Wobei ich der festen Überzeugung bin, dass dort mehr zu finden ist als nur Sand und Steine. Außerdem hege ich den Verdacht, dass die Marokkaner gar nicht wirklich wussten, was sie da an EP abtraten.«

»Was weißt du über diesen Salamah?«

»Zu wenig. Sein Sohn, sofern er es tatsächlich ist, war nicht sehr auskunftsfreudig, was seinen Vater betrifft. Ich kann also nur spekulieren. Vielleicht führte der Sheïk damals Dokumente mit sich, die die wahren Besitzverhältnisse regelten? Oder aber Belege dafür, was in diesem Wüstengebiet für Rohstoffe geschürft werden können. Wobei das ja eher kontraproduktiv gewesen wäre, da er die Parteien dadurch indirekt darüber aufgeklärt hätte, was Portugal so sehr an dem Areal interessierte. Andererseits kann ich mir vorstellen, dass er gar nicht die Absicht hatte, diese Dokumente den Verhandlungspartnern vorzulegen. Vielleicht wollte er damit ja an die Öffentlichkeit, während hinter verschlossenen Türen noch darum geschachert wurde. Egal, was auch immer sich abgespielt hat, der Maghrebiner konnte den Verkauf nicht verhindern. Schlimmer noch, er bezahlte mit seinem Leben für den bloßen Versuch. Wir müssen rausfinden, wer damals bei diesem Treffen im Hotel Oriente dabei war und natürlich auch, wer damit beauftragt war, ungebetene Gäste von dort fernzuhalten.«

»Vor allem muss ich als Erstes mit diesem Sohn sprechen«, verlangte Helena.

Henrik zögerte mit seiner Antwort. »Das könnte ein Problem werden. Wie du vorhin schon festgestellt hast, hat er sich mit seiner Vermutung nicht an die Polizei gewandt. Und er sah mir nicht danach aus, als würde er diesen Schritt jetzt doch in Erwägung ziehen.«

»Was soll das heißen?«

Henrik musterte erneut die vielen Leute, die sich hier oben versammelten. Gab es darunter jemand, der sich statt für den Blick über die Stadt mehr für Helena und ihn interessierte? Unzählige Fotos wurden gemacht, vor allem Selfies, aber alle von ihnen weg. Allerdings war es schlichtweg unmöglich, jede Person mit einer Kamera oder einem Handy im Auge zu behalten. Vorsorglich senkte er die Stimme. »Ich bin mir ziemlich sicher, dass er auf Rache aus ist. Von daher wäre es gut, wir finden die Leute, die den Tod des Sheïks zu verantworten hatten, bevor er es tut.«

Er sah ihr an, wie unglücklich sie über diesen Vorschlag war. »Warum hat er überhaupt mit dir gesprochen?«

»Er wollte von mir hören, was ich weiß. Und ich gehe davon aus, dass er dieser Unterhaltung nur zugestimmt hat, weil er nichts von meiner Polizistenfreundin ahnte. Dabei möchte ich es gerne belassen.«

»Du wirst verstehen, dass ich damit nicht einverstanden bin«, fauchte sie. »Wann triffst du ihn wieder?«

»Wenn er es für angebracht hält. Und bevor du fragst, ich hab keinen Schimmer, wie ich an ihn rankomme, wenn er es nicht will.«

»Aber was habt ihr denn ausgehandelt? Was ist der Deal?«

»Informationen über das verkaufte Gebiet gegen den Namen des Mörders. Das ist der Deal.«

Sie schüttelte den Kopf. Ihm war von vornherein klar gewesen, dass sie nichts davon halten würde. Vor allem nicht, weil er von ihr verlangte, sich offiziell herauszuhalten. Allein die vielen Leute ringsherum waren wohl der Grund, warum sie ihr Temperament noch zügelte. In ihren Augen war deutlich zu sehen, wie sie innerlich brodelte. Trotzdem riskierte er, nach etwas zu fragen, was ihn seit ihrem ersten Treffen wegen dieser Sache fortwährend beschäftigte. »Warum hast du mich überhaupt in diesen Fall eingeweiht, ja sogar mit ins Boot genommen? Das kam doch nicht aus heiterem Himmel. Nicht nachdem du zuletzt so vehement auf Distanz gegangen bist.«

Helena legte die Stirn in Falten. Wahrscheinlich ging ihr auf, dass sie sich ebenso wenig vor ihm verstellen konnte, wie er sich vor ihr. Obwohl sie ohnehin schon aufgewühlt war, gelang es ihr, weiterhin die Fassung zu wahren. Sie quetschte lediglich die Plastikflasche in ihrer Faust zusammen, in der sich noch ein kleiner Rest Mineralwasser befand.

»Dieser Sheïk ... Wir gehen davon aus, dass er bei Martin im Antiquariat war oder ihn zumindest getroffen hat«, gab sie nach einigen Sekunden schließlich zu.

Henrik war so verblüfft, dass er sich nun selbst beherrschen musste, um nicht laut zu werden. »Wie kommt ihr darauf?«

»Der Zersetzungsgrad von dem, was bei ihm gefunden wurde, war sehr hoch, das habe ich dir ja schon gesagt ... Nichtsdestotrotz, er trug eine Umhängetasche aus Kamelleder mit sich, und darin haben wir die Überreste eines Buchs gefunden. Die Forensiker konnten einen Stempelabdruck, der sich auf der Innenseite des Umschlags befand, wieder sichtbar machen. Dieser Stempel stammte vom Antiquariat in der Rua do Almada.«

29

Henrik war sauer, dass sie ihn nicht gleich bei ihrer ersten Begegnung darüber informiert hatte. Und das war bei Weitem nicht die einzige Gelegenheit, die sie gehabt hatte. Aber kein Wort, all die Tage nicht, seit sie sich im Hotelgarten des Oriente begegnet waren! Überhaupt, wann wäre sie wohl damit herausgerückt, wenn er sie nicht heute dazu genötigt hätte, hinauf zur *Senhora do Monte* zu steigen?

Mit ein paar tiefen Atemzügen versuchte er seine Wut zu zügeln. Er selbst war ja nicht besser. Hatte nicht auch er von Beginn an auf die gute alte Salamitaktik gesetzt und immer nur so viel herausgelassen, wie er es für richtig hielt? Dieser Gedanke half ihm dabei, seinen erhöhten Puls zu verlangsamen und sich wieder auf die Fakten zu konzentrieren. Sich über Helena und sich selbst zu ärgern, war alles andere als sinnvoll. Sie brauchten eine Strategie, nur so kamen sie jetzt weiter. Eine Strategie, die darauf basierte, mehr von und über Said und dessen Pläne zu erfahren. Helena war anzusehen, dass sie ihm den Berber nur widerwillig überließ, aber sie verstand, dass sie keine andere Option hatte. Im Gegenzug konnte sie ihre Ermittlungen ohne weitere Ablenkung darauf ausrichten, die Ereignisse im Hotel Oriente an jenen Tagen im Frühjahr 1993 zu rekonstruieren. So konnte sie neben Eduardo Lemos weitere Personen ausfindig machen, um sie zu befragen. Auch wenn das Henriks Meinung nach nicht viel bringen würde. Niemand von den Personen, die vor fünfundzwanzig Jahren dieser Zusammenkunft beigewohnt hatten, würde freiwillig mit ihr reden. Dafür waren diese Leute zweifellos zu wichtig, zu hoch in irgendwelchen Hierarchien angesiedelt, selbst wenn sie zum heutigen Zeitpunkt nicht mehr in Amt und Würden standen. Unantastbar, wie die Namenlosen es in der Regel eben waren. Keiner von denen würde das Maul aufmachen, auch nicht vor einer Kriminalkommissarin, solange diese keine von der Staatsanwaltschaft unterschriebene Weisung vorlegen konnte. Und die würde sie nicht bekommen, nicht mit dem, was sie bislang beisammenhatte. Ihre Vorgesetzten hatten ihr diese Ermittlung aufs Auge gedrückt, um sie zu beschäftigen, und das auch nur unter der Voraussetzung, dass sie kein Aufhebens von der Sache machte. Nicht geplant war eine Ermittlungsbeamtin, die ihre Nase in Dinge steckte, die hochrangige Persönlichkeiten womöglich in Erklärungsnot brachten. Und falls sie dies trotzdem in Erwägung zog, musste sie äußerst sensibel vorgehen und vor allem darauf achten, wem sie ihre Fragen stellte. Denn sobald sich jemand auf den Schlips getreten fühlte und sich an höherer oder gar höchster Stelle beschwerte, waren ihre Ermittlungen beendet. Also musste sie nicht nur sensibel, sondern auch schnell sein, bevor die erste Beschwerde einging und ihr Dezernatsleiter den Fall für abgeschlossen erklärte. Darüber waren sie sich einig.

»Kannst du vielleicht noch was anderes herausfinden?«, fragte er vorsichtig, nachdem sie sich schon erhoben hatte.

»In Zusammenhang mit dem Fall?«

»Indirekt«, wandte er ein und senkte den Blick. »Ich muss wissen, wer unten am Largo do Intendente in den letzten Jahren so groß investiert hat.«

»Indirekt, aha«, wiederholte sie, rollte mit den Augen, behielt aber jeglichen Kommentar für sich.

»Es ist wichtig!«, beharrte Henrik.

Ohne darauf zu antworten, verabschiedete sie sich kurz angebunden und ließ ihn auf den steinernen Stufen des Kirchenportals zurück. Dort blieb er noch eine Weile sitzen, vor allem, um zu überprüfen, ob ihr jemand folgte. Vielleicht hätte er sie noch warnen sollen? Erst als er sicher war, dass niemand unmittelbar nach ihr die Aussichtsplattform verließ, machte auch er sich auf den Weg. Mit dem Kopf voller Zweifel und möglicher Szenarien, betrat er eine gute halbe Stunde später das Antiquariat. Catia stand hinter dem Verkaufstresen und wirkte bei seinem Auftauchen einigermaßen erschrocken. Gerade so, als hätte er sie bei etwas Verbotenem ertappt.

»Was ist?«

»Du ... hast Besuch«, antwortete sie leise.

»Wurde auch Zeit«, sagte seine Mutter und trat zwischen zwei der Bücherregale hervor. »Wo treibst du dich denn herum? Wäre es nicht besser, sich um den Laden zu kümmern?«

Er war zu perplex, um darauf zu antworten.

»Nicht mal Kaffee bekommt man hier angeboten. Aber gut, das Gerüst schreckt ohnehin jeden potenziellen Kunden ab, warum sich also groß Mühe machen«, stichelte sie. »Dieser unannehmbare Zustand muss schleunigst beseitigt werden, sind wir uns da einig?«

»Zustand?«, wiederholte er begriffsstutzig. *Was macht sie hier, Himmelherrgott!*

»Deine Mitarbeiterin fühlte sich jedenfalls nicht in der Lage, mir das Gutachten für die Sanierung auszuhändigen«, fuhr Simone ungerührt fort. »Ich will mir natürlich zuerst einen Überblick verschaffen, was mich erwartet, das verstehst du ja wohl, mein Sohn.«

Mein Sohn!?

»Also, jetzt halte hier nicht Maulaffen feil. Her mit den Akten, bevor ich mir in dieser Bruchbude noch eine Staublunge hole!«

»Mama … ich versteh überhaupt nicht …«

»Was kann man da nicht verstehen? Du willst, dass ich investiere, und ich will wissen, auf was ich mich einlasse. Ich begreife ohnehin nicht, woher der finanzielle Engpass kommt. Dir stehen die Mieteinnahmen von drei Wohnungen in diesem Haus zur Verfügung. So schlecht kann man doch gar nicht wirtschaften …«

Er warf Catia einen aufgescheuchten Blick zu, dann fiel er seiner Mutter ins Wort. »Moment, niemand hat eine Investition verlangt. Ich habe von einem *Kredit* gesprochen.«

Simone trat ganz nahe an ihn heran. Ihr Parfüm überlagerte alle anderen Gerüche im Laden, das Odeur des kontinuierlichen Verfalls der Ware, wie auch den des Hauses selbst.

»*Natürlich* reden wir hier von einer Investition, oder wie soll ich den Aufwand sonst steuerlich geltend machen?«

Was sollte er noch sagen? Gewährte sie ihm nicht gerade, wonach er verlangt hatte? Wenn auch nicht zu seinen, sondern ausschließlich zu ihren Konditionen.

Und doch. Dieser Schritt seiner Mutter auf ihn zu, der nach ihrer letzten Begegnung ebenso unerwartet wie widersinnig schien, bot ihm die einzige Chance, das zu erhalten, was unbedingt erhalten werden musste. Drehte sie den Geldhahn auf, konnte er das Antiquariat retten und damit auch alle darin verborgenen Geheimnisse.

30

Simone packte den Aktenordner mit den Gutachten und Renovierungsplänen in eine Hochglanzeinkaufstüte, auf die ein goldfarbenes Gucci-Emblem gedruckt war, und stieg in das Taxi, das vor dem Antiquariat wartete. Mit wenig Widerstand hatte er ihr ausgehändigt, wonach sie verlangte. Jetzt, im Eingang zum Laden stehend, sah er ihr nach, wie sie sich zurück ins Hotel chauffieren ließ. *Lass den Dingen ihren Lauf,* sagte er sich. Obwohl ihn der Auftritt seiner Mutter ärgerte, fühlte er sich doch auch von einer zentnerschweren Last befreit. Eines seiner Probleme, das ihm auf der Seele lag, schien zumindest auf eine Lösung zuzusteuern. Nicht die, die er sich ausgerechnet hatte, aber dennoch … *Was ist bloß passiert, dass sie ihre Meinung geändert hat?*

Er würde einige Kämpfe austragen müssen, sollte seine Mutter die Finanzierung übernehmen, das war unter diesen Umständen vorprogrammiert. Es war nur zu hoffen, dass er einen gewissen Widerstand aufrechterhalten konnte. So wie er sie verstanden hatte, plante sie eine Komplettsanierung – was auch die vermieteten Wohnungen im Haus betraf. Vermutlich stellte sie sich schicke, luxuriöse Appartements vor, für die man dann hohe Wohnentgelte verlangen konnte. In bester Innenstadtlage. Die Goldgrube schlechthin, bedachte man den wirtschaftlichen Aufschwung, den das Land soeben durchlebte.

Momentan war Henrik allerdings nicht in der Verfassung, über das Schicksal seiner bisherigen Mitbewohner nachzudenken. Auch nicht über alle möglichen anderen Forderungen, die seine Mutter stellen mochte. Noch überwog die flüchtige Freude über die Rettung seines Erbes. Plötzlich übermannte ihn der unbändige Wunsch, jemandem davon zu berichten, also wählte er die Nummer von Anabela de Castro.

»Henrik, schön von Ihnen zu hören«, meldete sie sich.

»Ich habe gute Nachrichten, Anabela!«

»Sie haben doch nicht etwa …?«

Er wusste sofort, worauf sie anspielte, und er beeilte sich, ihre Erwartungen zu dämpfen. Schließlich fehlte ihm nach wie vor jeder Beweis, um den Mörder von João de Castro benennen zu können. Noch. »Äh, es geht um das Antiquariat«, sagte er. »Wie es scheint, wird es weiter bestehen.«

»Oh, das ist allerdings erfreulich«, erwiderte Anabela, ohne ihre Enttäuschung verbergen zu können.

Sollte er doch erwähnen, dass er auch in der Ermittlung zur Ermordung ihres Bruders eine heiße Spur verfolgte?

»Hören Sie, Henrik, ich bin gerade sehr beschäftigt. Warum treffen wir uns nicht, und Sie berichten mir in aller Ruhe? Sagen wir, in zwei Stunden. Ich erwarte Sie im Jardim do Príncipe Real, unter dem Wacholderbaum. Den können Sie nicht verfehlen, selbst wenn Sie den Park noch nicht kennen.«

Er überlegte kurz. Die Verabredung passte nicht in seinen Zeitplan, allerdings war es auch nicht verkehrt, erneut das Gespräch mit Joãos Schwester zu suchen, um gegebenenfalls noch mehr über den *Mann ohne Nabel* in Erfahrung zu bringen. Daher sagte er zu. In zwei Stunden also. Genug Zeit, sich noch frisch zu machen, denn das hatte er bitter nötig. Genug Zeit auch, um sich weiter mit der Renovierung zu befassen. Musste er sich ein neues Bauunternehmen suchen, da er das bisherige ja nicht mehr hatte bezahlen können? Ein verwegener Gedanke durchfuhr ihn. Vielleicht konnte er Said und seine Truppe anheuern?

Dieser Einfall beschäftigte ihn gegen seinen Willen, bis er sich frisch umgezogen auf den Weg machte. Er musste nicht nachsehen, wie er zum Jardim do Príncipe Real gelangte. Die Route war ihm vertraut, auch wenn er an dem Park – an der Rua Dom Pedro V gelegen – bislang nur vorbeigegangen war. Nie hatte sich dabei eine Gelegenheit geboten, den Park zu betreten. Dabei waren die alten, hoch in den Himmel wachsenden Maulbeerbäume, die mit ihren Luftwurzeln wie Urwaldriesen anmuteten, nicht nur höchst beeindruckend, sondern spendeten auch großzügig Schatten. Darunter befanden sich praktischerweise die Tische eines Straßencafés.

Anabela hatte nicht übertrieben. Der Riesenwacholder, den sie ihm beschrieben hatte und den er nun beim Betreten der Grünanlage erstmals zu sehen bekam, war ein Gigant – nicht was die Höhe, sondern was Breite und Volumen anging. Unter seinem ausladenden Astwerk, das von einer hübsch verzierten Stangenkonstruktion gestützt wurde, standen Bänke im Kreis um den mächtigen, bizarr verwundenden und verzweigten Stamm. Ein Gewächs wie aus einem Fantasyroman. Anabela erwartete ihn auf einer der Bänke. Sie schien stets überpünktlich zu sein. Wie immer war sie mit konservativer Eleganz gekleidet und ähnelte darin seiner Mutter. Nur dass *sie* echtem Adel entstammte. Nicht dass sie ihn das je hätte spüren lassen. Aber er hatte natürlich über das blaublütige Geschlecht der de Castros recherchiert.

Die de Castros und die de Braganças. Wie standen sie eigentlich zueinander? Waren sie womöglich verfeindet? Diese Fragen hatte ihm das Internet leider nicht beantworten können. Aber vielleicht konnte das Anabela. Und vielleicht war jetzt genau der richtige Zeitpunkt, es von ihr einzufordern. Angesichts des zunehmend dringenden Verdachts, den er mittlerweile Rafael de Bragança gegenüber hegte, wäre es geradezu nachlässig gewesen, es nicht zu tun. Anabela hatte sich einer intensiveren Befragung bisher immer geschickt entzogen, und er hatte nicht aufdringlich sein wollen – immerhin war er auf das Geld der de Castros angewiesen. Doch daran hatte sich nun ja einiges geändert. Er sollte die Gelegenheit heute auf jeden Fall nutzen, sagte er sich.

Anabela blickte auf und winkte ihm. Was ihr Alter anging, tat er sich schwer. Ihr schmales Gesicht war zwar nach wie vor nahezu faltenlos, doch durchzogen deutliche silbrige Strähnen ihr hochgestecktes Haar. Natürlich hatte er es nicht gewagt, nach ihrem Alter zu fragen, aber er schätzte sie auf Ende fünfzig. Eine Vermutung, die vor allem darauf basierte, dass ihr Bruder wohl ähnlich alt wie sie gewesen war. Zwei, drei Jahre älter vielleicht. Ihr fortwährendes Bestreben, endlich zu erfahren, was ihrem Bruder zugestoßen war, legte nahe, dass sie mit João einst eng verbunden gewesen war. Eben so wie Geschwister, die nicht viele Jahre voneinander trennten, was auch auf ihn und seine Schwester Miriam zutraf.

Obschon Anabela de Castro auch heute Haltung bewahrte, konnte er ihr ansehen, dass sie Sorgen hatte. Schon bei ihrer letzten Begegnung hatte er den Eindruck gehabt, dass etwas an ihrem Leben anders geworden war, sich zum Schlechteren gewandelt hatte. Er wusste von den finanziellen Problemen, die sie ihm zwangsläufig hatte gestehen müssen, als sie die Baufirma nicht mehr bezahlen konnte. Aber wenn er sich ihre blasse Haut und ihre Augen betrachtete, vermutete er sogar noch größere Probleme …

»Setzen Sie sich zu mir, Henrik!«, forderte sie ihn auf und tätschelte die Stelle auf der Bank, die sie für ihn vorgesehen hatte. »Sie haben mich neugierig gemacht. Wer ist Ihr neuer Gönner?«

Er nahm neben ihr Platz, mit so viel Abstand, dass sie sich einander bequem zuwenden konnten. Unter dem großen Wacholderbaum zu sitzen, fühlte sich … besonders an. Als würde der riesige Baum alles von ihm abschirmen. Die Gespräche der Leute, die in dem Park unterwegs waren, den Verkehrslärm der umliegenden Straßen, all das Schlechte dieser Welt … Sofort beschloss er, öfter an diesen Ort zu kommen, wenn er eines stillen Moments bedurfte. Hinzu kam der angenehm aromatische Duft, den das Holz des Baumes verströmte.

»Es ist eine Gönnerin«, antwortete er schließlich. »Meine Mutter kommt mir zu Hilfe, wenn Sie so wollen.«

»Das ist wunderbar«, erwiderte sie, beugte sich ein Stück vor und legte ihm die Hand auf den Arm. »Ich bin wirklich sehr froh! Diese unangenehme Situation hat mich in letzter Zeit kaum mehr Schlaf finden lassen, wo ich Ihnen doch zuvor so fest versprochen hatte, das Haus und das Antiquariat zu erhalten.«

Henrik lächelte. »Dann tun Sie mir doch jetzt den Gefallen, und grämen Sie sich nicht weiter. Nicht dass Ihnen diese leidige Angelegenheit auch noch gesundheitlich zusetzt.« Damit hatte er das Gespräch schon in die Richtung gelenkt, die ihm vorschwebte.

»Ich bitte Sie! Sorgen Sie sich nicht um mich! Ich werde Ihrem Beispiel folgen und auch für unsere geschäftlichen Schwierigkeiten bald eine Lösung finden. Was halten Sie davon?« Sie lächelte zaghaft, denn sie schien selbst zu wissen, dass sie sich nicht besonders zuversichtlich anhörte. »Erzählen Sie mir lieber, woran Sie gerade arbeiten!«

Sie sprach es nie offen an, doch natürlich interessierte sie sich immer für seine Fortschritte hinsichtlich der Ermordung ihres Bruders. Dabei hätte sie ihn ruhig direkt fragen können. Immerhin hatte er den Namen Rafael de Bragança erstmals aus ihrem Mund gehört. Letztlich ging es nur noch darum, ihr zu bestätigen, was sie ohnehin vermutete. Das de Bragança derjenige war, den ihr Bruder früher *o homem sem umbigo,* den *Mann ohne Nabel,* genannt hatte. Ein Euphemismus, den Henrik immer noch nicht durchschaute. Wieso diese Bezeichnung, aus der sein Onkel schließlich den Begriff *Dämon* abgeleitet hatte, indem er sich die Anfangsbuchstaben der Worte aneinanderreihte: dMoN.

War es schlichtweg nur ein weiteres Rätsel? Oder steckte eine tiefere Bedeutung dahinter? Wieso sollte jemand keinen Nabel besitzen?

Nun, was auch dahintersteckte, es gab zwar keinen Zweifel mehr an seinem Hauptverdächtigen, und doch hatten sie noch immer nichts in der Hand. Nicht, solange dieser Mann seine Tat nicht selbst zugab. Eine Tat, über deren Verlauf zu sprechen Anabela erst vor ein paar Wochen wirklich bereit gewesen war.

Man hatte João damals ertrunken im Swimmingpool der elterlichen Villa draußen in Estoril gefunden. Die Eltern, die zu jener Zeit in den USA weilten, hatten dem Sohn das Anwesen für eine Gartenparty zur Verfügung gestellt, weil

João einen angemessenen Ort brauchte, um mit Freunden und Bekannten einen neuen, lukrativen Galerievertrag zu feiern. Anabela hatte Henrik in diesem Zusammenhang auch erklärt, dass Martin bei derlei Festivitäten nicht gerne dabei war, da sein Onkel sich unter diesen avantgardistisch gesinnten Leuten zu unwohl fühlte. Deshalb war er auch jener Party im Jahre 1988 ferngeblieben, die ein so schicksalhaftes Ende gefunden hatte, nachdem alle Gäste gegangen waren. Alle bis auf denjenigen, der dem Künstler zuerst eine Champagnerflasche über den Schädel geschlagen und ihn nach seinem Sturz in den Pool dort ertränkt hatte. Noch ein Toter in einem Swimmingpool, dachte Henrik mit plötzlicher Irritation und fragte sich, ob Martin sich auch wegen dieser Parallele für den Mord an dem Maghrebiner interessiert hatte. Wobei ihm immer noch nicht klar war, wie sein Onkel überhaupt von dem tragischen Schicksal Sheïk Salamahs hatte wissen können, dessen Leiche doch die ganze Zeit unauffindbar gewesen war ...

Nun, wie auch immer, Joãos Schädelfraktur hatte damals nicht unmittelbar zum Tod geführt, jemand hatte in voller Absicht dafür gesorgt, dass sich seine Lunge mit Wasser füllte. So zumindest war die Tötung in den Untersuchungsakten in Berufung auf die Spurensicherung rekonstruiert und verzeichnet worden. Die zuständigen Ermittler brachten zudem schnell Drogen ins Spiel und sprachen in der Folge nicht mehr von einem zwanglosen Sommerfest, sondern von einer Orgie, die letztlich aus dem Ruder gelaufen war. Etwas anderes war aus Sicht der für den Fall abgestellten Kriminalbeamten bei einer Schwulenparty mit reichen, verhätschelten jungen Leuten schließlich nicht zu erwarten. Diese unterschwellig geäußerte Kritik an der Lebensweise von João war es auch, die selbst seine Eltern so sehr ins Wanken brachte, dass sie der Argumentation der Behörden folgten. Oder sich deren Vorurteilen widerspruchslos beugten. Dabei ging es auch um ihr Ansehen in der Gesellschaft, in der sie sich bewegten. Die kaum mehr zu verleugnende Homosexualität ihres Sohnes hatte damals längst wie ein Damoklesschwert über ihren Köpfen gehangen. Also fügten sie sich zuletzt auch dem Urteil der Gerichtsmedizin, dass sich die Kampfspuren, die Joãos Körper aufwies, einem übertrieben heftigen Sexualakt verdankten. Dass im Blut des Malers nur Alkohol, aber keine halluzinogenen Substanzen gefunden werden konnten, wurde nicht weiter berücksichtigt. Ebenso wie weitere fragwürdige forensische Spuren, die auf einen Tathergang mit Totschlagsabsicht hindeuteten. Der Unfall im Rausch aus Leidenschaft und bewusstseinstrübenden Mitteln war nur allzu bald zur feststehenden Tatsache geworden.

Natürlich hatte Henrik nach der Gästeliste gefragt und danach, ob darauf auch ein ganz bestimmter Name zu finden gewesen war. Aber zum einen gab es so eine Liste nur im übertragenen Sinne und nicht auf Papier – und zum anderen hatte keiner der zum Verhör geladenen Partyteilnehmer einen Gast namens Rafael de Bragança erwähnt. Natürlich bedeutete das nicht, dass er nicht einfach später gekommen war, als alle anderen schon gegangen waren.

»Was war mit der Champagnerflasche?«, hatte Henrik noch wissen wollen.

»Die fand man in Hunderte Scherben zerbrochen auf der gemauerten Kante der Poolumrandung; Fingerabdrücke oder anderweitig brauchbare Spuren konnten nicht gesichert werden«, hatte Anabelas Antwort gelautet, als würde sie jede Zeile der Ermittlungsakte auswendig kennen.

»Henrik, alles in Ordnung?«, hörte er Anabela neben sich. Er stellte fest, dass ihre Hand immer noch auf seinem Arm lag.

»Ja, ja, entschuldigen Sie, ich war nur ...«

Sie lächelte. »Sie haben für einige Sekunden sehr abwesend gewirkt, als hätte Sie eben ein bedeutsamer Einfall ereilt. Worum ging es denn dabei?«

Während er noch nach einer passenden Antwort suchte, überfiel ihn ein unerwarteter Gedanke. Beinahe im Flüsterton formulierte er die Frage, die ihm just in diesem Moment durch den Kopf geschossen war: »Ihr Bruder, war er jemals in Marokko?«

31

Zuerst sah sie ihn verwundert an und schien nicht recht beurteilen zu können, wieso er ausgerechnet diese Frage stellte. Dann lächelte sie wieder.

»Haben Sie jetzt etwa auch noch eines seiner Bilder aus dieser Phase gefunden? Das ist ja fantastisch!«

Nun war er es, der ihr sanft die Hand auf den Unterarm legte. »Da muss ich Sie enttäuschen. Nein, es sind keine weiteren Bilder von João im Antiquariat aufgetaucht. Aber erzählen Sie mir bitte von dieser Reise, die Ihr Bruder nach Nordafrika unternommen hat, es ist wichtig!«

»Sehr wichtig?«, wollte Anabela wissen.

»Sehr wichtig, vermute ich zumindest.«

Anabela de Castro bekam einen verklärten Blick, der sich über die Traurigkeit legte, die sie umfing, und ihr in diesem Moment eine fast ätherische Attraktivität verlieh. Zart wie eine Waldnymphe, dachte Henrik. Es musste der Baum sein, unter dem sie saßen, dieses weiche Licht, das gefiltert durch sein dichtes Blattwerk sickerte.

»Das liegt sehr lange zurück. Mehr als vierzig Jahre. João war noch sehr jung. Und wild. Er war immer wild, aber zu dieser Zeit war er schlicht nicht zu bändigen. Die Kunst bestimmte sein Leben vollkommen. Er hatte so viele Gedanken in seinem Kopf, so viele Ideen und wusste oft gar nicht, wie er sie herauslassen sollte. Über seine Bilder natürlich, aber er konnte gar nicht so schnell malen, wie es die Kreativität in ihm verlangte. Ich habe damals immerzu versucht, ihn zu schützen. Vorrangig vor meinen Eltern natürlich, die sich schwertaten, einen Künstler als Sohn zu akzeptieren. Irgendwann in der Zeit kam er mit dem Einfall, in die Wüste zu gehen. Jemand aus der Kunstakademie, vermutlich einer der Professoren, hatte von dem Licht dort geschwärmt, und diese Vorstellung ließ ihn nicht mehr los. Er musste es sehen, dieses Licht, koste es, was es wolle. Ich mache es wie Jesus, sagte er zu unseren Eltern, und gehe vierzig Tage in die Wüste ... aber auch das konnte sie nicht überzeugen. Sie wussten, es hatte nichts mit Glauben zu tun, zumindest nicht mit dem ihren. João besaß seine eigene Religion. Doch er hätte sogar in Kauf genommen, dass sie ihn enterbten. Was seine Malerei anging, war er besessen. Und wir wussten alle, wenn er sich einbildete, das Licht in der Wüste malen zu müssen, würde ihn nichts und niemand davon abbringen. Vermutlich war es in den Siebzigerjahren sogar einfacher als heute, so eine Reise anzutreten. Politisch betrachtet. Oder aus religiöser Sicht. Sie wissen, was ich damit sagen will, oder? Die Araber, die Maghreb oder wer auch immer, waren damals weniger radikal, was ihren Glauben anging. Sie waren zu jener Zeit eher auf ... andere Art gefährlich. Ich erinnere mich, ich hatte Bilder im Kopf von Überfällen auf Karawanen durch vermummte, Krummsäbel schwingende Räuberbanden ... aber ich schweife ab, bitte verzeihen Sie!«

Mit einer stillen Geste bat Henrik sie fortzufahren.

»Jedenfalls reiste João nach Marokko und blieb dort einige Monate. Wir waren so lange ohne Nachricht, dass ich dachte, er wäre tot. Von Beduinen entführt und umgebracht, in der Wüste verdurstet, in einem Sandsturm umgekommen. Ich machte mir schwere Vorwürfe, dass ich ihn gegen die Einwände meiner Eltern verteidigt und ihm geholfen hatte. Ihn eigenhändig der Wüste ausgeliefert hatte, wenn Sie so wollen. Doch dann kehrte er zurück, mit diesen aufregenden, wunderschönen Bildern im Gepäck, die er dort unten gemalt hatte. Es war ihm in der Tat gelungen, er hatte es eingefangen, dieses unbeschreibliche Licht der Wüste, und das zu jeder Tages- und Nachtzeit.«

»Was ist aus den Bildern geworden, wo sind sie jetzt?«

Sie zuckte kaum merklich mit den Schultern. Die Traurigkeit war zurück und legte sich über ihr Mienenspiel. »Alle zusammengekauft von einem anonymen Sammler. Sie sind niemals irgendwo ausgestellt worden und in keiner Galerie aufgetaucht. Es ist eine Schande.«

Auch er bedauerte das. Nicht allein des künstlerischen Aspekts wegen, sondern vielmehr weil die vage Chance bestand, dass der Maler nicht nur die Schönheit und Rauheit der Natur abgebildet hatte. »Was hat João von seiner Reise berichtet?«, wollte er wissen. Er spürte, dass dieses Treffen mit Anabela eine Veränderung bewirken konnte, ohne dass er konkret zu benennen vermochte, wohin diese Veränderung ihn führen würde.

»Mein Bruder hat nie viel darüber erzählt, es war ihm wichtig, allein seine Bilder sprechen zu lassen. Ich weiß nur, dass er tatsächlich die meiste Zeit mit einem Nomadenstamm durch die Wüste gezogen ist. Auf der Suche nach Motiven und spiritueller Erfahrung, wie er behauptete. Was naheliegend war, denn niemand kannte sich dort unten besser aus als die dort ansässigen Beduinenvölker. Ich denke, er hat gewissermaßen durch die Augen dieser Menschen gemalt, ihren Blick auf die Orte festgehalten, an denen sie lebten. Ja, so in der Art hat er es beschrieben. Aber ich kenne keine Namen, kann Ihnen nicht sagen, wo genau er überall war. Das wusste er vermutlich selbst nicht. Es tut mir leid, wenn ich Ihnen darüber keine bessere Auskunft geben kann«, entschuldigte sie sich. »João hat auch nie so etwas wie ein Tagebuch geführt, was es leichter gemacht hätte.«

Ein Tagebuch. Daran hatte Henrik nie gedacht. Aber Martin vielleicht? Möglicherweise wusste Anabela nicht alles über ihren Bruder, und es lohnte sich, im Antiquariat danach zu suchen. Aber auch ohne persönliche Aufzeichnungen von João de Castro war das, was er eben erfahren hatte, eine überaus brauchbare Information. »Ich danke Ihnen sehr, Anabela, Sie haben mir mehr geholfen, als Sie es vermutlich beabsichtigt haben.

»Sie sind nicht weniger rätselhaft, als Ihr Onkel es war«, stellte sie fest. Dann beugte sie sich zu ihm hin und küsste ihn auf die Wange. »Seien Sie vorsichtig!« Damit stand sie auf und trat aus dem Schatten des Wacholderbaums hinaus ins grelle Sonnenlicht, was sie für ihn beinahe unsichtbar werden ließ. Anabela de Castro, reduziert auf eine Luftspiegelung, eine Fata Morgana.

Weil dieser Platz im Schutz des uralten Baumes ein guter Ort zum Nachdenken war, blieb Henrik sitzen. Erstmals seit Tagen fühlte er sich wieder wie er selbst und war beinahe dazu geneigt, das der besonderen Aura dieses Baumes zuzuschreiben. Er musste über sich selbst lächeln und konzentrierte sich wieder auf seine Ermittlungen. João war also in Marokko gewesen, irgendwann in den Siebzigerjahren. Unterwegs mit einem Beduinenstamm. Er stellte sich den Maler auf dem Rücken eines Kamels vor, mit nichts als Pinsel, Farben und Leinwänden im Gepäck. Wahrscheinlich ein zu verträumtes, aus der Zeit gefallenes Bild. Aber das spielte letztlich keine Rolle. João hatte dort in der Wüste etwas erfahren, womöglich beim romantischen Zusammensitzen mit seinen nomadischen Begleitern am Lagerfeuer. Noch eine Vision von abenteuerlichem Gefühlsüberschwang, die sich ihm da aufdrängte. Doch womöglich hatten die Maghrebiner dem Maler aus Europa nicht nur von ihrem Geheimnis erzählt ... sondern es ihm sogar gezeigt.

Ohne jeden Beleg in Form von Gemälden oder schriftlichen Aufzeichnungen kam Henrik zu dem Schluss, dass es genau so gewesen sein musste. Und dass João dieses Geheimnis nach seiner Rückkehr zwar seiner Familie gegenüber für sich behalten, es aber an jemand anderen verraten hatte. Und zwar in einem leichtsinnigen Moment, sehr wahrscheinlich berauscht von ekstatischer Leidenschaft. In genau so einem Moment war ihm herausgerutscht, worüber er nie hätte sprechen dürfen, auch nicht mit seinem damaligen Geliebten, der kein anderer war als Rafael de Bragança.

Ein Geheimnis, das dann der *Mann ohne Nabel* lange Jahre gehütet hatte, auch wenn er schon damals ein Geschäft gewittert haben mochte. Doch er konnte abwarten, in Geduld gehüllt wie eine Zecke, die jahrelang ausharren konnte, bis das ideale Opfer unter dem Ast durchging, auf dem sie hockte und von dem sie sich im richtigen Moment fallen ließ. Für de Bragança war der passende Zeitpunkt rund fünfzehn Jahre später gekommen. Darauf hatte er gelauert oder womöglich auch hingearbeitet, so wie Menschen mit Weitblick es zu tun pflegten. Und so schaffte er es über einen Vorstandposten bei EP – Henrik ging davon aus, dass er eine derartige Funktion innehatte – den Kauf dieses Wüstengebiets durchzusetzen, wenn auch unter falschen Voraussetzungen, nämlich unter dem Vorwand, dort einen Solarpark errichten zu wollen. Was für einen Energiekonzern eine logische Begründung für den Erwerb dieser Landfläche darstellte. Und wenn der marokkanischen Regierung der wahre Wert dieses Gebiets tatsächlich nicht bewusst war ... Das war natürlich alles extrem spekulativ, und Henrik hatte keine Ahnung, wie er auch nur irgendetwas davon beweisen sollte. Vor allem solange er keine Ahnung hatte, was die Portugiesen dort in Wahrheit erworben hatten.

Und da war auch noch eine andere Sache. Selbst wenn de Bragança dies alles hatte einfädeln können und immer darauf bedacht gewesen war, dass Sheïk Salamah seine Machenschaften nicht gefährden konnte, hatte er den Sahraoui sicher nicht eigenhändig ermordet. Für solche Aufträge verfügte er über Personal, wie Henrik nur zu gut wusste. Zwangsläufig musste Henrik an den Söldner denken, diesen glatzköpfigen Mann mit dem Vollbart und den kalten Augen, mit dem er schon mehrfach aneinandergeraten war. Wer hatte diese Drecksarbeit wohl vor einem Vierteljahrhundert für de Bragança erledigt?

Tief sog er den aromatischen Duft des Wacholderbaums ein – und wusste mit einem Mal, was zu tun war. Oder besser, wer ihm dabei helfen konnte, den Dämon aus seinem Unterschlupf zu locken.

32

Entgegen seinem ersten Impuls hatte er die Visitenkarte nicht weggeworfen. Seine Verabredung schlug eine kleine Kneipe in der Travessa da Espera im Bairro Alto vor, was ihm gerade recht war. »Warten wir die Dunkelheit ab«, lautete die Devise, als es um die Uhrzeit ging, und auch das kam Henrik gelegen. Damit blieb ihm noch Zeit, an seinem weiteren Vorgehen zu tüfteln. Und um über Rafael de Bragança nachzudenken, denn egal welche möglichen Szenarien er erschuf, er landete immer wieder bei dem Dämon – dem *Mann ohne Nabel.* Wenn er die Person war, für die Henrik ihn hielt, hatte er in all den Jahren über die Macht verfügt, das Antiquariat samt seiner Geheimnisse zu zerstören. Was die logische Konsequenz gewesen wäre, sobald de Bragança irgendwann begriffen hätte, dass Martin belastendes Material gegen ihn sammelte. Doch statt alles in Grund und Boden zu stampfen, ließ er Martin weitermachen. Damit setzte er lediglich auf Kontrolle über das Archiv der ungeklärten Verbrechen.

Was steckte bloß hinter diesem perfiden Vorgehen? Warum diese Zurückhaltung? Weil de Bragança davon ausging, dass dort auch verfängliche Indizien über seine Widersacher versteckt waren? Egal wie er es drehte und wendete, das erschien Henrik als einzige nachvollziehbare Erklärung dafür, dass das Haus samt seiner belastenden Inhalte noch stand. Und dafür, dass er selber noch am Leben war. *Weil er auch mich kontrolliert,* sinnierte Henrik. Oder weil er zumindest der festen Überzeugung zu sein schien, dass dem so war.

Ihm fiel natürlich noch ein weiterer Grund ein, weshalb de Bragança ihn weiterforschen ließ. Leider konnte auch der Henrik nicht gefallen, denn irgendwie durchstöberte er Martins Erbe indirekt auch für den *Mann ohne Nabel.* Und der Dämon konnte davon ausgehen, dass Henrik wie sein Onkel nichts davon öffentlich machen würde, ohne die möglichen Belege auf ihre Stichhaltigkeit geprüft zu haben. So wie man es eben von der Arbeitsweise eines Polizisten erwartete. Was de Bragança wiederum genug Zeit verschaffte, um auf Henriks Untersuchungen zu reagieren. Offensichtlich funktionierte so diese teuflische Spirale, und das schon über ein Jahr lang. Es war also längst überfällig, diesem perversen Spiel ein Ende zu setzen und sich zu befreien.

Alves hatte einen Tisch in der Ecke gewählt. Denselben, den auch Henrik genommen hätte, wäre er der Erste in dieser überschaubaren Tapasbar gewesen. Von seinem Platz aus hatte der Journalist niemanden im Rücken und sah sofort, wer das Lokal betrat. Außerdem war er so der Tür in die Küche und damit einem weiteren möglichen Fluchtweg am nächsten.

Die Bar musste neu sein, auch wenn alles darin sehr vintage wirkte. Auf ganz authentische Weise, wohlgemerkt. Auch im Ausgeh- und Partyviertel wechselten die Besitzer und Pächter so oft wie die Konzepte der Restaurants und Kneipen. Dabei waren es vor allem junge Leute, die es wagten, etwas Neues zu probieren, weil sie das Risiko weniger scheuten. Für eine Sekunde stellte er sich vor, das Antiquariat auszuräumen und stattdessen selbst eine Bar zu eröffnen. Der Einfall machte ihn wehmütig, ohne dass er wusste, warum. Es war eine komplett verrückte Idee, vor allem in Anbetracht der Tatsache, dass seine Bar in einer Straße läge, in der schon ein Dutzend Gaststätten vorhanden waren. Andererseits hätte ihm der Gedanke behagt, Victor Konkurrenz zu machen.

Wie auch immer, Henrik gefiel diese mit viel Liebe zum Detail eingerichtete Tapasbar, die kaum größer als eine durchschnittliche deutsche Wohnstube war und daher nur Platz für vier Tische hatte.

Er setzte sich zu Alves, vor dem eine Karaffe mit Rotwein und ein gut gefülltes Glas standen. Er hätte darauf gewettet, dass der Journalist Biertrinker war.

»Sie sind pünktlich«, stellte der beleibte Mann fest.

»Hartnäckige Angewohnheit aus meiner alten Heimat.«

Alves grinste. »Ich empfehle den Oktopus-Salat und den Bacalhau in Sahnesoße.«

Es gab keine Speisekarten, die Menüauswahl stand auf einer Schiefertafel an der Stirnseite zwischen dem Eingang zur Küche und dem Ausschank. Eine junge Frau kam an ihren Tisch und fragte ihn, was er trinken wollte.

»Uma cerveja.« Kaum ausgesprochen, fiel ihm ein, dass er sich damit hatte zurückhalten wollen, doch er korrigierte seine Bestellung nicht.

»Sie hatten Glück mit Lemos?«, fragte Alves, der offenbar keine Zeit vertrödeln wollte und sofort zum Grund ihres Treffens kam.

»Wieso glauben Sie das?«

Der Reporter rückte so weit an die Tischkante vor, wie es sein Bauch zuließ. »Waren Sie heute mal im Oriente?«

Er musste tatsächlich überlegen. Seinem Gefühl nach war er in den letzten Tagen ständig dort ein- und ausgegangen. »Heute nicht, nein«, entgegnete er schließlich.

»Dann konnte Ihnen natürlich auch nicht auffallen, dass Ihr Freund Lemos seine Schicht heute nicht angetreten hat.«

»Vielleicht hat er getauscht, hat Urlaub ... oder er ist krank?«

»Eduardo Lemos ist ein Uhrwerk, Senhor Falkner. Ich denke, dass die eindringliche Unterhaltung, die Sie mit ihm geführt haben, für ihn gewisse Diskrepanzen nach sich gezogen hat. Zumal er sich kurz darauf auch mit der Polizei unterhalten musste, wie mir zugetragen wurde. Man hat ihn dazu sogar einbestellt.«

Eine Vorladung! Davon hatte weder Helena noch Lemos etwas erwähnt. Hatte Helena beschlossen, sich den Kellner erneut vorzunehmen? Zusammen mit einem schlechten Gewissen bekam Henrik sein Bier. Im Gegensatz zu Alves verzichtete er auf eine Essensbestellung. Besser, er sprach sein Ansinnen direkt an, bevor sich der Tisch mit Schälchen und Tellern voller Tapas füllte.

Doch Alves war schneller. »Sie haben also eine Geschichte für mich«, konstatierte der Journalist. »Seit Sie mich angerufen haben, frage ich mich, ob das in Deutschland nicht doch ganz ähnlich läuft wie in unserem schönen Portugal.«

»Was meinen Sie?«

»Na, dass Polizisten entgegen allen dienstlichen Anweisungen gelegentlich mit Pressevertretern plaudern. Ich bin bis jetzt davon ausgegangen, dass so was in Ihrem Land gegen jeden Kodex verstößt.«

»Ich bin nicht mehr bei der Polizei«, erklärte Henrik knapp. Erneut empfand er Alves' anmaßende Art als überaus aufreizend, und er versuchte die Antipathie wegzuatmen wie einen Schmerz.

»Was den Toten im Swimmingpool angeht, habe ich ein paar Dinge herausgefunden, und ich denke, Sie sind der Richtige, um beurteilen zu können, ob diese Erkenntnisse sich für eine Veröffentlichung eignen«, erklärte er in möglichst gelassenem Tonfall.

»Erkenntnisse!«, wiederholte Alves und nahm einen ausgiebigen Schluck von seinem Rotwein. »Das klingt nicht eben danach, als verfügten Sie über unumstößliche Fakten, auf die sich ein gewissenhafter Journalist berufen kann. Aber mal davon abgesehen, woher kommt der Sinneswandel? Bei unserem ersten Gespräch waren Sie sehr darauf bedacht, im Tausch für Ihr Wissen auch etwas von mir zu erhalten. Und ich müsste schon sehr an meiner Menschenkenntnis zweifeln, wenn sich an Ihrer Einstellung dazu etwas geändert hätte. Was versprechen Sie sich also davon, wenn ich mir Ihre Geschichte anhöre?«

»Die Öffentlichkeit sollte erfahren, was sich vor einem Vierteljahrhundert abgespielt hat, wie die Leiche in das Betonfundament kam … und wer diese Person ist.«

Alves pfiff durch die Zähne. »Es ist Ihnen also gelungen, ihn noch vor den ermittelnden Beamten zu identifizieren«, flüsterte er, und erstmals hörte Henrik so etwas wie Anerkennung in seiner Stimme. Der schien sich jedoch im selben Atemzug bereits wieder bremsen zu wollen. »Selbst wenn Sie tatsächlich in der Lage sind, diesem bedauernswerten Herrn einen Namen zu geben, reicht der Informationsgehalt höchsten für einen Einspalter auf Seite drei. Das Medienzeitalter ist kurzlebig, das muss ich Ihnen doch nicht sagen. Eine Woche ist vergangen, seit zum ersten Mal über den Toten im Pool berichtet wurde. Und da diese Berichterstattung mangels neuer Erkenntnisse danach nicht weiter befeuert wurde, ist der Einbetonierte doch schon längst wieder aus den Köpfen der Leute verschwunden.«

Henrik lehnte sich zurück. »Und für den Fall, dass es kein einfacher Arbeiter war, den die Baufirma dort versenkt hat, um sich dem Vorwurf entziehen zu können, sie würden Schwarzarbeiter beschäftigen?«

»Selbst dann«, bestätigte Alves, dem Henrik das Pokerface nur bedingt abnahm.

»Im Gegensatz zu Ihren Kollegen haben Sie doch nie an diese Geschichte vom ausgebeuteten Niedriglohnarbeiter geglaubt, Senhor Alves.«

»Genauso wenig wie Sie«, stellte dieser fest, verzog aber ansonsten keine Miene. Nur zu gerne hätte Henrik gewusst, wie viel Alves selbst herausgefunden hatte. Welche Schlüsse er zog, welche Verbindungen er knüpfen konnte. Ob auch er mit ein bisschen Rechnen auf dieses Datum im Frühjahr vor fünfundzwanzig Jahren aufmerksam geworden war. Tatsächlich war genau das der Köder, den er auswerfen konnte, um zu testen, ob Alves gierig danach schnappte oder ob ihn die Information kaltließ, weil er sie bereits besaß. »April 1993«, warf er daher ohne Vorwarnung ein. »Haben Sie sich darüber schlau gemacht, was sich in diesem Monat im Oriente zugetragen hat?«

Alves lachte, laut und mit zurückgeworfenem Kopf. Henrik beschlich der Eindruck, dass er damit nur seine Neugier überspielen wollte. »Wie oft noch! Ich verrate nichts, solange Sie nicht etwas verlauten lassen, was in irgendeiner Weise meine Aufmerksamkeit erregt. Und das sollte schon ein wenig mehr sein als eine Jahreszahl. Sie können mich nicht aushorchen, Senhor Falkner! Wenn Sie was für mich haben, dann raus damit!«

Henrik griff nach dem Bier und trank ausgiebig, bevor er sich über den Tisch zu dem Journalisten beugte. »Dann hören Sie mir jetzt mal ganz genau zu, Senhor Alves!«

33

War der Abend mit Alves eine Enttäuschung gewesen? In gewisser Weise ja, denn er hatte sehr deutlich klargemacht, dass der Journalist nicht alleine auf eine Schlagzeile scharf war. Was so gesehen begrüßenswert war. Andererseits hatte Henrik sich weniger Vorsicht und dafür mehr Begeisterung erhofft. Natürlich wusste er, dass seine Recherchen nicht ausreichend fundiert waren und er keine soliden Beweise vorlegen konnte. Aber das war in diesem Fall auch nicht sein Job, verdammt noch mal! Es lag doch in Alves Aufgabenbereich, sich diese Bestätigungen zu beschaffen, um daraus einen seriösen Bericht zu stricken. Seine *Story*, die er unbedingt haben wollte.

Und dennoch ... Henrik konnte einfach nicht glauben, dass er alles umsonst erzählt hatte. Und so ertappte er sich dabei, gleich morgens am Kiosk die Schlagzeilen der Samstagsausgaben aller verfügbaren Tageszeitungen zu studieren. Eine hirnrissige Idee. Genauso wenig, wie er sicher sein konnte, dass Alves *überhaupt* vorhatte, die Geschichte zu bringen, wusste er darüber Bescheid, welchem Blatt Alves seine Reportage anzubieten gedachte. Und außerdem war gestern Abend längst Redaktionsschluss gewesen, als er sich von dem Journalisten verabschiedet hatte.

Zu wenig fundiert, keine echten Beweise. Das waren Alves Worte gewesen. Wobei ihn die Brisanz der Story nicht unberührt gelassen hatte, das hatte Henrik ihm angemerkt. Auch die Forderung, die Alves zu guter Letzt gestellt hatte, bewies das.

Während Henrik seinen Bericht ablieferte, hatte der Journalist sämtliche Tapasvariationen, die die Speisekarte des Restaurants hergab, in sich hineingeschaufelt. Und kaum hatte er geendet, drängte Alves darauf, mit Henriks Quelle sprechen zu dürfen. Wenn das nicht möglich war, würde überhaupt nichts passieren, hatte er angekündigt.

Und nun?

Konnte er es riskieren, den Reporter mit Said zusammenzubringen? Nun, genau genommen hatte er keine Wahl, wenn er den Plan umsetzen wollte, den er ersonnen hatte. Alles in allem konnte die Sache mächtig schiefgehen, und das verursachte ihm heute Morgen Magenschmerzen. Er tippte eine SMS an Alves. *Halten Sie sich bereit, bin auf dem Weg.*

Zum zweiten Mal innerhalb von vierundzwanzig Stunden stand er vor der Baustelle in der Calçada da Rosa. Diesmal betrat er nicht zuerst die Moschee, sondern schlüpfte gleich unter den Planen zum Baugerüst hindurch. Dem ersten Arbeiter, den er dort erblickte, brüllte er seine Frage nach Said entgegen. Als Antwort rieselten Staub und Reste von Zement und Verputz auf ihn herab.

»Said Belahbib!«, rief er erneut. »Ist er hier?«

Wieder scharrte es über seinem Kopf, dann knallte keinen halben Meter neben ihm ein Maurerhammer auf die dort gestapelten Verschalungsbretter. Das war definitiv Absicht gewesen. Wütend rüttelte er am Gerüst. Von weit über seinem Kopf ertönte ein blechernes Lachen. Offenbar war das die einzige Antwort, die er heute bekommen würde. Dennoch war er zuversichtlich, dass man Said Bescheid geben würde. Auf die eine oder andere Art. Folglich brauchte er nur zu warten. *Inshallah!*

Bevor noch mehr Werkzeug *versehentlich* aus staubigen Fingern rutschte, begab er sich auf die gegenüberliegende Straßenseite und lehnte sich dort demonstrativ und für jeden sichtbar gegen die Hauswand. Erst jetzt bemerkte er, wie warm es selbst am frühen Vormittag schon wieder war. Er legte den Kopf in den Nacken und blickte am Baugerüst hoch. Er hörte Klopfen und Scharren, schwere Tritte auf den Bohlen. Ab und an einen bellenden Ruf. So verrannen die Minuten. Said ließ ihn zappeln. Nach einer Viertelstunde beschlich ihn der Gedanke, dass der Mann aus der Westsahara heute vielleicht gar nicht auf der Baustelle arbeitete. Also beschloss er, es in dem Café zu versuchen, in das ihn Said zuletzt geführt hatte.

Beim Betreten des Kaffeehauses erlebte er ein Déjà-vu. Dieselben Männer saßen an denselben Tischen, über denselben Brettspielen grübelnd. Sonnengegerbte, unrasierte Gesichter, aus denen ihm schwarze Augen misstrauisch entgegenstarrten. Dazu die Dampfwolken produzierende Shisha-Fraktion und die zu laute orientalische Musik. Wieder ließ sein Erscheinen die Gespräche zwischen den Männern verstummen. Mit sturer Miene drängte er sich durch die Tische bis zum Tresen. Der dicke Wirt sah nicht auf, sondern goss weiter mit ruhiger Hand heißes Wasser in silbrig glänzende Teekannen.

»Ich suche Said.«

Der Mann mit dem haarlosen Schädel musterte ihn übertrieben lange und verzichtete heute auf sein Lächeln. Dafür spielte er den Ahnungslosen und tat, als hätte er Henrik nie zuvor gesehen, nie zusammen mit Said Witze über ihn gemacht. Er vollführte eine raumgreifende Geste. »Hier sitzen viele mit diesem Namen, Senhor. Suchen Sie sich einen aus!«

Musste er das jetzt wirklich durchkauen? »Sie wissen, wen ich meine, Sie haben uns gestern an diesem Tisch dort bedient«, erwiderte er energisch und deutete durch den Raum.

»Ich glaube, es ist besser, Sie gehen jetzt!«, verlangte der Wirt. Hinter Henrik wurden lautstark Stühle gerückt.

»Gut, dann richten Sie ihm doch aus, ich habe die Information, die er wollte!«, sagte Henrik und wandte sich ab. Fünf junge Männer aus der Gruppe der Shisha-Raucher versperrten ihm den Weg hinaus auf die Straße. Ihre Mienen wirkten halb abfällig, halb gefährlich.

Henrik ballte die Fäuste. »Verpisst euch!«, fauchte er, zwar auf deutsch, aber so, wie er die Aufforderung ausspie, konnte sie kaum missverstanden werden. Die fünf Araber rückten noch näher und drängten ihn gegen den Ausschank. Dann griffen sie nach ihm, und es war ihm unmöglich, sich aus all den Händen zu winden. Sie packten ihn und zerrten ihn ins Freie, währen sie sich gegenseitig mit harten, krächzenden Worten anfeuerten. Selbst draußen unter der gleißenden Sonne ließen sie nicht von ihm ab, schubsten ihn weiter und um die nächste Hausecke, weg von den Blicken vorbeieilender Passanten. Schließlich fand er sich in einem Hinterhof wieder, zwischen randvollen Mülltonnen, die nach Unrat, Verwesung und fauligem Fisch stanken. Ein gewohntes Bild, ein vertrauter Gestank – und endlich auch genug Platz, um sich zu wehren. Für einen Moment stemmte sich Henrik noch mehr gegen seine Widersacher, gegen ihre kräftigen Arme, die prompt noch größeren Druck ausübten – nur um in der nächsten Sekunde dieser Kraft nachzugeben. Er ließ sich nach vorne fallen und nahm die Energie seiner Angreifer mit. Während er sich auf dem heißen, öligen Pflaster abrollte, stolperten sie allesamt irgendwie über ihn und übereinander hinweg. Rammten die Müllcontainer, die sie davor bewahrten, selbst hinzufallen. Er kam ebenso schnell auf die Beine, wie er zu Boden gegangen war, und befand sich durch sein Überraschungsmanöver plötzlich im Rücken der Bande von Halbstarken. Die beste Gelegenheit, um wegzurennen, denn noch einmal würde er sie nicht überrumpeln können. Außerdem waren sie immer noch zu fünft. Und im Gegensatz zu ihm jung und durchtrainiert. Doch da war wieder diese Wut, beinahe schon altvertraut. Siedend heiß raste sie wie ein Güterzug durch seinen Schädel und versorgte ihn mit einer Riesenladung an Mut und Energie. Statt zu türmen, bückte er sich nach einer der Holzlatten, die hier auf einem Haufen lagen. Das Kantholz war ungehobelt, lag aber dennoch gut in der Hand, als er es über seine rechte Schulter schwang und auf den Ersten seiner Angreifer eindrosch. Der sackte schreiend auf die Knie. Die unerwartete Wende verwirrte die Männer, die vor drei Sekunden noch die Überlegenen gewesen waren. Doch der Moment der Konfusion währte zu kurz. Henrik konnte noch einen Treffer mit dem Holz landen, dann hatten sie ihn auch schon und zwangen ihn mit Macht zu Boden. Sofort prasselten die erste Faustschläge auf ihn ein, und er musste die Holzlatte loslassen, um sein Gesicht zu schützen. Wie man es ihm einst auf der Polizeischule beigebracht hatte, riss er Hände und Unterarme über seinen Kopf, wodurch die harten Hiebe auf den Rippen oder im Unterleib landeten. Sobald er sich zur Seite drehte, bearbeiteten sie seine Nieren. Auch wenn das Adrenalin, das durch seine Blutbahn pulste, die Schmerzen fürs Erste betäubte, wusste der Realist in ihm, dass er verloren hatte.

34

»Genug jetzt!«, rief jemand. Es war nur ein gedämpfter Ruf, den er unter den Schreien seiner Angreifer, den dumpfen Schlägen, die seinen Körper trafen, und dem Rauschen des Blutes in seinen Gehörgängen kaum wahrnahm. Und doch erkannte er die markante Stimme. Inmitten seiner Benommenheit streifte ihn der widersinnige Gedanke, dass er nun wohl auch seine zweite Prüfung bestanden hatte. Vorausgesetzt, sie hörten endlich auf, ihn weiter mit Hieben und Tritten zu malträtieren. Vorausgesetzt, er kam je wieder auf die Beine.

Dann plötzlich war der Sturm vorüber und ließ allein den Schmerz zurück. Er wagte nicht zu blinzeln, merkte jedoch, wie sie von ihm abrückten. So stumm, als hätte der Befehl nicht nur ihren Angriff unterbunden, sondern auch ihre Stimmbänder gelähmt.

Eine unbestimmte Zeit lang lag er zitternd da, und die Sonne brannte auf ihn nieder. Er schmeckte das Blut in seinem Mund, horchte in sich hinein, versuchte mit bebenden Nerven zu erfühlen, was alles kaputt war. Sein Körper brüllte, in seinem Schädel hing ein schrilles Summen, aber außerhalb davon war es still. Gerade so, als hielte die Stadt selbst den Atem an und wartete ab, ob er sich noch einmal rühren würde. Er fühlte irgendwelches klebriges Zeug an seiner Wange und seinen Händen und hoffte, dass es nicht aus ihm herausgelaufen kam. Immerhin konnte er Luft holen, ohne dass es ihn zerriss, und mit jeder Kontraktion seines Brustkorbs wurde das Atmen erträglicher. Also waren die Rippen nicht gebrochen. Dennoch würde er die nächsten Tage viel Schmerzen haben und Blut pissen.

Ein Schatten schob sich über ihn. Vielleicht stand er schon eine ganze Weile da, denn Henrik hatte keine Schritte gehört. Vielleicht bewegte er sich aber auch nur so leise wie ein Skorpion, der über den Wüstensand krabbelte.

»Gehen wir!«, befahl Said schließlich, dem Henriks Rekonvaleszenz offenbar zu lange dauerte. Henrik hielt nach wie vor die Lider geschlossen, während er sich mühevoll aufsetzte. Erst dann öffnete er die Augen. Der Sohn des Scheichs stand über ihm, machte aber keine Anstalten, ihm aufzuhelfen. Er nickte nur, drehte sich um und verließ den Innenhof.

Henrik hatte keine Zeit, sich zu fragen, ob seine weichen Beine unter ihm wegknicken würden, wenn er aufstand. Er musste es einfach tun, wenn er Said nicht wieder entkommen lassen wollte. Nach ein paar schlurfenden Schritten war er einigermaßen sicher, das Gleichgewicht halten zu können. Aus dem Sirren in seinem Kopf wurde ein klingelndes Pfeifen. Dafür klärte sich allmählich sein Blick. Er bog um die Ecke. Vor dem arabischen Café standen einige Männer herum, redeten und gestikulierten. Said ragte aus dieser Menge heraus. Wie schon am Tag zuvor machten sie ihm Platz, traten zur Seite und ließen ihn passieren. Henrik beeilte sich hinterherzukommen. Die Blicke, die ihm folgten, kamen ihm nun weit weniger feindselig vor als noch vor einer Viertelstunde.

Es ging den Berg hinauf, typisch für Lissabon, egal, wohin man sich wandte. Da er sich allein auf den breiten Rücken des Maghrebiners konzentrierte, wusste er bald nicht mehr, wo er sich befand. Mittlerweile pulsierte der Schmerz überall in seinem Körper. Wo die glutheißen Wellen ihren Ursprung hatten, hätte er nicht mehr sagen können. Außerdem wurde sein Sichtfeld immer enger. Er ging davon aus, dass sein linkes Auge mehr und mehr zuschwoll. Jenseits von Orientierung und Zeitgefühl taumelte er schließlich hinter Said in einen weiteren Hinterhof. Der hier war jedoch einladend und schattig. Statt Müllcontainern gab es Palmen, und in seine Nase strömte trotz der Schwellung ein intensiver Duft von Hibiskus. Said blieb abrupt stehen und hielt ihm eine Tür auf. Ohne Nachdenken folgte er der Einladung und fand sich in einem hohen, fensterlosen Raum mit orientalischen Mosaiken an den Wänden wieder. Kräftige Hände nahmen ihn in Empfang und geleiteten ihn durch dämmrige Gänge in eine kleine, ebenfalls geflieste Kammer mit Steinbänken. Jemand schälte ihn aus seinen schmutzigen, schweiß- und blutgetränkten Klamotten und stellte ihn unter eine Dusche. Das kühle, auf ihn niederprasselnde Wasser verschaffte ihm auf wunderbare Weise Linderung. Er wäre ewig dort stehen geblieben, hätte man ihn nicht irgendwann wieder herausgezogen, ihm ein Leinentuch um die Hüften geschlungen und ihn in einen noch dunkleren Raum geführt, wo man ihn auf eine beheizte Steinliege bettete. Heiße Tropfen fielen in unregelmäßigem Rhythmus von der mit Wasserdampf vernebelten Decke auf ihn herab.

»Wieder besser?«, fragte eine Stimme aus dem wabernden Nebel.

Said!

Mit einem Mal traf ihn ein Schwall heißes Wasser aus einem Kübel. Und noch einer, kaum dass er nach Luft geschnappt hatte. Wieder kamen Hände aus dem Nichts und seiften ihn ein, um seine Haut gleich darauf mit einer harten Wurzelbürste zu bearbeiten. Eine weitere Tortur, die jedoch seinen Schmerzen entgegenzuwirken schien. Feuer, das mit Feuer bekämpft wurde. Irgendwann war er fertig, lag nur noch still da und horchte dem Plätschern und fernen Stimmen in einer fremden Sprache. Hitze und Wasserdampf hüllten ihn ein.

»Said?«, fragte er schließlich und bekam ein Lachen zur Antwort. »Ich muss telefonieren.«

»Sicher nicht hier drin«, antwortete der Maghrebiner. »Und sicher nicht, bevor du nicht deinen Teil der Abmachung erfüllt hast, Henrik Falkner!«

Er richtete sich auf, suchte in dem wogenden Dampf nach seinem Gesprächspartner. »Die Bedingungen haben sich geändert«, erklärte er.

»Nichts hat sich geändert!«, fauchte Said. Er schoss aus dem Nebel hervor wie eine Kobra und versuchte Henrik am Hals zu packen. Doch Henriks Haut war zu glitschig, und er entwand sich dem öligen Griff mit einer einfachen Drehung.

»Ich bin doch nicht der Feind, verflucht!«, schrie er und rutschte bis zum Ende der Steinliege. Ein heftiges Stechen fuhr ihm in die Seite. »Und ich kann dir geben, was du willst, wenn du deine Informationen mit uns teilst«, keuchte er.

Die Myriaden Wassertröpfchen, die in der lichtarmen Kammer schwebten, sammelten sich um die muskulöse Statur des Mannes, und er sah aus wie aus Marmor gemeißelt, als er sich vor ihm aufbaute. »Uns?«, zischte er. »Wer ist uns?«

Henrik versuchte Ruhe in seine Stimme zu legen. »Ich habe einen Plan, aber der wird nur funktionieren, wenn wir zusammenarbeiten. Die Person, die deinen Vater auf dem

Gewissen hat, ist wie ein Phantom, und es gibt nur einen Weg, ihn zu fassen zu kriegen.«

»Dann kennst du den Mörder? Nenn mir seinen Namen«, verlangte Said und hob drohend die Faust.

»Dieses Wissen nützt dir gar nichts, denn nur allein dadurch, dass du seinen Namen brüllst, wird er nicht aus seinem Versteck gekrochen kommen. Im Gegenteil! Wenn du blindlings deinem Zorn folgst, machst du ihn bloß auf dich aufmerksam. Und hat er deinen Geruch erst einmal in der Nase, wirst du ihm nicht mehr entkommen. Du kannst nur siegen, wenn du ihn überraschst, und das wird nicht funktionieren, wenn du einfach so drauflosstürmst.«

»Und du glaubst zu wissen, wie man ihn zu fassen bekommt?«

Henrik legte sich eine Hand an die Rippen und wartete ein paar Sekunden, bis der Schmerz wieder abflaute. »Es gibt keine Garantie, und doch ist es die einzige Chance.«

35

Er glaubte es erst, als Alves in der Tür stand.

Said hatte seine Zustimmung gegeben – erst einmal nur dazu, den Gast überhaupt zu empfangen. Das Gebäude, in dem sich der versteckte Hamam befand, verfügte über einen Innenhof, der in seiner Gestaltung dem in einem marokkanischen Riad nachempfunden war. Genau so gut hätten sie sich im Moment auch in der Medina von Marrakesch befinden können. Während sie auf den Journalisten warteten, waren starker würziger Tee und Gebäck serviert worden, aus dem der Honig quoll, wenn man hineinbiss.

Jetzt, als Alves zögerlich näher trat – was gar nicht zu seinem bisherigen Auftreten passte –, sah Henrik ihm an, dass ihm nicht gefiel, wohin man ihn beordert hatte. Obwohl er als Berichterstatter mit unvorhergesehenen Situationen eigentlich umgehen können musste. Die Männer, die hier arbeiteten, die Körper ihrer Kunden wuschen und mit Bürsten schrubbten, Tee servierten und Badetücher verteilten, blieben stets so dezent im Hintergrund, wie es ihre Tätigkeit eben zuließ. Und doch hatten ihr gedämpftes Sprechen und die Art, wie sie sich bewegten, nichts Beruhigendes. Die gesamte Atmosphäre an diesem Ort, der ausschließlich der Entspannung dienen sollte, bewirkte bei Henrik genau das Gegenteil – und er schätzte, dass es Alves genauso erging, auch wenn er sich erst seit ein paar Minuten in dem Hamam aufhielt.

Vielleicht wirkten aber auch nur Said und er selbst befremdlich auf den Journalisten, so wie sie da in seidene

Mäntel gehüllt auf Brokatkissen saßen und Tee schlürften. Unsicher setzte sich Alves auf das noch freie Kissen an den runden Tisch. Unsicher und umständlich, weil er wegen seiner Statur nicht der Typ für derart bodennahe Sitzarrangements war. Er trug immer noch seinen sandfarbenen, zerknautschten Anzug, in dem er bisher bei jeder ihrer Begegnungen gesteckt hatte, ganz so, als wäre er mit dem Kleidungsstück verwachsen.

Beim Anblick von Henriks Blessuren im Gesicht wurde er noch blasser. »Wurden Sie verprügelt?«

»Die Fliesen hier drin sind tückisch glitschig«, erklärte Henrik. Er konnte Alves ansehen, dass der ihm die Geschichte nicht abnahm.

»Sie wollen also berichten?«, begann Said, ohne sich vorzustellen. »Einen Artikel verfassen, der die Wahrheit ans Licht bringt. Das ist Ihr Ansinnen?«

»Das ist mein Job«, berichtigte ihn der Journalist. Unaufgefordert bekam er Tee serviert, so leise, dass er zusammenzuckte. Schweiß stand ihm auf der Stirn. In Henrik regten sich erneut Zweifel darüber, ob Alves wirklich der richtige Mann für diese Aufgabe war. Wenn nicht, war das alles hier – und ganz besonders die Prügel, die er hatte einstecken müssen – umsonst gewesen.

»Senhor Falkner hat versucht, mir ein paar Zusammenhänge darzulegen. Doch die sind nutzlos, solange sie nicht zu belegen sind. Außerdem funktioniert ein investigativer Bericht nicht ohne Aufhänger. Ich kann nicht darüber schreiben, solange ich nicht weiß, was sich dort unten in der Westsahara befindet«, erklärte Alves nervös. »Mir ist vieles noch unverständlich, was diese Geschichte angeht. Was genau hat man Ihnen weggenommen? Wie konnte sich EP auf diesen Landkauf überhaupt einlassen, wenn man die ungewisse, politische Lage bedenkt, die dort in den Neunzigerjahren vorherrschte? Warum ein Solarpark in einem so problematischen und unzugänglichen Wüstengebiet? Noch dazu eine Anlage, die nie gebaut wurde? Diese Fragen müssen gestellt und vor allem beantwortet werden.«

»Nur weiter!«, forderte Said ihn auf.

Alves suchte Henriks Blick, und auch der nickte. »Ja, wie ich eben sagte, ich muss wissen, worum es dort unten wirklich ging. Was wollte EP, oder besser gesagt, was wollten diese … diese Hintermänner in ihren Besitz bringen? Solange ich darüber nicht berichten kann, fehlt mir jegliche Basis für eine Story.«

Für lange Sekunden herrschte Stille. Aus den Gläsern vor ihnen auf dem Tisch dampfte der Minztee. Alves schien eine bessere Sitzposition finden zu wollen, doch es gelang ihm einfach nicht. Vermutlich schliefen ihm bereits die Beine ein.

»Ich war aufgebracht über Henriks Vorschlag, Informationen an einen Journalisten zu geben. Ich war wirklich sehr wütend. Können Sie das verstehen, Senhor Alves?«, erklärte Said.

Der Reporter nickte verhalten.

»Wenn die Welt davon erfährt, was sich dort in der Wüste befindet, ist es kein Geheimnis mehr, das leuchtet Ihnen doch ein?«

»Dieses Geheimnis zu lüften, ist allerdings die einzige Lösung, die Ihnen in der jetzigen Lage noch helfen kann. Meiner Meinung nach«, bemerkte Alves.

Said trank von seinem Tee und betrachtete dabei Henrik über den Rand des Glases hinweg. »Hat er Ihnen auch erzählt, was mein Interesse – mein *einziges* Interesse – ist?«

Alves musste sich räuspern, bevor er antwortete. »Ihr Vater, also … sein Tod. Sie wollen den Verantwortlichen benennen.«

»Seine Ermordung«, korrigierte ihn Said. »Ich will denjenigen finden, der es getan oder vielmehr die Tat in Auftrag gegeben hat. Sie und Ihre Reportage sind für mich ein Mittel zum Zweck, um an diese Person heranzukommen.«

Damit waren die Fronten abgesteckt. Said umklammerte das Teeglas, während er sonst reglos dasaß und seine schwarzen Augen von Henrik zu Alves wandern ließ. Der Journalist wiederum verschränkte die Arme vor der Brust, hielt diese Stellung allerdings nicht lange durch und musste sich wieder am Tisch festhalten, um auf den weichen Kissen nicht das Gleichgewicht zu verlieren. Henrik selbst kämpfte damit, nicht derjenige zu sein, der die Stille als Erster brach. Sie alle belauerten einander.

»Ein bisschen wie in *Tausendundeiner Nacht*, nicht wahr? Alle warten auf eine Geschichte«, sagte Said schließlich und lächelte grimmig.

»Um das noch mal klarzustellen, ich will keine Märchen von Ihnen hören. Also, wenn Sie nichts Brauchbares für mich haben, verlasse ich diese Runde wieder«, drohte Alves, was Said erneut ein Lächeln entlockte.

Im nächsten Atemzug wurde er wieder ernst und stellte eine Frage: »Was ist das Wertvollste in der Wüste?«

36

»Wasser«, antworteten Alves und Henrik synchron, als hätten sie sich abgesprochen.

»Wasser«, bestätigte der Berber. »Wasser ist Leben.«

»Und wer das Wasser beherrscht, beherrscht alles. Kommt jetzt so was?«, brauste Alves auf. Schweiß lief ihm über die fleischigen Wangen.

»Es steht Ihnen frei zu gehen, wenn es Sie nicht interessiert!«

»Schon gut, verdammt«, fluchte der Reporter und griff nun doch zu dem Tee, den er bislang verschmäht hatte.

»Vielleicht erzähle ich Ihnen auch gar nichts Neues, Senhor Alves. Womöglich wissen Sie bereits, dass in der nordafrikanischen Wüstenregion, die man auch den Nubischen Aquifer nennt, geschätzt etwa vierhundert Billiarden Liter Grundwasser lagern.«

»Ich dachte, wir reden über die Westsahara«, entgegnete Alves, der geografisch offensichtlich gut bewandert war.

»Richtig. Sie denken bei diesem Naturphänomen vermutlich an Libyen, Ägypten und Teile Algeriens. Doch auch wir Sahraoui zapfen seit Jahrhunderten die bescheidene Menge von einhundertfünfzig Billiarden Litern unter uns an, dafür sind unsere verstecken Reservoire einfacher zugänglich. Nun, durch den Aufkauf der scheinbar nutzlosen Wüstenfläche sicherte sich EP nicht allein diese Unmengen von eingeschlossenem Grundwasser, sondern auch den besten Ort, um diesen Schatz mit einigermaßen geringem Aufwand zu fördern. Damit verfügt der portugiesische

Energiekonzern über das höchste Gut in diesem trockenen Gebiet und, was noch viel entscheidender ist, Senhor Alves, über dessen zukünftige Vergabe.«

»Ich habe noch nie von derartigen Wasservorkommen in der Westsahara gehört. Sie verzeihen mir also meine Skepsis«, konterte der Journalist.

Said lächelte wohlwollend. »Über Jahrhunderte waren nur eingeweihten Maghrebinern diese Wasserreservoirs bekannt. Niemandem war es erlaubt, auch nur Aufzeichnungen darüber zu machen oder gar Karten über ihre Lage anzufertigen. Es gab in all der Zeit nur die mündliche Überlieferung der Stammesfürsten an ihre Nachkommen. Und weil das Gebiet bereits sehr früh als Krisenregion galt, wurden auch niemals Untersuchungen von Spezialisten für Hydrologie gemacht. So blieb es über Generationen unser Geheimnis, und das sollte es auch heute noch sein.«

In Henriks Kopf überschlugen sich die Gedanken. »Ich will das verstehen ... Wie muss ich mir so einen Aquifer vorstellen, in einem der trockensten Gebiete der Erde, mit nur wenigen Zentimetern Niederschlag pro Jahr?«

»Soweit ich weiß, sind diese riesigen Wasservorkommen unter der Oberfläche wie in einem Schwamm gespeichert«, kam Alves ihm zu Hilfe. »Eine aus dem natürlichen Wasserkreislauf herausgenommene Reserve, die unberührt im Boden schlummert. Wenn Sie so wollen, vergleichbar mit fossilen Rohstoffen wie Kohle oder Öl, die ebenso aufwendig geborgen werden müssen, um sie ans Tageslicht zu befördern. Dabei ist der Nubische Aquifer meines Wissens das bedeutendste fossile Wasserlager, gefangen in porösem Sandstein, der bis zu viertausendfünfhundert Metern Tiefe hinabreicht.«

»Zwar das größte Lager, aber nicht das einzige in Nordafrika«, beharrte Said. »Ein derartiger Wasserspeicher ist zudem ein echtes Klimaarchiv.«

»Gut, aber wie ist es dort hingekommen?«, fragte Henrik.

Alves sah hinüber zu Said, um zu signalisieren, dass er diesen Teil der Erklärung gerne ihm überließ.

Said nickte. »Vor zehntausend Jahren, als das Inlandeis der letzten Eiszeit abschmolz, gab es mit einem Mal Unmengen von Wasser, und vieles davon versickerte und wurde zu Grundwasser. Später lagerten sich wasserundurchlässige Schichten darüber und sorgten für eine isolierte Speicherung. Das ist *eine* Theorie, denn niemand weiß es genau. Die zweite Möglichkeit beruht auf der Überlegung, dass es in den heutigen Trockengebieten der Sahara eine Phase mit übermäßig viel Regen gab. Der Boden speicherte das versickernde Wasser, und die so entstandenen Reservoirs verblieben vor Ort, abgeschnitten vom Nachschub. Die einzigen Hinweise darauf, dass in den Tiefen unter dem Wüstensand Wasser vorhanden ist, sind ein paar spärlich gesäte Austrittsstellen. Dort, wo das Wasser an die Erdoberfläche kommt, entstehen Oasen, doch der Versuch, diesen Quellen zu folgen, endet in der Regel vor unüberwindbaren Felswänden. Nun, wie auch immer das Wasser dort hingelangt ist, die Sahraoui hüteten über Jahrhunderte das Geheimnis seiner Existenz.«

»Ich verstehe immer noch nicht, wie Ihre Vorfahren von den Oasen-Quellen auf diese immensen Vorräte unter ihren Füßen schließen konnten? Ich kann mir schlecht vorstellen, dass vor Hunderten von Jahren schon Probebohrungen stattgefunden haben«, bemerkte Alves stirnrunzelnd.

»Das Wissen indigener Völker über die Umwelt, in der sie leben, wird gerne unterschätzt. Es gab schlichtweg keine Erklärung, warum in diesem extrem trockenen Gebiet an manchen Stellen Wasser aus den Felsen sickerte. Keine wissenschaftliche zumindest. Und das ist es ja, auf was Sie anspielen, Senhor Alves. Unseren Vorfahren reichte es aus, dass es da war, Allahu akbar!«

»Ja, natürlich, Allah, ich vergaß! Aber wenn ich Sie richtig verstehe, basiert Ihr Wissen über die Wasservorkommen nun nicht mehr allein auf Ihrem Glauben. Oder habe ich mich da verhört?«

»Haben Sie nicht. Später wurde von den Sahraoui tatsächlich jemand beauftragt, Untersuchungen anzustellen. Mehr müssen Sie nicht wissen.«

»Und das ging so einfach, in dem besetzten Gebiet?«

»Niemand hat behauptet, es war einfach«, zischte Said.

Alves zuckte zurück und kämpfte erneut mit dem Gleichgewicht, bevor er seinen nächsten Gedanken laut aussprach. »Aber damals, als das Gebiet gegen den Willen Ihres Volkes verkauft wurde, da existierten diese wissenschaftlichen Belege noch nicht, richtig? Und trotzdem ...«

»Ja, trotzdem wollte jemand dieses Wasser schon vor fünfundzwanzig Jahren in seinen Besitz bringen.«

»Alleine wegen seines Glaubens an die Größe Allahs«, stichelte Alves nach. »Das ist für mich doch irgendwie fragwürdig.«

»Wer hat euch damals letztlich verraten?«, ging Henrik dazwischen, bevor die Unterhaltung aus dem Ruder laufen konnte. Erst nach und nach wurde ihm die Tragweite dessen bewusst, was er eben erfahren hatte.

»Ich glaube, dass mir derjenige, der meinen Vater töten ließ, auch darauf eine Antwort geben kann«, erklärte Said.

Henrik begriff plötzlich, dass es dem Berber tatsächlich nicht allein um die Rache für den ermordeten Sheïk ging. »Die Mission deines Vaters drehte sich also nicht nur darum, die versteckten Wasservorkommen vor dem Zugriff durch EP zu schützen, sondern auch darum, den Verräter in den eigenen Reihen zu enttarnen«, folgerte er. Natürlich dachte er dabei auch sofort an Joãos Reise durch die Wüste. Womöglich erschlossen sich hier Zusammenhänge darüber, wer das Geheimnis des verborgenen Wassers verraten haben mochte. Aber selbstverständlich sagte er nichts darüber.

Said blickte zur Seite. »Jeder, der seither einen Versuch gewagt hat, die Wahrheit aufzudecken, wurde zum Schweigen gebracht. Hier sind mächtige Strukturen am Werk, mit Augen und Ohren überall. Ich kann niemandem vertrauen.«

»Was ich nicht verstehe: Warum haben die neuen Besitzer nicht schon längst mit der Förderung begonnen?«, wandte Henrik ein, ohne Saids letzte Worte zu beachten. Er vertraute dem Sahraoui schließlich ebenso wenig.

»Ich vermute mal«, meldete sich Alves wieder zu Wort, »dass man anfangs noch über keine effektive, oder sagen wir besser, gewinnbringende Fördertechnik verfügte. Aber das dürfte mittlerweile anders sein. Vielleicht sah man bisher also nur keinen Bedarf, und EP reichte die Gewissheit, dass man das Wasser hochholen könnte, wenn man es braucht.«

»Wenn der Markt danach verlangt, meinen Sie wohl«, entgegnete Said. »In gewisser Weise haben Sie recht, Senhor Alves. Und ich will auch gar nicht behaupten, dass die Zeit drängt ... Doch das Wasser bleibt nicht für alle Zeiten eingeschlossen. Auf natürlichem Weg verliert das Reservoir jedes Jahr ein Zehntausendstel seines Volumens.«

»Kennen Sie eigentlich die Summe, die damals an die Marokkaner gezahlt wurde?«

Said schüttelte den Kopf.

»Oder gab es noch irgendwelche anderen Zugeständnisse? Eine Gegenleistung? Vielleicht eine praktisch gelegene Militärbasis?«, schlug Alves vor.

»Was spielt das für eine Rolle?«, zischte der Maghrebiner. »Egal was bezahlt oder beschlossen wurde, es war unrechtmäßig!«

Henrik hob die Hände. »Gut, gehen wir noch mal zurück zu der nicht erfolgten Förderung. Was glauben Sie, warum ist EP das Projekt nicht irgendwann angegangen? Mir fällt es schwer, an Bedenken seitens des Konzerns zu glauben.«

»Und doch hatten sie vielleicht Skrupel«, schlug Alves vor. »Die Ausbeute der Wasservorkommen hätte sich schließlich nicht so einfach verbergen lassen wie der Erwerb des Wüstengebiets. Womöglich lag ihnen aber auch das Angebot der Chinesen schon länger vor, und sie wollten abwarten, bis mit denen alles über den Tisch ist. Dann hätte man sich für nichts mehr rechtfertigen müssen und hätte jegliches weitere Vorgehen in dieser Sache auf die neuen Eigentümer schieben können. Oder was denken Sie? Ich meine, abgesehen davon, dass ich den Asiaten weniger Rücksicht zuschreibe, wenn es darum geht, Ressourcen zu plündern, *wissen* die Käufer aus Fernost überhaupt von diesem nicht unerheblichen Zusatzgewinn, den sie da mit erwerben? Oder planen sie womöglich schon ein großes Pipeline-Projekt?«

Said zuckte mit den Schultern.

Alves schüttelte den Kopf. »Kommen Sie, das nehme ich Ihnen nicht ab, dieses ahnungslose Schulterzucken. Nach allem, was Senhor Falkner zu berichten wusste, waren Sie schon vor dem Fund der Leiche in der Stadt. Und jetzt, nachdem ich erfahren habe, was alles dahintersteckt, fällt es mir noch schwerer zu glauben, dass Sie alleine wegen Ihres Vaters nach Lissabon gekommen sind.«

Said atmete langsam aus. »Sagen wir mal, die Kaufabsicht durch die Chinesen hat eine Voraussetzung geschaffen. Dadurch haben wir jetzt eine Entwicklung, die es zu beobachten gilt.«

Henrik war überrascht, dass der Berber dies zugab. Auch er hatte bereits ähnliche Überlegungen angestellt wie Alves, was Saids Absichten anging. Doch nun überkam ihn ein ganz anderer Gedanke. »Womöglich weiß nicht einmal Energ*í*as Portuguesas von dem wahren Vermögen, das dort in der Wüste lagert!«

Ja, womöglich weiß darüber wirklich nur einer Bescheid.

37

Was, wenn nur Rafael de Bragança die Wahrheit über das Wasser unter der Wüste kannte? Natürlich hatte er sich davor gehütet, den Namen im Innenhof des Hamams laut auszusprechen. Schon allein, um Said keinen Anlass zu bieten, sofort aufzuspringen und ... was auch immer zu tun. Der Maghrebiner war ohnehin bereits erbost und aufgebracht, weil er, obwohl er die ihm bekannten Fakten offengelegt hatte, schon wieder leer ausging. Vorerst zumindest. Er tat sich sichtlich schwer damit, dass er das Erscheinen der von Alves verfassten Reportage über die Machenschaften von EP in der Westsahara abwarten sollte. Zudem ohne jede Garantie, dass sich dadurch ein Schuldiger offenbaren würde. Dennoch ließ er Henrik und den Journalisten ziehen. Henrik konnte sich vorstellen, wie schwer ihm dieser Schritt fallen musste, der ihn in gewisser Weise ebenfalls zu einem Verräter an seinem Stamm machte.

Jetzt nach ihrer Unterredung stand für Henrik noch mehr als vorher zu befürchten, dass Said nicht zu kontrollieren war. Sobald er Wind davon bekam, wer vor fünfundzwanzig Jahren die Verantwortung für den Raub der wertvollen Wasservorkommen getragen hatte ...

Alves hingegen schien zufrieden, nun, da er an Henriks Seite dem Hamam entkommen war. Auch wenn er die Erwartungen sofort dämpfte, kaum dass er sich wieder sicher fühlte. Er könne, meinte er, zwar einen Artikel verfassen, aber darin lediglich Fragen formulieren. Ein ordentlich recherchierter Bericht, der auch fundierte *Antworten* enthielt, würde Wochen in Anspruch nehmen. Dennoch kündigte er an, den Sonntag damit verbringen zu wollen und gleich als Erstes ein paar zusätzliche Quellen anzuzapfen, in der Hoffnung, irgendetwas Handfestes aufzutun. Allerdings würde er sich in keinster Weise angreifbar machen. Lieber würde er die ganze Sache verwerfen, als seinen Ruf als seriöser Journalist zu beschädigen. Mit dieser Ankündigung verabschiedete er sich von Henrik, den das alles wenig zuversichtlich stimmte. Wenn bei dem Journalisten letztlich die Zweifel überwogen, dann machte das seinen gesamten Plan obsolet. So oder so stand fest, dass bis Montag nichts geschehen würde. Er hatte also Zeit, seine Wunden zu lecken. Und er konnte Helena einweihen, wie er es sich vorgenommen hatte. *Und* ein weiteres Gespräch mit seiner Mutter führen.

Die Sonne stand bereits sehr tief, als er sich endlich dazu durchringen konnte, Simone anzurufen. Er hatte schon das Telefon in der Hand, da kam ihm Bruno dazwischen, der plötzlich im Antiquariat stand. Unter seinem linken Arm klemmte eine Aktenmappe. »Ich habe … Hoppla! Wurdest du verprügelt?«

»Nicht der Rede wert.« Henrik winkte ab. Natürlich waren die Schwellungen im Gesicht nicht zu verbergen. Doch die Massage- und Bürstentortur im Hamam zeigte eine überraschend gute Wirkung gegen die Blessuren, die er am ganzen Leib davongetragen hatte. Eine andere Frage war, wie es ihm morgen Früh gehen würde. »Schieß los, was hast du für mich?«

Der Padre musterte ihn noch einen Moment besorgt, dann seufzte er. »Wie du meinst, also, schau her, ich habe ein paar interessante Dokumente zusammengetragen.«

»Lass uns ins Büro gehen«, schlug Henrik vor, steckte das Handy weg und schob seinen Freund durch den Vorhang in das fensterlose Kabuff. Auf dem Schreibtisch lagen immer noch die Katasterpläne. Jetzt war er froh, dass sie sich wieder aufgerollt hatten und Bruno nicht sah, um was es sich handelte. Schnell und etwas grob verstaute er sie hinter sich im Regal.

Der Padre verzog das Gesicht. »Du solltest vorsichtiger mit so alten Pergamenten umgehen, mein Freund. Hast du womöglich erneut Hinweise auf ein Verbrechen entdeckt?«

Henrik dachte an den einbetonierten Sheïk Salamah und schüttelte den Kopf, wobei er vermied, dem Priester in die Augen zu sehen. »Spann mich nicht auf die Folter, was hast du ausgegraben?«, fragte er stattdessen.

Der Geistliche klappte die mitgebrachte Mappe auf und hob behutsam die darin befindlichen Papiere heraus. Stolz legte er das erste Blatt auf den Schreibtisch. Es handelte sich um die schlechte Kopie eines handgeschriebenen Dokuments, aufgeteilt in drei Spalten.

Henrik versuchte etwas davon zu entziffern. »Ist es das, was ich denke?«

»Wenn du denkst, das könnte ein Auszug aus dem Geburtenregister der Kirchengemeinde São Roque sein – dann ja«, erklärte Bruno lächelnd. »Darauf hätte ich schon viel früher kommen können.« Er zeigte auf eine Zeile, an der auch Henriks Blick schon hängen geblieben war. »12. Mai 1954, den Namen wirst du ja wohl lesen können!«

»Gut, ich verstehe, er ist dort geboren, in diesem Hospital, dieser kirchlichen Einrichtung. Verzeih mir, aber das hört sich so ... *gewöhnlich* an. Ich dachte immer, Blaublütige bringen ihre Kinder abgeschieden vom niederen Volk zur Welt.«

»Und damit hast du ganz recht. Das Santa Casa de Misericórdia war zu jener Zeit unter anderem eine Klinik für … nun, wie sagte man früher … Hochwohlgeborene. Die Kirche war nicht immer so feinfühlig, wie sie sich jetzt zu geben pflegt. Gerade in der schweren Zeit des Estado Novo war auch der Klerus gezwungen, unrühmliche Wege zu beschreiten.«

Henrik zog eine Grimasse. »Ich spare mir mal jeden Kommentar, weil du mein Freund bist, Bruno. Und dieses Casa Miserdings …«

»Misericórdia, Haus der Gnade«, half der Padre.

»Haus der Gnade, ja, seltsamer Name; würde mich ja eher abschrecken, dort ein Kind zur Welt zu bringen. Egal, ich erinnere mich, du sagtest, es enthielt auch eine psychiatrische Abteilung?«

»Ja. Worauf willst du hinaus?«

»Ehrlich, ich weiß es noch nicht, ich denke nur laut nach. Jedenfalls gehört das Haus der Gnade zu São Roque, und das stellt den Bezug her, richtig?«

»So sehe ich das. Der Mann, auf den dein Onkel und du es abgesehen haben, ist in der damals dort angegliederten Clínica geboren. Darauf bin ich über den Taufschein aus dem Kirchenarchiv gestoßen. Wobei die Taufe selbst nicht im dortigen Gotteshaus erfolgt ist, wie du hier sehen kannst.« Bruno zeigte auf die entsprechende Zeile im Dokument.

»São Miguel«, las Henrik mit Mühe. Die Kopie, die Bruno davon gemacht hatte, musste noch schlechter sein als das Original.

»Eine Kirchengemeinde im Alfama, eine der zahlreichen in unserem Viertel, wenn auch weniger beachtet als São Vicente und Santo Estêvão«, erklärte der Priester.

Sie sahen sich an. Zu São Miguel hatte Henrik bislang nichts im Antiquariat gefunden.

»Was hast du noch?«, wollte er jetzt wissen, denn ein Blatt Papier war noch übrig. »Ist das aus dem Kloster São Pedro de Alcântara?«

»Aus dem Schulregister des Konvents«, bestätigte der Priester. »Ich gehe davon aus, du hast schon vermutet, dass Rafael de Bragança dort sein Abitur gemacht hat.«

»Und unter anderem von Bruder Humberto in Kunst und Philosophie unterrichtet wurde«, ergänzte Henrik. Hierher hatte die Spur der Azulejos sie als Nächstes geführt, und wie es aussah, zeichneten die Fliesen aus Martins Vermächtnis auf eigentümliche Weise den Lebenslauf des Dämons nach. Im Grunde bestätigte Bruno nur, was er ohnehin schon geahnt hatte. Und diese Bestätigung war einerseits gut, andererseits auch ein wenig enttäuschend. Der Aufwand, den Martin dafür betrieben hatte, war schlichtweg merkwürdig. Alleine schon, sich genau diese Azulejos zu besorgen, und noch dazu illegal, da Martin sich dafür mit dem zwielichtigen Hehler Lobo eingelassen hatte. Das war ausgesprochen verrückt. Oder steckte vielleicht noch mehr hinter dem *Azulejo-Code*, und Henrik übersah die tatsächliche Bedeutung? Sollten ihm die Fliesen noch etwas anderes sagen? Bargen die Wandbilder, aus denen sie stammten, womöglich die geheime Formel, um Rafael de Bragança nicht nur zu identifizieren, sondern auch in die Knie zu zwingen?

Er musste sich mit diesem Gedanken beschäftigen – und sollte ihn besser auch mit dem Padre diskutieren, der die Mosaike und ihre Symbolik wesentlich besser verstand und interpretieren konnte als er. Das hieß aber, dass er ihm auch von dem Haus am Largo do Intendente würde berichten müssen. Von seiner jüngsten Entdeckung. Und dann konnte er ihm auch gleich beichten, dass er für diese Information einem Mann ins Gesicht geschlagen hatte … *Nicht heute*, beschloss er. »Das war hervorragende Arbeit«, lobte er Bruno. Sein Mund war trocken, und er tat so, als studierte er erneut die Dokumente, die der Padre mitgebracht hatte.

»Vermutlich wird es nun leichter, die Orte zu finden, auf die uns die übrigen Azulejos hinweisen«, hörte er Bruno voller Zuversicht sagen.

Er nickte und klopfte dem Geistlichen auf die Schulter. »Vergiss darüber nur nicht, dich um deine Schäfchen zu kümmern, mein Freund. Du hast ohnehin schon mehr Zeit auf diese Sache verwandt, als ich dir je vergelten kann.«

Bruno horchte auf. Sein langes Gesicht wurde noch länger. »Das klingt ja gerade so, als würdest du mich bitten, nicht weiterzusuchen.«

»Nein, nein, ich meine nur … du hast immer so viel um die Ohren, und dann komme ich mit meiner Kachelsucherei …«

Das milde Lächeln des Padre kehrte zurück. »Macht dir etwa immer noch dein Traum zu schaffen? Glaubst du womöglich, dass mich das bisschen Recherche in die Knie zwingt? Dass ich einen Herzinfarkt erleide ob der vielen Aufgaben? Ich bitte dich!« Er lachte und drückte fest Henriks Hand. »Um mich musst du dir am wenigsten Sorgen machen! Du weißt doch, ich verfüge über himmlischen Beistand.«

Henrik hätte es ihm gerne ausgeredet, konnte aber nicht. Zum einem, weil er auf die Schnelle nicht die richtigen

Worte finden würde, zum anderen, weil Bruno es plötzlich eilig hatte.

Kaum war der Padre aus der Tür, rief Helena an. Wie es schien, war auch sie nicht davon abzubringen, ihn aufzugeben, egal, wie schlecht er sich ihr gegenüber benahm. Natürlich stellte sie gleich zu Beginn klar, dass ihr Anruf rein dienstlich war. Doch gerade weil sie das so betonte, klang es noch mehr nach einem Vorwand.

»Ich weiß nicht, warum ich mir die Arbeit gemacht habe ...«, begann sie.

Weil du so viel für mich empfindest, hätte er gerne erwidert. »Arbeit wofür?«, fragte er scheinheilig.

»Der Largo do Intendente wurde bereits vor fünfzehn Jahren von einem Investor gekauft. Damals zu einem Spottpreis, weil die Gebäude heruntergekommen und teilweise schon dem Verfall überlassen waren. Danach passierte einige Jahre lang nichts. Erst durch ein neues städteplanerisches Konzept kam die Wende. Die Maßnahmen der Stadtverwaltung sollten daraus einen günstig gelegenen Ort machen, eine Mischung aus Wohngebäuden und gewerblich nutzbaren Flächen, wie sie derzeit so beliebt ist. Beinahe sofort nach diesem Beschluss rückten Bagger und Bautrupps an, und mittlerweile sind zwei Drittel der Häuser renoviert. Die Quadtratmeterpreise für die Wohnungen sind nach oben geschossen. Das, was lange Zeit wie eine Fehlinvestition aussah, wurde zu einer Goldgrube für den Geldgeber.«

Das war nicht unähnlich dem Vorgehen, das EP in der Wüste praktizierte. Es wurde gekauft und abgewartet. Und dann plötzlich ergab sich eine neue Sicht auf die scheinbar unrentable Investition. Nicht zum ersten Mal fragte er sich, ob die Chinesen den Energiekonzern nur erwarben, um dadurch an die wertvollen Wasservorräte in der nordafrikanischen Wüste zu gelangen. War das der Plan, der alles erklärte? Aber wer verfügte über so viel Weitsicht? Wer besaß diesen – auch in finanzieller Hinsicht – langen Atem, ein Vierteljahrhundert ausharren zu können, bis die Dividende stimmte?

Ja: wer? Musste er sich das wirklich fragen?

»Hast du nähere Informationen über den Investor?«

»Wie immer in solchen Fällen handelt es sich um ein weitverzweigtes Konsortium, dem etliche Unternehmen anhängen. Auf die Schnelle und vor allem ohne Erlass der Staatsanwaltschaft wird hier niemand was offenlegen.«

»Ist wenigstens irgendwo der Name de Bragança aufgetaucht?«

Er hörte sie laut Luft holen, doch als sie sprach, klang sie wieder versöhnlich »Nein. Was natürlich nichts heißen muss. Die de Braganças beackern zahlreiche Felder, aber das hatten wir ja bereits.«

»Sie *lassen* beackern«, korrigierte er sie. Egal, damit konnte er vorerst leben. »Hast du noch mal mit deinem Freund von der Wirtschaftskriminalität gesprochen?«

Sie antwortete nicht sofort. »Jetzt, wo du es erwähnst, könnte ich beinahe auf die Idee kommen, dass er mir in den letzten Tagen aus dem Weg gegangen ist …«

»Glaubst du, jemand von oben hat spitzgekriegt, dass ihr über die Geschäfte von Energ*í*as Portuguesas in den Neunzigerjahren geredet habt?«

»Ich hoffe nicht! Nicht für ihn und nicht für mich. Merda, ich hätte mich nicht erneut von dir in so eine prekäre Sache reinziehen lassen dürfen. Wir sollten damit aufhören, Henrik! Noch können wir …«

»Wegsehen?«, fuhr er ihr ins Wort.

»Uns retten«, murmelte sie.

Sie hatte natürlich recht. Es wäre besser für sie, ihre Tochter, die Familie. Auch besser für ihn, der vorhatte, weiterhin in Lissabon zu bleiben. Zwangsläufig dachte er an Alves und daran, was er mit dem Journalisten ins Rollen gebracht hatte. »Vermutlich ist es dafür zu spät«, entgegnete er ebenso leise.

38

In der Nacht schlief er schlecht. Die Abreibung, die er im Mouraria-Viertel kassiert hatte, hatte ihm einige quälende Hämatome beschert, und er fand einfach keine Stellung im Bett, die ihn schmerzfrei schlafen ließ. So verbrachte er den Sonntagmorgen mit zu viel Aspirin im Magen und wachsender Unruhe. Da waren so viele Dinge, die er noch bedenken musste, zudem nagte das Gefühl an ihm, etwas zu übersehen, während er gleichzeitig spürte, dass sich sein Verstand nach Abstand sehnte. Sein Denkapparat war überhitzt und kurz davor durchzubrennen. Jetzt, da er zum Abwarten verdammt war, befand er sich sozusagen hochtourig im Leerlauf – und das war schlecht für jede Maschine. Dagegen tun konnte er aber auch nichts, denn alles, was ihm an Ködern zur Verfügung stand, hatte er ausgeworfen. Er hatte Adriana für seine Zwecke eingespannt, er schickte Bruno kreuz und quer durch Lissabon, und er hatte Alves eine Geschichte gegeben. Die Aussaat war erfolgt und nun blieb ihm nichts, als sich in Geduld zu üben und auf eine ertragreiche Ernte zu hoffen.

Nach zwei Anrufen bei seiner Mutter, die ins Leere gingen, schloss er das Antiquariat auf und hängte das Geöffnet-Schild ans Baugerüst. Über Nacht waren Wolken aufgezogen. Unten am Tejo waberte Dunst durch die Gassen. Die Temperatur war merklich um ein paar Grad gesunken. Nachdem er Dutzende von Büchern umsortiert hatte, trieb es ihn in den Keller. Modergeruch stieg ihm in die Nase und erinnerte ihn wieder an den immer schneller voranschreitenden Verfall. Stellenweise sickerte noch immer Wasser aus den Wänden, das sich an der Mauer zum Fluss hin sammelte und dort auf dem unebenen Steinboden an manchen Stellen bis zu einem Zentimeter hoch stand. Die Bauarbeiter hatten drei Löcher durch das Mauerwerk getrieben, damit es ablaufen konnte, aber er musste regelmäßig mit einem Besen nachhelfen. Dafür hatte er diesen Bereich freigeräumt und die noch nicht völlig durchweichten Kartons und Gegenstände auf andere Bereiche des Kellers verteilt. Was sich in den feuchten, verschimmelten Kisten außer Büchern, Folianten und Papiersammlungen noch befand, konnte er nicht sagen. Beim tagelangen Umschichten hatte er nur gelegentlich darin herumgestöbert, stets begleitet von dem unguten Gefühl, im nächsten Moment auf Hinweise für weitere Verbrechen stoßen zu können. Wieder einmal wurde ihm bewusst, dass es vermutlich nicht damit endete, wenn er den *Mann ohne Nabel* überführte. In all dem, was Martin über die Jahrzehnte gesammelt hatte, würde zweifellos ein weiterer Namenloser zum Vorschein kommen, der sein Unwesen getrieben hatte oder das immer noch tat. Während er den Besen schwang, knirschte und ächzte das Gebälk über seinem Kopf. Auch das kannte er mittlerweile, und je öfter er es hörte, desto weniger schien es ihn zu beunruhigen. Sollte das Haus einstürzen und den Inhalt des Antiquariats unter sich begraben, wäre er zwar obdachlos – aber auch von einer immensen Last befreit.

Später schrieb er seiner Mutter eine Nachricht, aber auch die blieb unbeantwortet. Womöglich nutzte sie den Sonntag für einen Ausflug nach Sintra. Dafür gab es genügend Anbieter in der Stadt, auch wenn er sich nur schwer vorstellen konnte, dass sie sich zu den Pauschaltouristen in einen Bus quetschte.

Auch wenn er sich vorgenommen hatte, nicht über den Toten im Beton nachzudenken, konnte er seinen Kopf einfach nicht ausschalten. Je mehr Zeit verging, desto größer wurden seine Zweifel, ob er mit Alves und seinem investigativen Journalismus aufs richtige Pferd gesetzt hatte; er hatte die Skepsis über dieses Vorgehen in Saids Augen gesehen. Diese Zweifel machten die Unruhe noch quälender. Was, wenn es auf diese Weise nicht funktionierte? Wenn die Reportage die Leute kaltließ, vor allem diejenigen, die er damit treffen wollte? Welche Möglichkeiten blieben ihm dann noch, an de Bragança heranzukommen? Musste er dann im Antiquariat nach noch mehr verborgenen Hinweisen stöbern?

Verdammt, er brauchte nicht nur Andeutungen, er brauchte Beweise. Es war zum Haareraufen!

Um sich abzulenken, schaute er später bei Victor vorbei, nur um festzustellen, dass Lisa nicht hinter dem Tresen stand.

Der Barbetreiber wirkte überrascht, als Henrik den Schankraum betrat. »Sieh an, der Herr Nachbar.«

Henrik kam gleich zur Sache. »Ich suche deine Aushilfe, die Engländerin.«

Victor lachte. »Sag mir nicht, da läuft was zwischen euch!«

»Sie hat ein Buch bestellt, mir aber keine Adresse hinterlassen. Du kannst mir doch sicher sagen, wo ich sie finde, oder?«

»Datenschutz«, antwortete Victor sichtlich amüsiert.

»Ich nehme an, das gilt auch für ihre Telefonnummer?«

»Du hast das Prinzip verstanden.«

»Okay, wann arbeitet sie wieder?«, fragte Henrik frustriert. Der Zorn kratzte bereits wieder am Zwerchfell.

Victor zuckte mit den sehnigen Schultern. »Wenn ich Bedarf habe.«

Henrik schlug mit der flachen Hand auf den Tresen und wandte sich ab. Doch dann fiel ihm noch etwas ein. Er drehte sich noch einmal um. »Hat sie dir ein Tattoo gestochen?«

»*Lisa*? Wie kommst du denn darauf?«

»Egal, vergiss es!« Er beeilte sich aus der Bar zu kommen. Warum hatte ihm diese Frau bloß all diese Lügen über sich erzählt? Und warum hatte er nicht erkannt, dass sie ihm nur Unwahrheiten aufgetischte? Nun, dafür waren zweifellos die vielen Biere verantwortlich, die er an diesem Abend getrunken hatte. Dennoch ergab ihr Verhalten keinen Sinn. Ob sie krank war, so etwas wie ein pathologische Lügnerin vielleicht? Für einen Moment streifte ihn der Verdacht, dass ihre Begegnung womöglich inszeniert gewesen war. Dass jemand sie auf ihn angesetzt hatte, jemand, der wusste, was er hören wollte. Wofür er anfällig war. War auch sie wieder nur ein Test? Er schüttelte den Kopf. Nein, das war zu absurd. Sie hatte einfach das Geldbündel gesehen, dass er in seiner Hosentasche herumtrug, und sich eine Strategie zurechtgelegt, um an dieses Geld zu kommen. Das war die logischste Erklärung.

Oder?

39

Der Himmel färbte sich bereits rot, und nun hielt er es endgültig nicht mehr aus, untätig herumzusitzen. Eine Weile lief er ziellos durch Straßen und Gassen, die schmerzenden Muskeln ignorierend und ohne so richtig zu bemerken, wohin sein Unterbewusstsein ihn lenkte. Erst als er zuerst das Zentralkrankenhaus passierte und gleich darauf den Campo Mártires da Pátria durchquerte, ohne der kunstvoll angelegten Parkanlage Beachtung zu schenken, wurde ihm klar, wohin seine Füße unterwegs waren. Die Abendluft war mild, und der Himmel hatte eine samtig violette Färbung angenommen, als er sich erneut auf dem Largo do Intendente Pina Manique einfand. Die Straßencafés und Restaurants waren gut gefüllt. Ebenso wie alle Sitzgelegenheiten rund um die Wasserspiele und unter den Bäumen. Die typische Lissaboner Lebensfreude, die sich in einer Art melancholischer Ausgelassenheit manifestierte, prägte die Atmosphäre – ohne auf ihn überzuspringen. Er selbst blieb unempfänglich gegen die gute Stimmung, zu deutlich standen ihm seine momentanen Probleme und Aufgaben vor Augen. Ohne auf das fröhliche Treiben zu achten, marschierte er zum Ende des Platzes und zu jenem Gebäude, vor dem er erst kürzlich gestanden hatte. An dem schmucken Palais war keinerlei Veränderung zu erkennen. Die Läden waren nach wie vor geschlossen. Die Lichter der Laternen, die den Largo do Intendente ausleuchteten, strahlten hier nur noch schwach.

Was suche ich hier bloß?

Er machte zwei letzte Schritte auf das in die Mauer eingelassene Gittertor zu und umfasste eine der schmiedeeisernen Stangen. Das Tor gab sofort nach, es war nicht abgesperrt, die Zarge nicht einmal eingerastet. *Himmelherrgott!* Ohne dass er sich wirklich dagegen wehren konnte, keimte in ihm ein verrückter Plan. Die steinerne Umfriedung war hoch, und dahinter auf dem gepflasterten Vorhof standen bauchige, hüfthohe Terrakottatöpfe mit üppiger Bepflanzung, die den Weg bis zum Eingang säumten. Natürlich hielten sich viele Leute auf dem Platz auf, doch die waren alle mit sich selbst, ihren Kindern oder dem Essen auf ihren Tellern beschäftigt. Unauffällig sah er sich um und entdeckte niemanden, der ihm Beachtung schenkte.

In einer Art unbewusster Vorsorge hatte er, als er vorhin aus dem Haus geflüchtet war, das handliche Ledermäppchen eingesteckt. Und die LED-Taschenlampe, die nur wenig größer als sein Daumen war. Mit einem Mal durchzuckte ihn die nächste Idee, noch verwegener als die davor. Bruno hatte es doch nicht weit bis hier herunter und an einem Sonntagabend bestimmt nichts weiter zu tun, als an einer Predigt zu schreiben, die er in einer Woche halten würde, oder ein wenig in der Bibel zu lesen ... Er hätte nicht erklären können, warum er den Priester gerne dabeihaben wollte – es fühlte sich einfach richtig an.

Henrik brauchte nicht einmal darüber nachzudenken, wie er seinen Freund am besten herlocken konnte. Tatsächlich hatte er das Telefon schon in der Hand, stellte er fest, sogar schon in der Kontaktliste die Nummer ausgewählt. Sein Finger kreiste über den Anruf-Button und wurde eine Sekunde später wie magnetisiert auf das Display gezogen.

Vermutlich geht er ohnehin nicht ran, dachte er noch, dann meldete sich der Padre auch schon.

»Henrik, meu amigo!«

»Wann warst du zuletzt auf dem Largo do Intendente?«

40

»Das ist ...«, setzte Bruno an, doch dann schienen ihm die Worte zu fehlen. Henrik hatte die knapp zwanzig Minuten, die er auf ihn warten musste, auf einer Bank verbracht. Der Einwand, dass der Padre morgen in aller Herrgottsfrühe an den Exerzitien teilnehmen wollte, war schnell vom Tisch gewesen, nachdem Henrik ihm seine Entdeckung geschildert hatte. Nun standen beide an der Stelle vor dem Gebäude, von wo aus die geflieste Fassade selbst bei der mäßigen Ausleuchtung durch die Straßenlaternen noch gut zu erkennen war. Gut genug jedenfalls, dass Bruno auch ohne konkrete Anweisung von Henrik das Kachelgemälde ausmachen konnte, aus der jene Azulejo stammte, die er in seinem Büro im Kloster São Vicente de Fora verwahrte. Über den Freudenausbruch, den anstelle des Originals eingepassten Ersatz gefunden zu haben, waren sie bereits hinweg. Eben hatte Henrik mit gesenkter Stimme seinen Plan beschrieben. Von den Sitzgelegenheiten der Bars, die rund dreißig Meter entfernt lagen und die sich rechts von ihnen bis zum entfernten Ende des lang gezogenen Platzes erstreckten, waren weiterhin das Plaudern und Lachen der Leute, Gläserklirren und Besteckgeklapper zu hören. Zusätzlich untermalt wurde das Ganze von der Musik einer Straßencombo, die aus Gitarre, Trompete und einem Bandoneon bestand und die ihren Instrumenten melancholisch beschwingte Töne entlockten.

»Das ist nicht dein Ernst, oder?«, flüsterte Bruno und blickte ihn von der Seite an. Henrik tat so, als hätte er ihn nicht gehört, musste aber unwillkürlich grinsen.

»Also doch«, ächzte sein Freund leise.

»Bruno, wir müssen uns fragen, was dieses Haus für eine Bedeutung hat – oder hatte. Warum Martin wollte, dass wir es aufsuchen.«

»Es aufsuchen«, wiederholte Bruno. »Und *Bedeutung* in Bezug auf Rafael de Bragança, nehme ich an.«

Henrik nickte. Auf wen auch sonst?

Der Padre seufzte. »Sieht ziemlich unbewohnt aus«, stellte er dann fest.

»Ist mir schon bei meinem ersten Besuch aufgefallen. Das Gittertor ist übrigens offen.«

»Wie eine Einladung«, antwortete der Padre.

»Wie eine Einladung«, bestätigte Henrik. Er glaubte selbst noch nicht recht daran, dass sie tatsächlich einen Einbruch in Erwägung zogen. Ein letztes Mal sah er sich um, dann schlenderte er ganz beiläufig zum Gittertor. Bruno blieb an seiner Seite. Die Angeln gaben keinerlei Geräusch von sich, so gut waren sie geölt. Es dauerte nicht einmal zwei Sekunden, dann standen sie auf dem Steinmosaik des Vorhofs. Die Mauer, die diesen umgab, schützte sie vor den Blicken der Leute auf dem Largo do Intendente. Und wie sah es mit elektronischen Augen aus? Von draußen hatte Henrik keine Kameras ausmachen können, aber natürlich war die Technik heutzutage so fortgeschritten, dass eine professionell installierte Überwachung quasi unsichtbar sein konnte. Ebenso wie versteckte Bewegungsmelder, die einen stillen Alarm auslösten. Neben sich hörte er Bruno aufgeregt atmen. Beinahe erwartete er, dass der Priester jede Sekunde dazu ansetzen würde, ihm die Sache auszureden.

»Wie kommen wir ins Gebäude?«, wisperte Bruno stattdessen.

Ja, wie kommen wir ins Gebäude? Darüber hatte Henrik natürlich schon nachgedacht. Auf die Entfernung war nicht abzuschätzen gewesen, welche Sicherheitsstandards das Schloss am Haupteingang aufwies. Die Tür an sich wirkte jedenfalls sehr robust. Außerdem würden sie vor dem durch drei Stufen leicht erhobenen Portal wie auf dem Präsentierteller stehen. Daher war der direkte Weg von vornherein keine Option.

»Sehen wir uns ein wenig um«, murmelte Henrik und entschied sich für die Marschroute links um das Palais herum. Mit schnellen Schritten überquerten sie den Vorhof dorthin, wo der zurückversetzte Gebäudeteil ans Nachbargebäude heranreichte. Der Abstand zu dem Zaun, der das Grundstück von dem angrenzenden Haus trennte, betrug hier kaum einen Meter. Auch ein Grund, warum Henrik sich für diese Richtung entschieden hatte. In dem engen Durchlass war es stockdunkel, außerdem war er zu Beginn von dornigem Gestrüpp versperrt, an dem sie sich mehr schlecht als recht vorbeizwängten. Im vorderen Drittel des Durchlasses passierten sie zwei vergitterte Fenster, unmöglich zu überwinden und nicht das, wonach Henrik suchte. Der Nachthimmel, der im Spalt zwischen dem Dachvorsprüngen zu erkennen war, verjüngte sich nach hinten hin immer mehr. Die Schwärze wurde kompakter, und beim Vorantasten in dieser lichtlosen Enge berührte er plötzlich einen Türrahmen. Ein Seitenausgang, der vermutlich keine Verwendung mehr fand, seit so dicht daneben ein Nachbargebäude errichtet worden war. Sein ganz in Schwarz gekleideter Gehilfe schirmte das Licht der Taschenlampe zur Straße hin ab. Henrik zeichnete mit dem Lichtkreis die Umrisse der

Türe nach, die sich nach innen öffnete. Keine äußeren Anzeichen von nachträglich angebrachter Sicherheitselektronik. Allem Anschein war sie wirklich schon sehr lange nicht mehr bewegt worden. Die Verriegelung sollte keine Herausforderung für jemandem sein, der während seiner Ausbildung an der Polizeischule gelernt hatte, ein simples Schloss zu knacken. Das würde ihn nicht viel Zeit kosten, einen Versuch war es daher wert, selbst wenn sich herausstellte, dass die Tür von der anderen Seite zugemauert war.

Er reichte Bruno die Taschenlampe und justierte den Lichtstrahl, indem er das Handgelenk des Pfarrers in den richtigen Winkel bog. Dann zog er das Mäppchen mit dem Einbruchswerkzeug aus der Tasche, wählte zwei der Metallhaken und kniete sich auf den Absatz, um auf Augenhöhe mit dem Schloss zu sein. Die veraltete Verriegelung bot erstaunlich wenig Widerstand. Die Schließmechanik war so leichtgängig, als würde sie regelmäßig geschmiert werden. Das, zusammen mit dem bereits offenen Gittertor in der Umfriedung, machte diese Unternehmung verdächtig einfach. Zu einfach! Das roch nicht nur nach Falle, es stank geradezu bestialisch.

Henrik wusste das – und trotzdem verscheuchte er die Überlegung aus seinem Kopf und drückte, kaum dass er das metallische Klicken hörte, gegen die Tür.

Der Taschenlampenstrahl zeigte einen Flur mit leeren Wänden. *Wir werden hier nichts finden,* folgerte er. *Außer einen Hinterhalt!*

Noch während ihm das durch den Kopf schoss, drückte sich Bruno an ihm vorbei, betrat den Gang und knipste das Licht an.

»Scheiße!«, zischte Henrik, folgte dem Priester und zog die Tür hinter sich zu. »Das war leichtsinnig!«

Bruno lachte. »Diese ganze Aktion ist leichtsinnig, und ich will sie hinter mich bringen.«

Der Glasleuchter an der hohen Decke zeichnete ein weiches Licht, was den Gang viel einladender erscheinen ließ.

»Jedenfalls macht hier jemand regelmäßig sauber«, stellte Bruno fest und fuhr mit dem Finger die Holzleiste entlang, die auf Brusthöhe die getäfelte Wandverkleidung abschloss. Die Wand darüber war mit einer Blumentapete versehen. Drei Türen gingen von dem Flur ab. Wieder war es der Geistliche, der forsch vorausschritt.

In den unteren Räumen, von denen es mehr gab, als das Gebäude von außen vermuten ließ, fanden sie nur ein Zimmer, das möbliert war. Vor einem deckenhohen Fenster, durch das man hinaus auf den immer noch belebten Platz blicken konnte – weshalb sie sich hüteten, auch hier Licht anzumachen – stand ein langer Esstisch, unter den zu jeder Seite acht Stühle geschoben waren, dazu je ein Stuhl an den Kopfenden. Auf der polierten Tischplatte spiegelte sich das honigfarbene Licht der Laternen des Largo do Intendente Pina Manique.

Unschlüssig verharrten sie im Rahmen der offenen, doppelflügeligen Tür. »Sehen wir uns noch das Obergeschoss an«, wisperte Bruno. Henrik nickte, und sie kehrten in das großzügige Foyer mit Freitreppe zurück, das sie schon vor einer guten Minute durchquert hatten. Mittlerweile schlichen sie nicht mehr, auch wenn Henrik dem Braten immer noch nicht traute. Vor allem konnte er nicht glauben, dass keinerlei Überwachung vorhanden war. Nein, er war sicher, dass sie versteckt gefilmt wurden und ihnen diese

Aufnahmen irgendwann zum Verhängnis werden würden. Doch noch war es *nur* Hausfriedensbruch und er hatte gewiss nicht vor, dass noch mehr daraus wurde. Er rechnete sekündlich mit Polizeisirenen und blinkenden Blaulichtern, doch diese Befürchtung behielt er für sich. Bruno war schon aufgedreht genug.

Wie in allen Zimmern, in die sie hineingespäht hatten, war auch im Foyer erst kürzlich penibel geputzt worden. Gerade so, als wäre morgen mit einem Einzug zu rechnen. Henrik wusste nicht, was er von diesem leer stehenden Haus halten sollte. Gefangen in dieser Überlegung, leuchtete er den Treppenaufgang hinauf ... und erstarrte.

Dann führte er den Lichtkreis wesentlich langsamer wieder die leicht geschwungene Wand herab und ließ ihn mit Bedacht über die Rahmen gleiten, die dort aufgereiht hingen. Das, was er da vor sich sah, bestätigte ihm, in das richtige Haus eingebrochen zu sein.

41

Mit bebendem Herzen ließ er den Taschenlampenstrahl von einem Gemälde zum anderen wandern.

»Sehr eindrucksvoll«, hörte er Bruno neben sich sagen.

»Das Licht in der Wüste«, murmelte Henrik.

»Du kennst die Bilder?«, fragte der Priester überrascht.

»Niemand kennt sie, sie waren vier Jahrzehnte lang verschollen.«

»Du machst mich neugierig.« Inzwischen flüsterte Bruno nicht mehr. Niemand außer Henrik konnte ihn hören.

»João hat sie gemalt«, erklärte Henrik. »Während seiner Zeit in Marokko. Dort hat er auch von dem verborgenen Wasser erfahren.«

Bruno musterte ihn mit gerunzelter Stirn. »Ich fürchte, ich bin nicht auf dem Laufenden.«

Henrik legte dem Priester die Hand auf die Schulter. »Das ist auch gesünder für dich. Aber ich verspreche, dich einzuweihen, sobald ich diese Angelegenheit zu Ende gebracht habe.« *Wie auch immer dieses Ende aussehen mag*, fügte er im Stillen hinzu. Es war zu dunkel, um in Brunos langem Gesicht lesen zu können. Zumindest legte er keinen Protest ein. Im Gegenteil, wieder war es der Kleriker, der vorausging und über die Treppe das obere Geschoss in Angriff nahm.

Hier stand mehr Mobiliar herum. Es gab drei voll eingerichtete Schlafzimmer. Ein luxuriös ausgestattetes, in weißem Marmor gehaltenes Bad und ein Arbeitszimmer, das gleichzeitig als Bibliothek diente. Der hohe Raum, der einen Blick auf die Dachbalkenkonstruktion erlaubte, war an drei Wänden mit Regalen versehen, die vollständig mit Büchern gefüllt waren. Ähnlich viele, wie Henrik im Antiquariat stehen hatte, jedoch wesentlich aufgeräumter und vermutlich auch besser sortiert. Mittelpunkt des Zimmers war ein massiver Schreibtisch, dessen wuchtige Tischplatte aus grünlichem Stein gefertigt war.

»Das sieht alles ziemlich inszeniert aus …« Damit nahm Bruno einen Gedanken auf, der Henrik schon beschäftigt hatte, seit sie unerlaubt hier eingedrungen waren. Es war unerklärlich, und dennoch schien es immer offensichtlicher: Jemand hatte geplant, dass er Joãos Kunstwerke hier fand! Was lag in diesem Haus wohl noch alles für ihn bereit? Oder besser, was hatte man für ihn *bereitgelegt*? Vielleicht in den Schreibtischschubladen, die nicht verschlossen waren, wie er soeben feststellte. Er konnte sie eine nach der anderen aufziehen, doch sie enthielten viermal nichts als Leere. Frustriert schob Henrik die unterste Schublade zurück – etwas zu laut für eine illegale Hausdurchsuchung.

»Suchst du vielleicht das?«, hörte er Bruno fragen, der an der Bücherwand links von ihm stand. Henrik leuchtete zu ihm hinüber. Der Padre hielt einen Bilderrahmen hoch, in Größe und Format dem entsprechend, was man sich für gewöhnlich auf den Schreibtisch stellte.

»Silber, würde ich schätzen«, verkündete Bruno, tippte auf den Edelmetallrahmen und kam dann auf ihn zu. Das Foto war alt und ausgeblichen. Es bestand fast nur noch aus Grüntönen und zeigte die Gesichter zweier junger Männer. Im Hintergrund konnte man Kamele erahnen, angeleint zwischen Zelten stehend, dazu Felsen und Sand. Eine Wüste. Die Männer im Vordergrund trugen jeweils Kufiyas, die bekannten Kopftücher, die den Beduinen als

Sonnenschutz dienten. In dieser Musterung und Farbe hatte er sie zuletzt bei den Arbeitern auf dem Baugerüst der Moschee im Mouraria-Viertel gesehen. Trotz der Kopfbedeckung waren die Gesichter der beiden gut zu erkennen. Einer von ihnen lächelte breit in die Kamera, während der andere ernst blieb. Beide waren auf ihre Art attraktiv, auch oder gerade weil der Wüstenlook und die unrasierten Wangen ihnen etwas Verwegenes verliehen. Es handelte sich definitiv nicht um Araber oder Nordafrikaner.

»Weißt du, wer das ist?«, fragte Bruno leise.

Henrik nickte und nahm das Bild aus dem Rahmen.

»Marokko, em algum lugar.« Bruno las über seine Schulter die handgeschriebene Notiz auf der Rückseite. »Irgendwo in Marokko«, übersetzte er.

Vermutlich nicht Marokko. Nicht das offizielle Marokko zumindest.

»Man hätte ein Datum dazuschreiben sollen, der Aufdruck, den das Fotogeschäft damals gemacht hat, ist nicht mehr zu entziffern«, kommentierte der Padre.

»Es muss irgendwann in den späten Siebzigern gewesen sein«, meinte Henrik. »Ich nehme an, der rechts ist João de Castro, von dem auch die Kunstwerke stammen, die im Treppenaufgang hängen.«

»Der, der so ausgelassen lächelt?«, fragte Bruno. »Was du alles weißt. Und der andere?« Er zeigte mit dem Finger auf den zweiten Mann. »Dem hat es wohl weniger gefallen, in einem Beduinenzelt zu schlafen und mit Kameldung Feuer zu machen.«

Anabela war davon ausgegangen, dass ihr Bruder damals in der Westsahara allein unterwegs gewesen war. Dieses Bild erzählte jedoch eine andere Geschichte.

»Das ist Rafael de Bragança«, erklärte Henrik. Ja, da war er sich ganz sicher. Er erkannte das Gesicht von der Kohlezeichnung wieder, die João einst von dem *Mann ohne Nabel* angefertigt hat. Die Striche, Schattierungen und Schraffierungen waren so sicher und gekonnt gesetzt worden, dass es keinen Zweifel gab.

»Der Dämon«, murmelte Bruno. »João wurde auf dieser Reise von seinem mutmaßlichen Mörder begleitet?«

Henrik sah den Priester überrascht an. Er hatte ihm die Geschichte nie erzählt, die hinter seiner Absicht steckte, de Bragança ausfindig zu machen. Aber natürlich hatte der Padre seine eigenen Schlüsse gezogen und eins und eins zusammengezählt. Henriks Informationen, die im Laufe dieses Jahres an Bruno gegangen waren, gelangten nur häppchenweise hinter die Klostermauern von São Vicente de Fora – und doch hatten die Fragmente ausgereicht, um dem Geistlichen einen ausreichenden Einblick in die Hintergründe zu gewähren. All seine Bemühungen, Bruno nicht zu tief einzuweihen, um ihn zu schützen, hatten nichts genutzt. *Ich habe zu häufig zu laut gedacht*, folgerte er. Und da es jetzt noch wenig Sinn machte, die Geheimnistuerei fortzusetzen, behielt er seinen nächsten Gedanken nicht für sich. »Womöglich musste João Jahre nach dieser Reise nicht nur aus verschmähter Liebe sterben, sondern weil er um das unterirdische Wasser wusste. Und weil er später verstanden hat, dass de Bragança dieses Geheimnis zu Geld machen wollte.«

Bruno kam nicht mehr dazu, ihm seine Überlegungen dazu mitzuteilen, denn die Stille im Haus wurde von einem Geräusch aus dem Erdgeschoss gebrochen, das ihnen den Atem stocken ließ.

Unten schloss jemand die Eingangstür auf.

42

Sofort knipste Henrik die Taschenlampe aus, steckte sie ein, packte den zur Salzsäule erstarrten Padre am Ärmel und zog ihn mit sich hinaus in den Flur. Seine Augen hatte sich mittlerweile an die Dunkelheit gewöhnt. Über das Treppenhaus nach unten zu eilen, war natürlich keine Option. Dort würden sie demjenigen, der soeben das Haus betreten hatte, direkt in die Arme laufen. Noch ehe er das Für und Wider einer Konfrontation abwägen konnte, vernahm er gedämpfte Stimmen. Das war also nicht nur eine Person, sondern mindestens zwei, womöglich sogar drei. Drei *männliche* Stimmen, wohlgemerkt, und damit eine Überzahl, was eine Flucht nach vorne noch undenkbarer machte. Zumal er keine Ahnung hatte, wie sich Bruno aufs Kämpfen verstand. Genau so wenig wie er abschätzen konnte, wie schnell der Padre mit seinem Hüftschaden überhaupt in der Lage war zu rennen. Was also blieb? Gab es hinten noch eine Treppe? Als sie vorhin das Erdgeschoss inspiziert hatten, war ihm kein Fluchtweg im rückwärtigen Teil des Gebäudes aufgefallen. Aber er musste zumindest noch einmal nachsehen. Zumal es ohnehin die einzige Richtung war, in die sie sich unter diesen Umständen bewegen konnten. Weg von den Schritten, die unten im Eingangsbereich zu hören waren. Er zog den Priester um eine Ecke und drückte ihn gegen die getäfelte Wandverkleidung. »Gibt es hinten eine Treppe?«, flüsterte er ihm ins Ohr.

Bruno zischelte irgendetwas, was wohl hieß, dass er ebenfalls keine Ahnung hatte. Henrik unterdrückte einen

Fluch und schob den Pfarrer weiter bis zum Ende des Flurs, der mit einem Fenster abschloss. Er wischte den Vorhang zur Seite und starrte hinaus, aber auch hier war der Fensterladen geschlossen. Trotzdem keimte etwas Hoffnung in ihm auf. Ein Fenster bedeutete, dass das Gebäude nicht direkt ans nächste Haus gebaut war. Der Griff blockierte, doch bevor er die nächste Verwünschung loswerden konnte, ließ sich die Verriegelung mit hohem Kraftaufwand doch noch drehen. Es knackte, Farbe splitterte ab. Henrik öffnete das Fenster mit einem Ruck und stieß die Holzläden auf. In dem quadratischen Innenhof, in den er hinabblickte und der etwa fünf Meter im Quadrat maß, herrschte finsterste Nacht. Auch von den angrenzenden Gebäuden fiel kein Licht in diesen schwarzen Schacht. Er wagte es nicht, die Taschenlampe anzuknipsen. Stattdessen kniff er die Augen zusammen, in dem Versuch, die Dunkelheit zu durchdringen, konnte in dem Mauerwerk aber keinerlei Art von Öffnung erkennen, nicht einmal schwache Umrisse. Bloß wäre es nicht widersinnig, wenn man dort unten alles zugemauert hätte? Irgendwo *musste* es einfach einen Durchgang zur nächstgelegenen Gasse geben – welchen Nutzen hätte so ein Hof sonst?

Wie auch immer, es nutzte nichts, sich darüber jetzt den Kopf zu zerbrechen. Irgendeine Art von Hof wartete dort unten auf sie, und ob es einen Ausweg gab, würden sie schon sehen, wenn sie sprangen.

Bruno streckte nun ebenfalls den Kopf durchs Fenster. »Kannst du was erkennen?«, fragte er.

»Eher kein Rasen«, meinte Henrik. Schwer vorstellbar, dass auf diesen lichtlosen fünfundzwanzig Quadratmetern etwas wuchs, selbst wenn bei Tag die Sonne hineinleuchtete.

»Also Pflaster, Beton oder Asphalt«, zählte Bruno leise die verbleibenden Optionen auf und klang dabei nicht sonderlich begeistert. Die Stimmen in ihrem Rücken kamen näher. Jetzt die Taschenlampe zu benutzen, war unmöglich, wollten sie ihren Standort noch ein paar Sekunden geheim halten. Wenn er richtig hörte, war mindestens einer der Männer bereits auf der Treppe nach oben.

»Drei Meter, maximal. Ich zuerst«, verkündete er flüsternd.

Ohne seinerseits zu äußern, ob er sich einen Sprung überhaupt zutraute, nickte der Priester und machte Platz, damit Henrik sein Bein über den Fensterrahmen schwingen konnte. Er klammert sich an das lackierte Holz, zog das andere Bein hinterher und legte seine Hüfte auf der harten Kante ab. Dann rutschte er zentimeterweise nach unten. Der Verputz der Hauswand war rau und bröckelte unter seinen Schuhsohlen. Immer noch besser als eine gekachelte Vorderfront, an der es kaum Reibung gab. Hier war kein Fensterbrett, an das er sich hätte hängen können, weshalb er sich am steinernen Mauervorsprung die Unterarme aufschürfte. Zeit, loszulassen, ehe er noch mehr Haut einbüßte. Der Kontakt zum Boden kam zu schnell. Er zog den Kopf ein, krümmte den Rücken, fiel nach hinten und rollte sich ab. Er stand bereits wieder, als der Schmerz kam. In den Beinen, am Hintern, am Rücken, überall dort, wo die Wucht des Sturzes von seinem Körper abgefedert worden war. Doch es war nichts gebrochen oder verstaucht, das spürte er sofort. Er blickte nach oben. Drei Meter war keine schlechte Schätzung gewesen. Über seinem Kopf wand sich nun etwas Schwarzes umständlich aus dem Fenster. Bevor er irgendetwas sagen konnte, fiel der Padre auf ihn zu. Henrik breitete die Arme aus, fing den Priester auf und ging erneut hart zu Boden. Brunos Gewicht presste ihm die Luft aus den Lungen, seine Bandscheiben jaulten, der Schmerz trieb ihm Tränen in die Augen. Für ein, zwei Sekunden sehnte er eine Ohnmacht herbei. Dann ging oben das Licht an. Jemand war in den Flur getreten, an dessen Ende sich ihr Fluchtfenster befand. Und das stand leider sperrangelweit offen.

Das Adrenalin machte ihn wieder handlungsfähig. »Runter!«, keuchte er und drückte gegen den Körper des Priesters. Bruno ruderte mit ausgestreckten Armen und Beinen wie eine auf den Rücken gefallene Schildkröte, während er Psalme gen Himmel murmelte. Endlich kamen sie voneinander los und auch irgendwie auf die Beine. Im nächsten Moment stolperten sie von dem Fenster weg, das nun ein helles Rechteck in den Hof zeichnete. Dieses Licht reichte aus, um ihnen den Weg zu weisen. Ein finsterer Durchgang führte unter dem rechten Nachbargebäude aus dem Hof, doch natürlich stand ihnen zur rettenden Gasse hin ein Tor im Weg. Bruno rüttelte an der Klinke, allzu laut für Henriks Empfinden. Aber warum regte er sich überhaupt auf? Die Männer wussten ohnehin längst, wohin sie geflüchtet waren. Und sehr wahrscheinlich kannten sie auch diesen Durchgang.

Henrik schlich drei Schritte zurück und spähte vorsichtig um die Ecke. Am Fenster war die Silhouette eines breitschultrigen Mannes zu erkennen, der hinunter in den Hof starrte. Ein Mann mit einem kahl rasierten Schädel, so viel war im Gegenlicht zu erkennen. *Er ist es!* Auch wenn er keine hundertprozentige Gewissheit hatte, füllte sich sein Magen mit Kälte. Sie mussten hier raus, sofort!

Mit einigen wenigen Schritten war er wieder beim Tor. »Wir klettern drüber«, zischte er.

Der Padre bekam erneut große Augen, nickte dennoch zustimmend und schlug ein Kreuzzeichen.

»Räuberleiter«, bat er, und Henrik tat ihm den Gefallen. Erneut bekam er das volle Gewicht des Geistlichen zu spüren, während er ihn hochhievte. Zu ihrem Glück hatte niemand beschlossen, Stacheldraht oder Metallspieße oben am Tor anzubringen. Und der Spalt zum Träger der Maueröffnung darüber war breit genug. Bruno passte hindurch. Als er hörte, wie der Priester auf der anderen Seite zu Boden plumpste, benutzte er die Klinke der Tors als Tritt und schwang sich hinauf. Nach einer uneleganten Landung stand er wieder neben Bruno.

Der saß auf dem Boden, den Rücken gegen das Tor gelehnt und atmete angestrengt.

»Wir müssen weg!«, erklärte Henrik, dem es selbst schwerfiel, in der Senkrechten zu bleiben. Seine Nerven waren aufs Höchste gespannt, während er beunruhigt durch die Gasse spähte, in der sie sich befanden. *Sie wissen, wohin wir uns verkrümelt haben.*

Er packte den Padre am Arm und half ihm beim Aufstehen. Der Weg zurück auf den Largo do Intendente, wo sich genug Leute aufhielten, um sich in deren Mitte einigermaßen sicher zu fühlen, war ihnen versperrt. Es gab keinen Zweifel, dass ihre Verfolger von dort kommen würden. Er dirigierte den Priester in die entgegengesetzte Richtung und trieb ihn zur Eile an. Bruno eierte ihm voraus, viel zu langsam für die Situation, in der sie sich befanden. *In die ich uns leichtfertig gebracht habe*, korrigierte er sich. Auch wenn er selbst schneller hätte rennen können, blieb er hinter dem Padre. Dreimal schaute er sich um, konnte aber niemanden sehen. Dennoch wusste er, dass sie hinter ihnen her waren. Wenn *er* es gewesen war, oben am Fenster, dann hatte er Profis an seiner Seite, die wussten, was sie taten. Wie zur Bestätigung vernahm er plötzlich das leise Echo von Schritten, das zwischen den Häusern hin und her sprang. Nach hundert langen Metern mündete ihr Fluchtweg in eine weitere, ebenso leere Gasse. Er hatte gehofft, auf der viel befahrenen Avenida Almirante Reis herauszukommen, wo es Ladenzeilen, Gastronomie und Bushaltestellen gab. In der sie wieder unter Zeugen wären und einfach untertauchen könnten. Hier hingegen gab es nicht einmal eine Bar, in die sie sich flüchten konnten. Also rannten sie weiter über verlassenes Kopfsteinpflaster. Bruno war nach rechts abgebogen, was nicht seine Wahl gewesen wäre. Doch vielleicht kannte der Geistliche sich besser aus als er selbst? Oder vielleicht vertraute er einfach bloß auf den Herrn. Im schlimmsten Fall leitete ihn die Panik und führte sie nur noch weiter in die Irre. Die Schritte ihrer Verfolger waren jetzt deutlicher zu vernehmen. Das Terrain war ihnen zweifellos vertraut. *So werden wir es nicht schaffen.* An der nächsten Abzweigung gebot er Bruno anzuhalten, der nur allzu gern gehorchte. Henrik schubste ihn in eine lichtlose Gebäudenische, wo sie der widerwärtige Geruch überfälliger Mülltonnen empfing.

»Wir trennen uns!«, erklärte Henrik nach Luft ringend. »Ich lenke sie ab, damit du verschwinden kannst.«

Der Padre wollte protestieren, doch Henrik hob gebieterisch die Hand. »Du bleibst in diesem Versteck, bis sie vorbei sind! Ich melde mich später bei dir!«

Er wartete nicht auf Brunos Bestätigung, sondern rannte unverzüglich weiter. Nach dreißig Metern blickte er über die Schulter nach hinten und konnte sie sehen. Zwei Schatten außerhalb der Lichtkegel der Straßenbeleuchtung, die sich schnell in seine Richtung bewegten. Auch wenn die Oberschenkel bereits brannten und die Lunge rasselte, legte er noch einen Zahn zu. Ohne Bruno kam er wesentlich schneller voran. Um die volle Aufmerksamkeit seiner Verfolger auf sich zu ziehen, warf er ein an eine Laterne gelehntes Fahrrad um, an dem er mit fliegenden Beinen vorbeisprintete. Dann zweigte er in die nächste Gasse ab, die nach einer Biegung steil anstieg. Das hatte ihm gerade noch gefehlt. Augenblicklich bekam er noch weniger Luft. In seinen Ohren donnerte das Blut mittlerweile so laut, dass er die Schritte der Männer nicht mehr hören konnte. Er vertraute allein auf sein Gefühl, das ihm sagte, dass sie nach wie vor hinter ihm waren.

Ja, zwei von ihnen! Wo ist der Dritte? Der, der vorhin am Fenster gestanden hatte. Wenn es sich tatsächlich um den Söldner gehandelt hatte, würde der sich auch selbst an dieser Verfolgung beteiligen. So eine Jagd entsprach doch genau seinem Naturell.

Ein metallischer Geschmack füllte seinen Mund, als die Gasse wieder abflachte und sich ihm erneut ein Abzweig bot. Rechts ging es weiter bergan, links zurück in die Senke. Seine Beine übernahmen die Entscheidung, und er wandte sich abwärts. Zwei Querstraßen voraus kam plötzlich die vierspurige Ausfallstraße in Sicht, die hinaus aus dem Zentrum in die östlichen Stadtteile führte. Dort fuhren nicht nur viele Autos, dort gab es auch Menschen. Und einen Zugang zur Metro, wie er beim Näherkommen feststellte.

Er war weiter gekommen, als es sein Zickzackkurs hatte vermuten lassen. Die U-Bahn-Station Anjos wurde von der Linha Verde bedient. Das hieß: nur vier Stationen, und er war so gut wie zu Hause. Unglaublich, dass er seinen Verfolgern entronnen war!

Absolut sicher war er sich allerdings erst, als er endlich auf dem Bahnsteig stand – wo er zu seiner Beruhigung auch nicht mehr alleine war. Etliche Leute hielten Ausschau nach dem Zug, der als Nächstes in die Station einfahren würde. In zwei Minuten, wie die Anzeige verkündete. Zwei Minuten, in denen er sich an die Hoffnung klammerte, dass auch Bruno entwischt war. Während er wartete und bangte, tastete er seine Hosentaschen ab und fand, was er vorhin in aller Hektik aus dem Bilderrahmen gezogen hatte. Das Foto war zerknauscht, weil er nach dem Sprung aus dem Fenster draufgefallen war. Aber auch zerknauscht war es ein unumstößlicher Beweis.

43

Das Telefon weckte ihn. Aus einem wirren Traum gerissen, tastete er auf dem Nachttisch nach dem Störenfried. Die Nummer war unterdrückt, aber auch das registrierte er nur am Rande, bevor er das Gespräch entgegennahm.

»Schon Zeitung gelesen?«

»Alves?«, krächzte er.

»Habe ich Sie geweckt?«

Er warf einen kurzen, verschwommenen Blick aufs Display. Es war beinahe halb neun. Selten, dass er so lange schlief. Da hatte er nun das ganze Wochenende auf den Montag hingefiebert, nur um dann vor Erschöpfung zu verschlafen. »Nein, ich ...«

»Seien Sie nicht zu enttäuscht darüber, dass unsere Geschichte es nur in den Wirtschaftsteil des Correio geschafft hat.« Der Journalist klang unerträglich munter.

»Correio, das Boulevardblatt?«

»Besser als nichts«, meinte Alves. »Natürlich hätte ich den Artikel gerne ungekürzt im Diário gelesen, aber ich habe meine Bedenken über eine zu überstürzte Veröffentlichung revidiert, nachdem ich gestern erfahren habe, dass die Chinesen heute ein weiteres Mal anrücken.«

Henriks fühlte sich nach wie vor benommen. »Was? Was meinen Sie?«, stammelte er. »Kommen die Chinesen wegen EP?

»Genau das Gerücht geht in den Wirtschaftsredaktionen um, in der Tat. Es soll bereits vorgefertigte Verträge geben, heißt es. Diese Nachricht war ja der Grund, warum der

Correio meinen Artikel überhaupt genommen hat. Weil er zu dem Aufmacher passt, den sie heute wegen der Übernahme von EP durch die Chinesen bringen.«

Endlich schaffte Henrik es, die Beine aus dem Bett zu schwingen – sein Kreislauf sackte prompt nach unten. »Und unsere Story ... ich meine, Sie klingen, als wäre deren Inhalt bereits verpufft ... Und was soll das überhaupt heißen, *gekürzt*?«

Alves seufzte. »Sie haben mir die Mutmaßungen, dass es bei dem Marokko-Geschäft einen Zusammenhang mit der Leiche im Pool gibt, herausgestrichen. Das klingt schier unglaublich, aber das war selbst dem Chefredakteur des Correio zu heikel. Ich kenne ihn persönlich recht gut und weiß, dass er es liebend gerne gebracht hätte, aber ohne fundiertes Material ...«

»Sie sind also nicht wirklich auf was Brauchbares gestoßen?«

»Nada! Nichts, was ein eindeutiger und unanfechtbarer Beleg gewesen wäre.«

»Tja ... wir mussten es riskieren«, sagte Henrik betroffen und wankte hinüber in die Küche. Sein Hals war trocken, er konnte nur noch krächzen. Er hatte keine Vorstellung davon, wie viel Aufmerksamkeit ein *zusammengekürzter* Artikel im Wirtschaftsteil des Correio bekam. Er hatte nicht einmal gewusst, dass dieses Boulevardblatt über so etwas verfügte. Daher konnte er nur auf Alves' Urteil bauen, und der hörte sich alles andere als geknickt an.

»Gut, das war die schlechte Nachricht.« Ja, der Journalist klang definitiv gut gelaunt.

Henrik, der gerade ein Glas aus dem Küchenschrank über der Spüle nehmen wollte, hielt inne. »Ach, es gibt auch eine gute Nachricht?«

»Vor einer Viertelstunde hat RTP Informação bei mir angerufen.«

»Der Fernsehsender?«

»Ich bin gerade auf dem Weg dorthin. Zwar weiß ich noch nichts Genaues, aber es könnte interessant werden. Soll ich Sie auf dem Laufenden halten?«

»Unbedingt, Senhor Alves, unbedingt!«

In einer Hand das leere Glas, in der anderen das Handy, stand er wie angewurzelt in der Küche. *Das Fernsehen!* Eigentlich sollte er durch die Wohnung tanzen nach dieser Ankündigung.

Er brauchte ein paar Sekunden, bis er registrierte, dass Alves aufgelegt hatte. Ohne etwas zu trinken oder auch nur ins Bad zu gehen, schlüpfte er in Hemd und Hose. Drei Minuten später stand er am nächstgelegenen Zeitungskiosk und kaufte den Correio da Manhã, den Morgenkurier. Wie versprochen fand er den Artikel. Eine Spalte, eine halbe Seite lang. Ja, das war mager, wäre das hier die gute Nachricht gewesen. Noch während er in die Rua do Almada Nummer 38 zurückging, versuchte er den Text zu lesen. Nachdem er schon ungefähr wusste, um was es ging, konnte er Alves Zeilen einigermaßen gut für sich übersetzen. Allerdings konnte er nicht herauslesen, ob der Artikel nur die Fakten aufzählte oder in irgendeiner Form eine Anklage formulierte.

Nun, selbst in dem Fall, dass hier von Ungerechtigkeit und arglistiger Täuschung die Rede war, würde der Einspalter, sofern er überhaupt Beachtung fand, kein Erdbeben auslösen. Auch wenn es plötzlich nicht mehr allein um ein Stück vermeintlich wertloses Land in der Wüste, sondern um lebenswichtiges Wasser ging, das der dort ansässigen

Bevölkerung schon über Jahrzehnte vorenthalten wurde. Und in Zukunft, noch perverser, ihnen zuerst genommen und dann in Plastikflaschen abgefüllt werden würde, um für teures Geld an sie zurückverkauft zu werden. So lief das schließlich im globalen Welthandel.

Aber reichte diese Prognose, um eine Gegenbewegung zu mobilisieren? Um Menschenrechtler auf den Plan zu rufen? Die UNO? Oder wenigstens eine NGO, die ein paar Anwälte finanzierte? Reichte es aus, wenn ein paar Leute Pappschilder in die Höhe reckten und Parolen gegen Großkonzerne skandierten? Und war es dafür nicht ohnehin zu spät, jetzt, da die Chinesen schon ihre Füller mitbrachten? Würde ein Mann wie Rafael de Bragança so eine Berichterstattung nicht einfach weglächeln und das Geschäft trotzdem machen?

Vermutlich hatte Henrik mit der Tagespresse aufs falsche Pferd gesetzt. Spielte sich derartiger Investigativjournalismus nicht längst hauptsächlich im Netz ab? War Alves als klassischer Zeitungsjournalist nicht bereits ein Relikt?

Er blickte hinauf in den Himmel, der von ein paar Schleierwolken durchzogen war; die Sonne würde sie schon bald aufgelöst haben. *Aber Alves spricht mit einem Fernsehsender.* Ja, das machte ihm neue Hoffnung. Allerdings bedeutete das auch, er würde weiter warten müssen. Darauf, dass der Reporter sich meldete und eine bessere Nachricht verkündete.

Als er wieder in der Wohnung war und erstmals, seit ihn Alves vorhin geweckt hatte, sein Puls sich etwas senkte, machten sich die Blessuren der vergangenen Nacht bemerkbar. Bis eben war er zu aufgeregt gewesen, um der schmerzenden Muskulatur und den Hämatomen, die er dem Sprung aus dem ersten Stock verdankte, Beachtung zu schenken.

Sind wir zu leicht davongekommen? Diese Frage lauerte seit gestern Nacht in seinem Hinterkopf. Auch wenn die neuen Erkenntnisse durchaus zufriedenstellend waren, war seine riskante Aktion geradezu verrückt gewesen. Und unverantwortlich Bruno gegenüber.

Er zückte sein Handy und wählte den Klosteranschluss des Priesters, wie er es schon mehrfach getan hatte, nachdem er endlich weit nach Mitternacht in die Rua do Almada zurückgekehrt war. Bislang ohne Erfolg. Vermutlich war der Geistliche, kaum zu Hause, unverzüglich ins Bett gefallen. Dem Padre musste der Schrecken von ihrem unerlaubten Besuch im Stadtpalais wesentlich tiefer in den Knochen stecken als ihm selbst. Ja, sehr wahrscheinlich musste Bruno den Einbruch und alles, was danach gekommen war, erst verdauen. Er lauschte in sein Smartphone und stellte sich vor, wie das Klingeln aus dem antiquierten Wählscheibentelefon durch die endlosen Klostergänge hallte. Doch weder reagierte Bruno, noch nahm einer seiner Glaubensbrüder das Gespräch entgegen. Vermutlich zum tausendsten Mal verwünschte er Brunos sture Weigerung, sich endlich ein Handy zuzulegen.

Ist ihm etwas zugestoßen, nachdem wir uns auf der Flucht getrennt haben?

Dieser Gedanke, den er so lange vor sich hergeschoben hatte, war nun unausweichlich geworden. Was konnte er tun? Erneut hinauf zum Klosterberg steigen, um nach seinem Freund zu sehen? Andererseits wollte er auf keinen Fall einen weiteren Anruf von Alves verpassen. Ihm fiel ein, dass Bruno gestern etwas von Exerzitien erzählt hatte und davon, dass er früh raus müsse. Womöglich kam er dabei gar nicht in die Nähe seines Büros und durfte bei diesen spirituellen Übungen obendrein auch gar nicht gestört werden.

Sind wir zu leicht davongekommen?

Er beschloss, es vorerst dabei zu belassen und immer mal wieder zum Telefon zu greifen. Sein nächster Anruf galt seiner Mutter, doch bei ihr grüßte nur die Mailbox. Nun, Simone würde sich schon melden, sobald sie dazu bereit war. Und bis dahin konnte er doch froh sein, fürs Erste seine Ruhe vor ihr zu haben. Er hatte schließlich genug anderes im Kopf.

So kam es, dass der Tag ähnlich zäh dahinfloss wie schon das Wochenende davor. Dafür hatte er Zeit zum Nachdenken. Dreh- und Angelpunkt seines Gedankenstroms blieb dabei der Mord an Sheïk Salamah. Er hatte diesen ganzen Zirkus mit Alves nicht veranstaltet, damit die Berberstämme in der Westsahara ihr Wasser zurückbekamen – wofür Marokko ohnehin zunächst ihr Land freigeben müsste. Doch vielleicht führte einfach eins zum anderen, wenn sich erst das Augenmerk der Welt auf dieses vertriebene Volk und sein Schicksal richtete. Durchaus denkbar, dass die Ungerechtigkeit rund um das Wasserreservoir, auf die Alves' Artikel hinwies, auch die festgefahrenen Verhandlungen um die generellen Besitzansprüche dieser Region wieder in Gang brachte. Das war zumindest eines der Argumente gewesen, die Alves gegenüber Said vorgebracht hatte, um den Wüstenprinz von den Vorteilen einer öffentlichen Berichterstattung zu überzeugen. Aber konnte so ein Plan ernsthaft funktionieren in der heutigen Zeit? Henrik konnte es den Sahraoui nur wünschen.

Seine eigene Intention zielte allerdings auf etwas anderes ab, und wenn er jetzt so darüber nachdachte, fand er sich plötzlich egoistisch. Egoistisch, weil er in erster Linie darauf hoffte, dass die mediale Wirkung ausreichte, um de Braganças Aufmerksamkeit zu erregen. Das war der Plan, den er von Beginn an verfolgt hatte. Für ihn galt es, dem *Mann ohne Nabel* zu signalisieren, dass er sich nicht einschüchtern ließ. Beispielsweise durch die Überreichung eines Skalpells. Würde bei jemandem, der auf derartige Weise seine Macht demonstrierte, ein Zeitungsartikel genügen, um ihn zu reizen? Reichte diese Maßnahme aus, damit de Bragança endlich selbst die Bühne betrat und sein Gesicht zeigte?

Erst Alves' Anruf am späten Nachmittag riss ihn aus seinem Gedankenkarussell. Der Journalist kam gleich zur Sache. »Verpassen Sie heute nicht das Abendjournal auf RTP«, empfahl er. »Ich hätte wirklich nicht gedacht, dass sie so weit gehen würden.«

»Das hört sich vielversprechend an!«, meinte Henrik.

»Mehr als das. Unabhängig von uns war ein Redakteur des Senders ebenfalls an der Sache dran. Ich habe mich lange mit ihm unterhalten. Natürlich wurde er nicht konkret, was seine Quellen anging, aber wie ich heraushören konnte, gab es einen Tipp seitens der Polizei. Ungewöhnlich in so einem Fall, doch wie mir scheint, ist dort jemand nicht ganz einverstanden mit dem bisherigen Vorgehen.«

Henrik musste sofort an Helenas Kollegen von der Wirtschaftskriminalität denken, doch er kam nicht dazu, seine Überlegung zu vertiefen, da Alves bereits munter weiterplauderte.

»Na ja, jedenfalls macht RTP eine größere Geschichte daraus, auch weil sie befürchten, ich könnte mit einem weiteren Zeitungsartikel nachlegen und ihnen dadurch die Exklusivität ihrer Berichterstattung streitig machen. Es geht ja nie wirklich um die Schicksale der Menschen, sondern immer nur um Quoten, aber das wissen Sie bestimmt, Senhor Falkner. Der Mensch ist ein Raubtier und Mitgefühl nur eine Form der Tarnung, mit der man sich möglichst nahe an sein nächstes Opfer heranpirschen kann. Aber was rede ich. Was ich von Ihnen erwarte, ist, dass Sie um jeden Preis für sich behalten, was ich Ihnen jetzt sage. Zumindest so lange, bis die Sendung ausgestrahlt worden ist!«

»Selbstverständlich«, versicherte Henrik. *Und jetzt rück endlich damit raus!*

Genau das tat Alves, gerade als hätte er Henriks stummen Schrei gehört. »RTP will heute Abend einen Zeitzeugen präsentieren«, verkündete er. »Einen, der damals mit am Verhandlungstisch saß, als die Marokkaner das Land verscherbelten, das ihnen nicht gehörte.«

»Ein Zeitzeuge«, wiederholte Henrik leise, und obwohl es im Antiquariat stickig war, lief ihm ein Schauder über den Rücken. »Was wird dieser Zeitzeuge denn erzählen?«, fragte er, eher an sich selbst gerichtet, doch Alves antwortete prompt.

»Die Wahrheit, hoffe ich doch«, erwiderte der Journalist. »Drücken Sie die Daumen dafür, sonst macht man uns vermutlich beide einen Kopf kürzer, jetzt, da wir heftiger als erwartet in ein Wespennest gestochen haben.«

44

Er würde jemanden brauchen, der ihm übersetzte, denn sein Portugiesisch reichte sicher noch nicht dafür aus, alles zu verstehen. Und er durfte auf keinen Fall etwas Entscheidendes von dem verpassen, was RTP Informação in ihrem Abendjournal berichten würden. Schon gar nichts davon, was der angekündigte Zeitzeuge zu sagen hatte. Bruno war nach wie vor nicht erreichbar. Wie lange dauerten solche Exerzitien eigentlich? Doch wenn er ehrlich war, hätte er den Padre auch nur als zweite Wahl herangezogen. Bevor er es sich anders überlegen konnte, wählte er Helenas Nummer. »Kann ich dich zu einem Fernsehabend überreden?«

Verblüfftes Schweigen. Dann: »Habe ich gerade richtig verstanden?«

»Ich fürchte, ja. Was es heute zu sehen gibt, dürfte nämlich auch für dich interessant sein. RTP bringt einen Beitrag über Marokko.«

»Marokko?« Er konnte förmlich sehen, wie sie am anderen Ende die Stirn runzelte. »*Marokko!* Du hast doch nicht …«

»Komm bitte einfach gegen acht Uhr vorbei, ich will wissen, was sie berichten«, insistierte er.

»Das geht nicht …«

»Bitte, Helena, es ist wichtig«, setzte er an, bevor er merkte, dass er sie besser hätte ausreden lassen.

»… du musst kommen!«

Hat sie das eben wirklich gesagt? »Ich? Äh … zu dir?«, fragte er vorsichtig.

»Ich hab heute niemanden, der auf Sara aufpassen kann.«

Damit hatte er nicht gerechnet. Dabei lag es auf der Hand. Helena hatte eine Tochter. Er ertappte sich dabei, dass er Sara noch nie wirklich einkalkuliert hatte, wenn er von der Inspetora erwartete, für ihn bereitzustehen. Tatsächlich verbrachte die Kleine viel Zeit bei ihren Großeltern draußen in Cascais. Das war den Umständen und schwierigen Arbeitszeiten ihrer Mutter geschuldet. Er wusste, wie schwer es Helena fiel, dass sie ihre Tochter so oft ihren Eltern anvertrauen musste. Und er sah ein, dass er sich nicht einfach herausnehmen konnte, sich neben ihrem Job auch noch immer dazwischenzudrängen. Er nahm sich vor, sich selbst besser zu disziplinieren, denn sollte es ihm gelingen, Helenas Herz wieder zu erobern, dann wäre auch Sara fester Bestandteil dieser Beziehung. Dann würde auch er gewissermaßen eine Tochter haben.

»Henrik?«

»Ich bin pünktlich«, versprach er, trennte die Verbindung und sah auf die Uhr. Wenn er sich einfach gleich zu Fuß auf den Weg machte, hinüber und hinauf ins alte Fischerviertel, gab ihm das die Zeit, den Gedanken an ein Familienleben durchzuspielen. Ja, das war genau das Richtige.

Helena wohnte in der Travessa do Paraiso, einer schmalen Verbindungsgasse unterhalb des Panteão Nacional. Er war nicht oft hier gewesen. Während der Zeit, in der sie sich regelmäßig trafen, war die Kommissarin meistens zu ihm gekommen. Er verfügte über mehr Platz, aber das war eher nebensächlich. Vor allem war Helena stets darauf bedacht gewesen, Sara nicht unnötig zu verwirren. Sie hatte das nie so direkt gesagt, doch Henrik hatte trotzdem verstanden, worum es ging. Das Mädchen sollte sich nicht an ihn gewöhnen, solange keine eindeutige Gewissheit zwischen ihnen herrschte, ob ihre Beziehung funktionierte. Was dann ja auch nicht der Fall war, wie sich herausstellte. Er war gespannt, wie sie ihrer Tochter seinen heutigen Besuch erklärte. Der Umstand, dass Helena ihn nicht alleine empfing, machte ihn noch nervöser. Mit leichtem Zögern drückte er den Klingelknopf. Der Summer ertönte und öffnete ihm die Haustür. In dem engen Treppenhaus stieg er in den dritten Stock hinauf. Helena erwartete ihn an der Wohnungstür, und er musste zu ihr aufblicken, denn es gab keinen Treppenabsatz. Der Fußabstreifer lag einfach auf der obersten Holzstufe.

In ihrer weißen Bluse und mit dem zurückgebundenen Haar wirkte sie, als wäre sie eben erst von der Arbeit gekommen. Er war nicht zu früh, hatte aber dennoch das Gefühl, noch nicht erwünscht zu sein. Plötzlich war es ihm peinlich, mit leeren Händen gekommen zu sein. Hätte er nicht wenigstens Blumen mitbringen können? Oder einen Wein? Andererseits hätte sie ihm so eine Geste falsch auslegen können. Er stand schließlich nicht wegen eines Dates vor ihr im Stiegenhaus.

Helena machte Platz, damit er in den beengten Flur treten konnte. Augenblicklich linste Sara aus der Küche, ein Stück Brot in der Hand, auf dem sie herumkaute. Das Mädchen trug bereits einen Schlafanzug, der nicht etwa rosafarben und mit Einhörnern oder Prinzessinnen geschmückt war, sondern mit Marvel Superhelden. Ganz mein Geschmack, dachte Henrik und musste lachen. »Olá Sara!«, begrüßte er sie.

»Olá Henrik«, antwortete sie schmatzend. Sie würde einmal dieselben dunklen Locken wie ihre Mutter haben, stellte er fest. Auch die Augen waren die von Helena, nur ohne die Traurigkeit, die sich zumeist in denen der Inspetora spiegelte. Helena hatte ihm gegenüber nie erwähnt, wer Saras Vater war, und er hatte bislang auch nicht gewagt, sie danach zu fragen. Legte sie ihm das womöglich als mangelnde Interesse an ihrer Tochter aus?

»Du bist gewachsen!«, stellte er fest.

»Das hoffe ich doch«, sagte Helena hinter ihm und wandte sich an ihre Tochter. »Iss dein Brot fertig und dann ab ins Bad, Zähneputzen!« Sara lachte und hüpfte in die Küche zurück.

Die für Lissabon typische Altbauwohnung war winzig und verwinkelt, mit unterschiedlichen Fußbodenhöhen, dafür aber mit einem herrlichen Ausblick über das Alfama-Viertel und das Flussdelta. Aber er mochte Helenas kleines Reich nicht nur wegen der Aussicht, sondern vor allem, weil er es unglaublich gemütlich fand. Trotz oder gerade wegen seiner Enge. Was auch ein bisschen der Zusammenstellung des Inventars geschuldet war – einer Mischung aus alten, bisweilen kitschigen Erbstücken und der Angebotspalette eines schwedischen Möbelhauses –, in erster Linie aber natürlich der Person, die hier lebte.

»Nimm doch Platz«, schlug Helena vor und zeigte auf das Zweiersofa. Gegenüber auf einer Kommode stand ein klobiger Röhrenfernseher. Es waren noch ein paar Minuten bis zum Beginn der Sendung, trotzdem schaltete sie den alten Kasten schon einmal an. »Er braucht eine Weile, bis er warm ist, aber das Bild ist noch okay«, erklärte sie. »Willst du was trinken?«

»Nur keine Umstände«, erwiderte er verhalten und setzte sich.

»Stell dich nicht so an«, rügte sie ihn, grinste und verschwand im Flur. »Bier oder Wein?«, rief sie aus der Küche.

Beim Gedanken an Bier musste er augenblicklich an die beschämende und fatale Nacht mit Lisa denken, und entschied sich für Wein. Gleich darauf kam Helena mit zwei Gläsern zurück und quetschte sich neben ihn auf die Couch. Noch bevor das Fernsehbild hell und scharf genug war, kam Sara und zeigte mit einer Grimasse ihre geputzten Zahnreihen.

»Sehr gut«, lobte Helena, »und jetzt ins Bett!«

»Kann Henrik mich bringen?«, wollte Sara wissen und versteckte ihr Lächeln schüchtern hinter ihrer Hand. Es blieb immer noch Zeit, bis das Abendjournal begann. Fragend suchte er Helenas Blick. Die zuckte nur mit den Schultern und nahm ihm sein Weinglas wieder ab.

Obwohl er sich mit Nina Nachwuchs gewünscht hatte, hatte er sich im Umgang mit Kindern nie besonders bewandert gefühlt. Daher weckte Saras Wunsch sofort die Befürchtung, dass ihn dieses Zubettbringen überforderte. Erst recht, als Helenas Tochter ihn bei der Hand nahm und hinüber in ihr winziges Kinderzimmer führte. Ein kleines Bett, ein halbhoher Schrank und ein Tischchen, auf dem Malpapier und Stifte verteilt lagen – mehr war da nicht. An den Wänden hingen bunte Poster von Figuren, die er nicht kannte und Fotos von Sara zusammen mit Helena oder mit den Großeltern, am Strand, in einem Garten, im Jardim Zoológico de Lisboa, mit Zebras im Hintergrund und bei der Delfinshow.

Sara schlug die dünne Decke zur Seite und ließ sich auf die Matratze plumpsen. »Du musst dich auf die Bettkante setzen«, befahl sie.

Er gehorchte und hockte sich hin. Das Bettgestell ächzte unter seinem Gewicht. »Und jetzt?«

»Jetzt deckst du mich zu! Du hast das noch nicht so oft gemacht, stimmt's?«

»Erwischt«, gestand Henrik und tat, wie ihm aufgetragen. »Muss ich dir etwa auch einen Kuss geben?«, fragte er und versuchte lustig zu klingen.

»Iiiih!«, machte Sara und lachte.

Henrik stieß übertrieben erleichtert die Luft aus. »Na, dann wünsch ich dir eine gute Nacht!«

Sara nickte und deutete im nächsten Moment vorwurfsvoll zum Fenster. »Du hast vergessen, den Vorhang zuzuziehen!«

Er hob entschuldigend die Hände, stand auf und verdunkelte das Kinderzimmer. »Ist nun alles zu Eurer Zufriedenheit, Eure Majestät?«

Wieder kicherte Sara und hob den Daumen. Er beeilte sich, hinaus in den Flur zu kommen, und zog die Tür hinter sich zu. Obwohl es angenehm kühl in der Wohnung war, war ihm innerhalb weniger Sekunden heiß geworden. Zurück im Wohnzimmer griff er zuallererst nach dem Wein und trank einen großen Schluck.

»War's denn so schlimm?«, fragte Helena amüsiert. Das kurze Intermezzo mit Sara hatte ihn aufgewühlt, aber irgendwie auch beruhigt, und er fand keine Erklärung, wie dieser Gefühlsmischmasch zusammenging. Bevor er antworten konnte, ertönte der Jingle des Nachrichtenmagazins auf RTP Informação. Gespannt setzte sich Henrik neben Helena aufs Sofa.

45

»Wissen Sie«, begann der alte und von einer schweren Krankheit gezeichnete Mann, »ich habe Leberkrebs, spätestens in einem halben Jahr bin ich tot. Mir kann keiner mehr was.« Trotz seines schlechten gesundheitlichen Zustands war die Stimme kraftvoll und hinterließ einen Eindruck davon, wie eindringlich und präsent dieser Mann während seiner Amtszeit in Erscheinung getreten war. Schon nach nur drei Sätzen erwachte in Henrik die Zuversicht, dass dieser Interviewgast wirklich etwas zu sagen hatte.

Zur Mitte der Sendung hin und nach einer kurzen Einleitung, die sich auf den von Alves verfassten Artikel berief, war die blonde Moderatorin schnell zu ihrem Studiogast übergegangen. Der war allerdings nicht persönlich anwesend, sondern konnte krankheitsbedingt nur live zugeschaltet werden. Doutor Hugo Reis, ehemaliger Staatssekretär im Wirtschaftsministerium, bis vor zehn Jahren im Amt und über drei Legislaturperioden in der Regierung der Sozialisten unter António Guterres tätig. Die Zuschauer erfuhren nicht, wie man auf ihn gekommen war. Die Beiträge in diesem Sendeformat wurden generell kurz gehalten, und die Aufmachung war reißerisch. Eben die Art von Berichterstattung, die mehr und mehr Beliebtheit unter den Zuschauern erlangte – das spiegelte sich auch im futuristisch anmutenden Studio und im exaltierten Auftreten der attraktiven Moderatorin wider.

Nun schaltete man wie angekündigt zu dem Interviewgast nach Hause. Das Fernsehteam zeigte Dr. Reis vor einer neutralen hellgrauen Wand, als wollte der Alte vermeiden, dass man auf seine Wohnsituation oder die Lage schließen konnte. Die grelle Ausleuchtung der Kamerascheinwerfer zeigte unverblümt jede einzelne Falte in dem eingefallenen Gesicht. Gleich nach der unverblümt frostigen Begrüßung seitens Dr. Reis, kam die blonde Moderatorin unverzüglich auf das Thema zu sprechen.

»Wer wusste darüber Bescheid, Dr. Reis?«

Überblendung auf den ehemaligen Staatssekretär, bei dessen Anblick man nicht sicher sein konnte, ob er lächelte oder vor Schmerz grimassierte.

»Es gab damals nur drei oder vier Leute, die wirklich wussten, worum es ging. Der Rest der Beteiligten träumte tatsächlich von einem Solarpark. Aber wie Sie nun endlich nach fünfundzwanzig Jahren herausgefunden haben, war das bloß ein Vorwand.«

»Es ging also ausschließlich und von Anfang an um dieses Grundwasser?«

»Grundwasser – dieser Begriff erzeugt eine falsche Vorstellung«, korrigierte Reis. »Wir reden hier von einem fossilen Wasserlager, eingeschlossen in löchrigem Sandstein. Danach graben Sie nicht einfach nur ...« Schon war Reis anzumerken, wie das Reden ihn anstrengte und kurzatmig werden ließ.

»So ist es«, warf die Moderatorin rasch ein. »Detaillierte Informationen über die Entstehung dieser ungewöhnlichen Wasservorkommen in einem der trockensten Gebiete des afrikanischen Kontinents finden unsere Zuschauer auf unsere Website. Kommen wir zu der Frage, woher die portugiesische Regierung von diesem wertvollen Bodenschatz wusste.«

Dr. Reis brütete ein paar Sekunden über seiner Antwort, als wöge er nun doch ab, was er ausplaudern durfte und was nicht. »Uns lag ein streng vertrauliches Gutachten vor – ich kann mich nicht mehr erinnern, wer es in Auftrag gegeben hat. Jedenfalls war es überzeugend. Aber selbstverständlich konnten wir die Untersuchungsergebnisse nicht offenlegen. Also wurde eine Legende drumherum gestrickt, die einen Erwerb des Wüstenareals plausibel machte. Auch deshalb, weil offensichtlich war, dass die Marokkaner keine Ahnung davon hatten, warum wir dieses Gebiet wirklich haben wollten.«

»Nämlich wegen des Wassers.«

Reis nickte knapp. »Von dem fürs Erste keiner wissen durfte.«

»Warum hat EP, die vertraglich als Käufer eingesetzt waren, eigentlich nicht irgendwann im Lauf der Jahre damit begonnen, das Wasser zu fördern? Hatten man seitens der Regierung doch plötzlich Skrupel, beispielsweise aus ethischen Gründen?«, wollte die Interviewführerin wissen.

Das wurde von Reis mit einem Röcheln kommentiert, das vermutlich ein Lachen war. »Wir – die Regierung, EP, wer auch immer – hatten ja nie wirklich die Hand drauf, Senhora. Und später kam die Wirtschaftskrise, und keiner verschwendete mehr einen Gedanken an Wasser in der Wüste.«

Das klang schon sehr nach Schlusswort.

»Aber wer war denn dann dafür verantwortlich? Wer *war* es, der die Hand darauf hatte, um Ihre Worte aufzugreifen? Oder anders gefragt, wer war von Anfang an die treibende Kraft hinter diesem Projekt?«

»Sie erwarten doch nicht wirklich einen Namen, selbst wenn ich Ihnen einen nennen könnte!«

»Man schützt sich also gegenseitig, selbst nach all den Jahren?«, konterte die Reporterin. »Ich verstehe nicht, warum Sie sich überhaupt zu diesem Gespräch bereit erklärt haben, wenn Sie nun doch den oder diejenigen ungeschoren davonkommen lassen wollen ...«

Mit zitternder Hand winkte Dr. Reis ab. Seine Stimme bebte, und man konnte ihn keuchen hören. »Ich habe meine Gründe, warum ich mich vor Ihnen bloßstelle, um Ihnen Rede und Antwort zu stehen. Hätte ich allerdings gewusst, in was für einer infamen Art Sie mich hier vorführen, hätte ich Ihnen die Tür vor der Nase zugeschlagen, Gnädigste! Also schalten Sie das Ding aus, es reicht!«

»Sie haben mir die Frage nach dem Warum nicht beantwortet!«, verlangte die Moderatorin unbeeindruckt.

»Warum, warum! Ständig fragen alle nach dem Warum! Es gibt dort draußen jemanden, von dem meine Wenigkeit sich dringend etwas mehr Respekt wünscht! Da haben Sie Ihr Warum!«

Die Reporterin ließ eine kurze Pause entstehen. Auch wenn sie ihre professionelle Mimik beibehielt, sah man ihr an, dass sie um die nächste Frage rang. Zweifellos, weil sie ahnte, dass es definitiv die letzte sein würde. »Ich gehe davon aus, dass Ihre Botschaft bei der richtigen Person angekommen ist. Daher lassen Sie mich noch mal zum Kern unseres Interviews zurückkommen. Was denken Sie, jetzt da die Umstände dieses unsauberen Geschäfts bekannt geworden sind – wird die aktuelle Regierung das Wüstengebiet wieder zurückgeben?«

»Zurückgeben? An wen denn? Nennen Sie mir jemanden, der darauf Anspruch erhebt. Marokko sind hinsichtlich der UN-Konventionen die Hände gebunden, selbst wenn sie es gerne hätten. Das gilt auch für die anderen Anrainerstaaten Algerien und Mauretanien. Also, so wie ich die politische Lage verstehe, gibt es momentan niemanden, der einen Rechtsanspruch auf dieses Gebiet hat.«

»Und was ist mit der indigenen Bevölkerung, die dort schon seit Jahrhunderten lebt?«

Ein müdes Grinsen verzerrte die Züge des alten Mannes. »Kameltreiber haben keine Lobby, Senhora, haben Sie das noch nicht kapiert?«

46

Henrik erwachte auf dem unbequemsten aller Sofas, auf denen er jemals geschlafen hatte. Aber er *hatte* geschlafen, das wurde ihm in dem Moment bewusst. Und er hätte noch weiter geschlafen – und weiter geträumt –, hätte ihn das Vibrieren seines Handys nicht zurückgeholt. Er war in der Wüste gewesen ... doch der Traum zerfiel bereits zu Staub. Die Wüste. Sand und Steine ... Benommen tastete er um sich. Draußen war es noch dunkel. Auf den Holzbohlen fand er seine Hose, zog sie heran und fischte den Störenfried aus der Tasche. Ohne aufs Display zu sehen, drückte er auf Empfang.

»Wo bist du, Heiligemariamuttergottes! Jemand ist im Antiquariat!«

Es war Catia.

Und es dauerte zwei, drei Sekunden, bis er begriff, was sie ihm da mitteilte. Augenblicklich war er hellwach und richtete sich auf. »Ruf die Polizei, und verhalte dich ansonsten still! Bin unterwegs!« Er trennte die Verbindung, ohne auf eine Bestätigung zu warten. Nicht zum ersten Mal wurde ins Antiquariat eingebrochen. Schon in der Vergangenheit hatte man gelegentlich jemand geschickt, um *nach dem Rechten zu sehen* oder *etwas zu beschaffen*, was dem Auftraggeber Sorgen bereitete. Martins Sammelleidenschaft war über die Jahre nicht unbemerkt geblieben, und das hatte die davon Betroffenen ab und an nervös werden lassen. Heute Nacht war es wohl wieder so weit, jemand hatte eine *Überprüfung* angeordnet. *Oder dieser ungebetene Besuch hat was mit dem Fernsehbericht zu tun ...* Nun beeilte Henrik sich noch mehr mit dem Anziehen.

Helena betrat das Wohnzimmer, so schnell, als hätte der Umstand, dass ein Mann auf ihrem Sofa schlief, sie bis jetzt wachgehalten. Es hätte ihn nicht einmal gewundert, wenn sie statt des Nachthemds, das sie trug, schon ausgehfertig angezogen gewesen wäre. »Ist was passiert?«

»Einbruch im Antiquariat«, informierte er sie, während er sich die Jeans über die Beine streifte.

»Ich fahre dich«, bot sie an.

»Und Sara?«

»Schläft noch mindestens drei Stunden. Außerdem kennt sie die Situation, dass ich manchmal morgens nicht da bin. Dann geht sie zur Nachbarin.«

Er hatte kein gutes Gefühl dabei, konnte aber auch nicht ablehnen. Schneller würde er um diese Uhrzeit kaum hinüber in sein Viertel gelangen.

Helena brauchte keine drei Minuten – auch darin war sie wegen ihres Jobs erprobt. Mit dem Autoschlüssel bewaffnet, polterten sie hintereinander die enge Treppe hinab. Da die schmale Travessa do Paraiso nicht befahren werden konnte, parkte ihr nahezu zwanzig Jahre alter 205er Peugeot in einer Seitenstraße oberhalb der hoch aufragenden Igreja de Santa Engrácia. In dem barocken Sakralbau, dem Panteão Nacional, dessen mächtige weiße Kuppel in den Sternenhimmel ragte, waren die Überreste berühmter Portugiesen beigesetzt, deren Ruhe nun von ihren schnellen Schritten auf dem Kopfsteinpflaster gestört wurde. Henrik hatte damit zu tun, sich nicht von der leichtfüßig vorauseilenden Helena abhängen zu lassen. Nun, da der erste Schrecken nach Catias Anruf verhallt war, machte sich sein Rücken bemerkbar, dem die halbe Nacht auf dem viel zu kurzen Sofa nicht sonderlich gut bekommen war. Nach dem Interview mit Dr. Reis hatte Henrik ein weiteres Glas Wein nicht abgelehnt und später auch noch ein drittes getrunken. Ebenso wie Helena, die der Wein so nachsichtig hatte werden lassen, dass sie ihn nicht mehr hinaus in die Nacht schicken wollte. Allerdings reichte ihr Entgegenkommen nicht so weit, ihm nach ihrer ausführlichen Diskussion über den Fernsehbericht und den Fall auch noch die freie Seite in ihrem Doppelbett anzubieten.

Es dauerte weitere zwei Minuten, bis sie im Wagen saßen und Helena mit quietschenden Reifen aus der Parklücke schoss. Die gelben Leuchtziffern auf dem Armaturenbrett zeigten zwanzig Minuten nach drei Uhr. Die steilen, verwinkelten Gassen des Alfama bedurften einer exakten Fahrweise und ließen wenig Spielraum bei den Manövern um die scharfen Häuserecken. Henrik klammerte sich an den Griff über der Tür und fand erst Zeit zum Durchatmen, als die Inspetora unten am Fluss in die vierspurige Uferstraße einbog. Zumal sie während des ersten halsbrecherischen Kilometers auch noch mit den Kollegen von der Bereitschaft telefonierte und eine Streife in die Rua do Almada beorderte. Die wenigen Autos, die um diese frühe Uhrzeit unterwegs waren, machten großzügig Platz, obwohl ihr Auto nicht über ein mobiles Blaulicht verfügte. Auf Höhe des Praça do Comércio, dem Handelsplatz, der die Anlagestellen des Tejo-Ufers mit dem Baixa-Viertel verband, meldete sich erneut Henriks Telefon. Wieder war es Catia. Zuerst hörte er nur Sirenengeheul. Dann ihre zitternde Stimme. »Henrik, mein Gott, Henrik!«

»Catia, was ist los, verdammt!«, schrie er ins Handy.

»Es brennt!«, schluchzte Catia. »Sie haben den Laden angezündet.«

47

Die knapp fünf Minuten, die sie noch brauchten, wurden zur Tortur. Es gab nur noch das Aufheulen des hochdrehenden Motors, das Knirschen der ausgeleierten Stoßdämper auf dem löchrigen, hundertfach geflickten Straßenbelag und das Kreischen der Reifen in den Kurven. Helena war jetzt völlig aufs Fahren konzentriert und gab ständig noch mehr Gas. Henriks Mund war so trocken, dass er kein Wort herausbrachte.

Es brennt!

Das Antiquariat brennt!

Oder das ganze Haus?

Ihn quälten Visionen der schlimmsten Art. Nachdem sie ihre Hiobsbotschaft übermittelt hatte, hatte Catia einfach aufgelegt. Oder die Verbindung war unterbrochen worden, aus Gründen, die er genauso wenig verstand wie das, was in der Rua do Almada passierte. Während Helena ihren Wagen auf der Rua do Alecrim den Berg hinaufheizte, explodierten die Gedanken in seinem Schädel. Das war das Ende! Nach heute Nacht würde alles anders sein.

Endlich bog Helena in seine Straße ein. Während sie auf das Esquina zuschossen, blinkten ihnen schon Blaulichter entgegen. Trotz der nächtlichen Stunden musste sie sich hupend einen Weg durch die Schaulustigen bahnen, die sich in der Gasse eingefunden hatten. Sicher vorwiegend Anwohner, die der Lärm der Sirenen und das kreiselnde Blinken der Warnleuchten aus den Betten getrieben hatten. Vielleicht auch der Brandgeruch, der schwer in der drückenden Nachtluft hing. Zwei Einsatzfahrzeuge der Polícia Municipal standen quer und blockierten die Zufahrt. Qualm füllte die Gasse, in dem sich gespenstisch das blaue Licht brach. Henrik registrierte, dass trotz des Gestanks nirgendwo lodernde Flammen aus dem Gebäude schlugen. Nicht einmal die Planen, mit denen das Baugerüst verkleidet war, sahen verkohlt oder gar geschmolzen aus.

Henrik sprang aus dem Auto, während es noch rollte und rannte auf die Absperrung zu, die von den Polizisten errichtet worden war. Einer der Uniformierten stellte sich ihm in den Weg.

»Ich bin der Besitzer!«, brüllte er und stieß den Polizisten zur Seite. Ein Kollege kam hinzu und hielt ihn mit festem Griff davon ab, einfach weiterzustürmen. Aus der offenen Eingangstür des Antiquariats quoll schwarzer Rauch. Henrik wehrte sich gegen den Einsatzbeamten, der ihn gepackt hatte. Tränen füllten seine Augen. Er schnappte Wortfetzen auf.

»Feuer gelöscht ... nicht betreten ... keine Freigabe ... Rauchvergiftung ... Feuerwehr ist unterwegs ...«

Das Feuer ist gelöscht!

Doch die Feuerwehr war noch nicht eingetroffen. Er begriff nicht. Wer hatte den Brand bekämpft? Dann entdeckte er Catia, die am Haus gegenüber an die Mauer gelehnt auf dem Gehweg hockte, gehüllt in eine graue Decke. Um sie herum standen seine Mieter. Die drei Musiker und der Inder, der nun sicherlich froh darüber war, dass er seine Familie erst vor ein paar Tagen zu seiner Verwandtschaft in die Heimat geschickt hatte. Ihre Blicke waren vorwurfsvoll, doch er beachtete sie nicht. Er nickte dem Polizisten zu, der ihn daraufhin losließ, und ging zu ihnen. Ohne ein Wort an die anderen zu richten, ging er vor Catia in die Knie. Tränen hatten helle Bahnen in ihr rußgeschwärztes Gesicht gezogen. Weißes Pulver bedeckte ihre Haare, als hätte man sie mit Mehl überschüttet.

Neben ihr stand der Feuerlöscher, den er kurz nach seinem Einzug angeschafft hatte. Catia umklammerte immer noch den Griff. Sie wirkte wie betäubt, und erst, als er nach ihrer Hand langte, sah sie ihn aus glasigen Augen an.

Er versuchte etwas zu sagen, doch dann schloss er sie einfach nur in die Arme.

48

»Das war Glück im Unglück«, verkündete eine halbe Stunde später der Brandmeister des Feuerwehrtrupps, der mit einem Löschfahrzeug angerückt war. Letztlich war es nur noch darum gegangen, den Brandherd zu inspizieren und sicherzustellen, dass die vom Löschpulver erstickten Flammen nicht erneut aufloderten und keine Glutnester vorhanden waren. Nach einer ersten Schätzung hatte das Feuer etwa ein Drittel des Ladens zerstört. Dass es sich nicht noch weiter hatte ausbreiten können, war Catias schnellem und beherztem Eingreifen zu verdanken. Nachdem das Sirenengeheul der anrückenden Polizei die Eindringlinge unmittelbar nach dem Legen des Brandes vertrieben hatte, war Catia, ohne nachzudenken, mit dem Feuerlöscher auf die Flammen losgegangen. Und hatte dabei intuitiv alles richtig gemacht. Zwar hatte sie sich eine leichte Rauchvergiftung eingehandelt, doch mittlerweile wurde sie über eine Atemmaske mit Sauerstoff versorgt. Helenas Angebot, sie ins Krankenhaus zu fahren, lehnte sie nach wie vor kategorisch ab.

Schließlich schickten die Polizisten Henrik weg, damit sie Catias Aussage aufnehmen konnten. Er hätte gerne mitgehört, was sie über den Einbruch und die Brandstiftung zu berichten wusste. Andererseits glaubte er die Zusammenhänge ohnehin zu kennen. Diesmal hatte er etwas mehr als nur eine Warnung erhalten, und allein dank Catias raschem Handeln war die Katastrophe ausgeblieben. Ihm war klar, dass die Behörden in irgendeiner Form eine Untersuchung der Brandursache einleiten würden. Man hatte ihm bereits angekündigt, dass sich ein Sachverständiger die Schäden an der Bausubstanz anschauen würde. Das übliche Prozedere, das selbst hier in Portugal eingehalten wurde. Aber was außer etlichen antiquarischen Büchern und einigem Inventar hatte das Feuer noch zerstört? Wie viele von Martins versteckten Botschaften waren vernichtet worden?

Nach einer unerträglichen Zeit des Wartens erlaubte ihm die Feuerwehr schließlich, ins Haus zu gehen. Helena begleitete ihn. Der Brandgeruch hatte sich übers Treppenhaus in die oberen Stockwerke ausgebreitet und war in alle Löcher und Ritzen gedrungen. In seiner Wohnung riss er sämtliche Fenster auf. In den nächsten Tagen würde er wohl kaum hier schlafen können.

»Willst du bei mir bleiben, bis der Gestank verflogen ist?«, schlug Helena vor, die seine Gedanken erriet.

Er dachte an das unbequeme Sofa, nickte und zwang sich zu einem dankbaren Lächeln. »Besser du fährst zurück, bevor Sara aufwacht! Ich melde mich.«

Diesmal war er es, der in den Arm genommen wurde. Trotz der rauchigen Luft konnte er ihren Duft riechen und fühlte sich sogleich ein wenig versöhnt. Danach begleitete er sie hinunter auf die Straße. Die Polizei war abgerückt. Zwei der Feuerwehrmänner inspizierten noch immer das Antiquariat. Durch den sich langsam auflösenden Qualm hindurch sah er sie mit lichtstarken Taschenlampen die Ecken ausleuchten. Catia war ihre Atemmaske losgeworden und ließ sich von Paco und Luis ins Haus begleiten. Alle außer ihm würden den bitteren Gestank in ihren Wohnungen aushalten müssen.

Und was, wenn das Gutachten ergab, dass das Haus nun endgültig nicht mehr bewohnbar war? Zuerst der Wasserschaden, der Wände und Gebälk aufgeweicht hatte. Und nun das Feuer ... Was konnte das über zweihundert Jahre alte Gemäuer noch aushalten? Sofern sein Erbe noch zu retten war, lohnte sich die Renovierung nun in zweifacher Hinsicht – immer vorausgesetzt, dass seine Mutter nach heute Nacht überhaupt noch bereit war, sich finanziell zu beteiligen.

Die meisten Schaulustigen hatte mittlerweile aufgegeben und waren in ihre Häuser zurückgekehrt. Wer konnte, würde versuchen, noch etwas zu schlafen. Henrik hätte eigentlich ebenfalls hundemüde sein müssen, aber alles, was er empfand, war ernüchternde Leere. Er blieb auf der Straße, bis die mit Atemmasken geschützten Feuerwehrmänner wieder aus dem Geschäft kamen. Erneut erklärten sie ihm, dass im Laufe des Tages jemand von der Brandinspektion vorbeikommen würde. Erst danach war es ihm erlaubt, das Antiquariat wieder zu betreten. Damit der restliche Rauch abziehen konnte, blieb die Tür offen, doch bevor sie abrückten, versiegelten sie den Eingang mit einem Absperrband.

Henrik hatte allerdings nicht vor, zu warten. Kaum war das Löschfahrzeug um die Ecke gebogen, stieg er zwischen den gelben Plastikbändern hinein in die rußschwarze Finsternis.

49

Die Feuerwehrleute hatten die Sicherungen herausgedreht, um einem erneuten Brand wegen einer möglicherweise verschmorten Stromleitung vorzubeugen. Daher konnte auch er sich nur im Taschenlampenlicht orientieren – eine seltsame Parallele zu seinem nächtlichen Besuch im Stadtpalais auf dem Largo do Intendente. Er bewegte sich vorsichtig zwischen den verkohlten Überresten, ohne zu wissen, wo er anfangen sollte. Das Feuer war zwischen den zwei Regalen gelegt worden, an deren Ende der massive Eichenholzschrank stand. Er schloss dort mit der Wand ab und war nun ebenso verkohlt wie alles um ihn herum. Zusätzlich zum Löschpulver, mit dem Catia die Flammen erstickt hatte, war von den Feuerwehrleuten zur Sicherheit noch ein Schaumteppich darübergesprüht worden, der sich mit den Ascheflocken auf dem Boden zu einer dunkelgrauen, zähen Masse vermischt hatte. Henrik stapfte durch den Schaum, in dem zu Briketts gebackene Bücher badeten, hinüber zu dem angekokelten Schrank. Die Hitze des Feuers war noch deutlich spürbar. Bevor er den Boden nicht von den Brandrückständen befreit hatte, würde er das schwere Möbelstück ohnehin nicht von der Wand wegrücken können, um nachzusehen, ob das dahinter in die Wand integrierte Bücherregal ebenfalls Schaden genommen hatte. Dort verbarg sich Martins spezielle Sammlung von Schriftstücken – und sein Onkel hatte sie nicht umsonst so gut verborgen gehalten. Fast hatte es den Anschein, als hätten es die Eindringlinge von letzter Nacht genau auf dieses Geheimversteck abgesehen gehabt. Demnach musste er sich jetzt vor allem fragen, wer dieses Versteck kannte, das selbst er nur durch Zufall entdeckt hatte. Und zwar im Beisein von Renato, fiel ihm plötzlich ein, der damit zum Verdächtigen wurde. Hatte sein ehemaliger Mitbewohner geplaudert? Aus Wut darüber, dass Henrik ihn des Mordes an Martin überführt hatte? Oder aus Trotz? Wollte er etwa das Antiquariat zerstört wissen, bloß weil er sich ungerecht behandelt und unverstanden fühlte? Ergab das Sinn?

Nun, Renato war daran gelegen, seinen Kopf zu retten. Dafür war er immerhin auch bereit gewesen, seinen besten Freund Martin Falkner zu opfern ...

Henrik sah ein, dass ihn wirre Spekulationen nicht weiterbrachten. Sie machten ihn nur wieder zornig. Und das durfte er wohl auch sein, nach allem, was man ihm angetan hatte. Dass tatsächlich jemand versucht hatte, sein Haus niederzubrennen. Er schlug mit der Faust gegen die Tür des Eichenschranks. Der elektrisierende Schmerz, der ihm durch die Knöchel bis hinauf in die Schulter fuhr, konnte die wiedererwachte Rage kaum dämpfen. Dabei hatte er schon gedacht, diese plötzlich aufbrausende Wut endlich hinter sich gelassen zu haben.

Verdammt, die noch nicht verheilten Wunden auf den Fingerknöcheln waren wieder aufgeplatzt. Während er seine schmerzende Hand schüttelte, wischte der Lichtkegel der Taschenlampe über etwas, was ihn seinen Zorn mit einem Mal vergessen ließ. Die Hitze hatte das Holz der Schranktüre verzogen und durch seinen Schlag klaffte nun ein Spalt genau dort, wo der Schreiner einst kunstvoll geschnitzte Zierleisten angebracht hatte. Ein Spalt, der vorhin noch nicht da gewesen war. Er vergaß das Blut, das ihm über den Handrücken rann und leuchtete die Stelle ab. Die teilweise verkohlte Oberfläche ließ noch erahnen, dass in die Tür ein Geheimfach eingearbeitet worden war. Und darin schimmerte etwas Metallisches. Er taste die Kanten ab, fand aber nichts, was sich nach einem Mechanismus anfühlte, um das Fach zu öffnen. Also schob er einfach die Fingerkuppen so weit wie möglich in den Spalt und zog daran. Er spürte die Hitze, die in dem angesengten Holz gespeichert war. Leider bekam er die Verblendung nicht richtig zu fassen, und seine Kraft reichte nicht aus, um das Versteck aufzubrechen. Er rutschte lediglich ab und riss sich den Nagel des Mittelfingers ein. Diesmal spornte der Schmerz ihn an. So schnell es das Chaos zuließ, eilte er ins Büro und suchte in der Schublade, in der er neulich ein paar Werkzeuge deponiert hatte, nach einem robusten Schraubenzieher.

Unter dessen Hebelwirkung gab das Holz nach, und er konnte die Verkleidung herausstemmen. Dahinter kam eine flache, angelaufene Metallbox zum Vorschein. Sie stand aufrecht in dem Geheimfach, das ungefähr die Größe eines Tabletcomputers hatte, oder besser, sie steckte darin fest. Nach vergebenem Rütteln und Ziehen, setzte er erneut den Schraubenzieher an und spreizte das Holz so weit auseinander, bis er seine Entdeckung bergen konnte.

Berauscht wie ein fündig gewordener Goldgräber torkelte er damit zur offenen Eingangstür, durch die zartes Morgenlicht hereinfiel. Der Metallkasten hatte einen einfachen Riegel, erinnerte sonst aber an die Blechkästen, die man aus Schließfächern herauszog. Als er den Deckel aufklappte, waren seine Nerven zum Zerreißen gespannt.

In ein weiches Tuch eingeschlagen, fand er eine weitere Azulejo, die er vorsichtig auspackte. Auf der Kachel war die rechte Gesichtshälfte eines Mannes abgebildet. Eindeutig ein Heiliger, wie die Lichtscheibe hinter seinem Kopf belegte. Es war vielleicht verfrüht, aber er hatte ein untrügliches Gefühl, woher diese Fliese stammte. Es blieb nur die Frage, warum Martin sie noch besser versteckt hatte als all die anderen.

Henrik legte die antike Fliese beiseite und nahm sich den restlichen Inhalt der Schatulle vor. Unter einer weiteren Lage Stoff kamen ein Foto und zwei Plastiktütchen zum Vorschein. Eines der Beutelchen war leer, in dem anderen steckte eine Glasscherbe.

50

Henrik betrachtete den briefmarkengroßen, dunkelgrünen Glassplitter. Unweigerlich musste er an die Unterhaltungen mit Anabela denken und was sie ihm über den Tod ihres Bruders erzählt hatte. Das, was er hier vor sich hatte, war Flaschenglas. Es musste sich um das Glas einer Champagnerflasche handeln. Jener Champagnerflasche, die als Ursache für Joãos Sturz in den Swimmingpool galt. Seine Nervenenden schienen zu vibrieren. Wie einen wertvollen Edelstein legte er den Glassplitter in dem Klarsichttütchen neben die Fliese auf eine in Schulterhöhe befindliche Bücherreihe im Regal gleich neben dem Eingang. Vielleicht befand sich ein Fingerabdruck darauf? Oder besser noch, die DNA des Täters, der diese Flasche vor dreißig Jahren João gegen den Kopf gedonnert hatte? Es konnte kaum einen plausibleren Grund geben, warum Martin dieses Stück Glas einer Reliquie gleich hätte aufbewahren sollen.

Als Nächstes widmete er seine Aufmerksamkeit dem Foto. Behutsam nahm er es aus der Metallschatulle. Es handelte sich um eine Farbaufnahme, verblichen und vergilbt, doch man konnte noch immer zwei Männer erkennen, die an einem langen Tisch bei Kerzenlicht vor einer reichlich gedeckten Tafel saßen. Mit diesem Abzug waren nun bereits zwei Aufnahmen in Henriks Besitz, die João de Castro und Rafael de Bragança in trauter Zweisamkeit zeigten. Auch wenn man sie auf diesem Bild nicht so eindeutig identifizieren konnte, falls man nicht wusste, um wen es sich handelte.

Die schlechte Bildqualität rührte vor allem daher, dass dieses Foto durch ein Fenster aufgenommen worden war. Zufällig wusste Henrik genau, wo dieses Speisezimmer zu finden war. Erst vorletzte Nacht hatte er zusammen mit Bruno an diesem Tisch gestanden, in dem Stadtpalais am Largo do Intendente. Zwischen der Aufnahme in der Wüste und der, die er nun in den rußigen Fingern hielt, mussten einige Jahre vergangen sein, so viel war zu erkennen. Beide Männer wirkten reifer als bei ihrer gemeinsamen Reise durch die Westsahara. Er ging davon aus, dass das Foto zu einer Zeit aufgenommen worden war, als João schon mit Martin liiert gewesen war. Und irgendetwas sagte ihm, dass sein Onkel höchstpersönlich den Auslöser gedrückt hatte.

Mit einem Mal explodierten Möglichkeiten in seinem Kopf. Hatte Martin seinem Lebensgefährten nachgestellt und ihn bei einem heimlichen Treffen mit seinem Ex-Geliebten beobachtet? Oder war umgekehrt für diese Zusammenkunft von João mit de Bragança ein Beweis nötig gewesen, den Martin aus einem Versteck heraus lieferte? Ein Beweis, der den Künstler beim Dinieren mit dem *Mann ohne Nabel* zeigte? Henrik musste sich eingestehen, dass sich dieses Foto auf hunderterlei Arten interpretieren ließ – und das war zum Verrücktwerden! Auch weil ihn plötzlich die enervierende Überlegung quälte, ob er womöglich mit allem falschgelegen hatte, was Martin anging. Er spürte, wie eine riesige Welle aus Frustration heranrollte. Er wandte sich innerlich davon ab und griff nach dem zweiten, scheinbar leeren Beutelchen in der Box. Um besser sehen zu können, trat er hinaus auf die Straße. Längst waren alle Leute verschwunden, die Rua do Almada lag verlassen da, so wie er es zu dieser Uhrzeit am frühen Morgen gewohnt war. Einem Morgen, dessen vanillefarbenes Licht erahnen ließ, dass die Hitze der vergangenen Tage auch heute kein Ende finden würde. Doch zum jetzigen Zeitpunkt tat die Luft noch gut, war von milder, versöhnlicher Kühle. Vor allem war sie eine Wohltat gegenüber der rauchigen Atmosphäre im Antiquariat. Obwohl das Kratzen im Hals und ein latenter Hustenreiz blieben, konnten sich seine Lungen doch ein wenig entspannen. Er hatte sich zu lange in dem mit Aschepartikeln versetzten Laden aufgehalten, in dem wie üblich zu wenig Durchzug herrschte. Nach und nach bekam er eine Vorstellung davon, wie lange es dauern würde, bis die Luft im Haus wieder einigermaßen erträglich sein würde. Er verdrängte den Gedanken und hielt das Tütchen gegen den morgendlichen Himmel. Nach zwei, drei Sekunden musste er seinen ersten Eindruck, dass es leer war, revidieren. Im zarten Licht des jungen Tages erkannte er ein einzelnes, feines Haar. Allem Anschein nach hatte es noch seine Wurzel, was entscheidend für die Forensik war, weil sich die DNA des Besitzers damit noch eindeutiger bestimmen ließ. Selbst nach Jahrzehnten.

Was hatte er da also ausgegraben? Die Glasscherbe mit dem genetischen Fingerabdruck des Mörders von João de Castro und einer Vergleichsprobe in Form dieses Haares. Nur wie sollte er beweisen, dass dieses Haar vom *Mann ohne Nabel* stammte? Natürlich indem er dorthin ging, wohin ihn die Fliese führte – denn so funktionierten Martins Botschaften. Manchmal konnte es so einfach sein.

Aber noch wagte er es nicht, seiner Entdeckung die Bedeutung beizumessen, die sie gegebenenfalls haben mochte. Stattdessen trat er gedanklich einen Schritt zurück. Was hatte er bisher vorzuweisen? Selbst wenn er durch Alves'

Artikel und die Berichterstattung im Fernsehen Rafael de Bragança ein Stück weit aus der Reserve locken konnte, half das alles nichts ohne echte Beweise. Jetzt hielt er zum ersten Mal etwas Reelles in den Händen, das dazu dienen konnte, den Mord an Martins Lebensgefährten aufzuklären. Aber er durfte nicht aus den Augen verlieren, dass er auch Said einen Schuldigen für den Mord an dessen Vater versprochen hatte. Und der Maghrebiner war ohne Frage jemand, den man besser nicht enttäuschte.

Bevor er irgendetwas unternehmen oder auch nur einen Beschluss fassen konnte, meldete sich sein Handy. Ob es Helena war, die sich nach seinem Befinden erkundigte?

Die Ernüchterung kam mit dem Blick aufs Display. Es war seine Mutter.

»Man sagte mir, es gab einen Brand in deinem Laden!« Sie kam wie üblich schnell zur Sache.

»Was? Wer hat dir das erzählt?«

»Spielt das eine Rolle?«

»Für mich ja, verdammt!«

»Hör auf zu fluchen und Unsinn zu reden, sag mir lieber, ob dir was passiert ist?«

War das etwa Anteilnahme? »Nein, ich bin wohlauf, und der Schaden ist vermutlich geringer, als es den Anschein hat«, sagte er. Besser, er spielte das Ganze herunter.

»Soll ich vorbeikommen?«

»Nicht nötig!«, wiegelte er ab. *Nicht bevor ich aufgeräumt habe. Nicht bevor der angekündigte Herr von der Brandinspektion sich ein Bild gemacht hat.* »Vielleicht heute Abend?«, schlug er vor, um nicht zu unkooperativ zu wirken. Immerhin wollte er nach wie vor ihr Geld. Jetzt, nach dem Feuer, noch mehr als vorher.

»Heute Abend bin ich verabredet. Aber ich werde sehen, wann ich es einrichten kann. Pass auf dich auf, Sohn, bei dir passieren zu viele unschöne Dinge, habe ich den Eindruck.«

Und weg war sie.

Verabredet?

Verdammt!

Er stieg hinauf in seine Wohnung. Wie sollte er sich je an den Brandgeruch gewöhnen? Jedenfalls hatte das Lüften bisher keinerlei Wirkung erzielt. Im Schlafzimmer stopfte er ein paar Anziehsachen in eine kleine Tasche, nicht ohne zu befürchten, dass der Gestank bereits in den Stoff gedrungen war. Dabei fragte er sich, ob er Helenas Angebot wirklich annehmen wollte. Trotzdem packte er auch seinen Kulturbeutel zusammen und legte ihn in die handliche Sporttasche. Der Tag war noch lang, er musste wohl abwarten, was sich ergab. Zu guter Letzt steckte er seine Funde aus der Metallschatulle dazu, weil es sich einfach nicht richtig anfühlte, sie im Antiquariat oder sonst irgendwo im Haus zu verstecken.

Er war auf dem Sprung in den oberen Stock, um nach Catia zu sehen, als ihn ein weiterer Anruf davon abhielt. Für die meisten Lisboetas war es noch reichlich früh, aber offenbar nicht für Alves.

»Habe ich Sie geweckt?«

Wenn du wüsstest! »Nein, ich bin schon eine Weile auf den Beinen. Gibt es was Neues?«

»Falls Ihre Frage darauf zielt, ob das Interview mit Doutor Reis der Auslöser für den Aufschrei war, kann ich zumindest sagen, dass unsere Story nicht ohne Auswirkungen bleiben wird. Danach sieht es jedenfalls aus.«

»Sie machen mich neugierig.«

»Natürlich ist noch nichts offiziell, aber es gibt bereits Gerüchte, dass der Sicherheitsrat der Vereinten Nationen eine Fachkommission für die Untersuchung dieses Falles einsetzen will. Das Recht auf Wasser ist ein heikles Thema, seit Großkonzerne angefangen haben, ihre gierigen Finger danach auszustrecken. Es kann allerdings genauso gut sein, dass alles wieder im Sande verläuft. Wie auch immer, wir haben an einem Stachel gerührt, der bisher völlig unbeachtet im Fleisch von Energ*í*as Portuguesas steckt. Vielleicht fängt diese Wunde nun zu eitern an – oder vielleicht schließt sie sich auch wieder, als wäre nie etwas geschehen. Die Regierung wird zwar eine Erklärung fordern – immerhin hält sie nach wie vor Anteile an dem Energieversorger –, doch ich bin lange genug im Geschäft, um zu wissen, wie einfach und reibungslos ein Skandal aus der Welt geschafft werden kann. Ich denke, mehr konnten wir vorerst nicht tun, Senhor Falkner.«

»Gut, wir haben also Ihres Erachtens einen Stein ins Rollen gebracht«, resümierte Henrik wenig euphorisch.

»Ich weiß, Sie und Ihr Beduinenfreund zielen in eine andere Richtung. Aber bedenken Sie, gewisse Leute in exponierten Positionen können Sie nur treffen, wenn Sie deren wirtschaftliche Interessen torpedieren. Und wer auch immer damals federführend für den Deal mit den Marokkanern war, hatte ein erhebliches Interesse daran, sein Vermögen zu vermehren. Bloß kann man vor fünfundzwanzig Jahren schon vorausgesehen haben, dass man sich irgendwann die eigene Investition und vor allem die Renditen von den Chinesen zurückholen würde? Verflixt, mir wird gerade klar, dass das noch lange nicht das Ende dieser journalistischen Goldader ist.«

»Tja, meinen Segen haben Sie!«, kommentierte Henrik trocken, um dann die Frage zu stellen, die ihn schon seit dem Fernsehinterview mit dem ehemaligen Staatssekretär beschäftigte. »Was denken Sie, an wen war Dr. Reis' Botschaft gerichtet, von wem erhofft er sich auf seine letzten Tage mehr Respekt?«

»Sehen Sie, genau das wollte ich *Sie* fragen. Ich bin mir nämlich fast sicher, Sie wissen, wen er damit herausgefordert hat.«

Henrik biss sich auf die Unterlippe. Er wusste es, aber er würde sich hüten, Alves vom *Mann ohne Nabel* zu berichten. »Ich habe wirklich keine Antwort darauf. Wie Sie wissen, jage ich selbst einigen Namen hinterher, um meine Schuld bei Said zu begleichen. Also, falls Sie neben Dr. Reis irgendwann noch weitere Verantwortliche von damals ausfindig machen, wäre ich Ihnen dankbar, wenn Sie mich darüber informieren!«

Alves ließ ein kurzes, scheppferndes Lachen hören. »Wir drehen uns im Kreis, Senhor Falkner!«, stellte er fest. »Ach noch was, bevor ich es vergesse. Ihr sahraouischer Freund hat eine bemerkenswerte Vergangenheit.«

»Said?«

»Kennen Sie noch mehr Leute aus der Gegend?«

»Nein, schießen Sie los!«

»Said ist studierter Hydrologe. Zumindest war ein Marokkaner, der unserem Said recht ähnlich sieht, über zwei Jahre am Institut für Hydrologie der Universität Freiburg tätig. Laut deren Website, auf der Sie auch ein Foto des Mannes finden, hat er sich der Erforschung fossiler Wasservorkommen in Nordafrika gewidmet, bevor er aus ungeklärten Gründen von einer Exkursion nach Libyen nicht mehr zurückkehrte. Mehr konnte ich auf die Schnelle noch nicht rausfinden. Vor allem nicht, ob es sich bei Said und dem Doktor an der Universität Freiburg um ein und dieselbe Person handelt. Wobei sich mein Journalistennäschen da ziemlich sicher ist. Ich nehme doch an, Sie haben sich bezüglich der Richtigkeit seines Namens ebenfalls schon Ihre Gedanken gemacht, oder? Jedenfalls wollte ich nicht versäumen, Sie davon in Kenntnis zu setzen.« Er legte auf.

Die Worte des Journalisten hallten lange in seinem Kopf nach, und es fiel ihm schwer, ihren ganzen Informationsgehalt zu erfassen. Natürlich hatte er sich gefragt, ob Said Belahbib der richtige Name dieses ungewöhnlichen Mannes war. Hatte er nicht gleich den Eindruck gehabt, dass der Mann für einen staubigen Arbeiter auf einer Baustelle auffallend gebildet war?

Ein Hydrologe also. Einer, der sich mit Wasser auskannte. Er fühlte sich momentan nicht in der Lage abzuschätzen, wie sich diese neue Erkenntnis auf die Zusammenhänge in diesem Fall auswirkte. Aber in einem hatte Alves zumindest recht. Said würde sich mit dem, was Henrik bisher erreicht hatte, nicht zufriedengeben, egal ob er promoviert hatte oder Häuser verputzte.

Und er selbst hatte keine Idee, wie er den Mann noch eine Weile in Zaum halten konnte.

51

Die Jazzer hatten Catia dazu überreden können, sich im Krankenhaus untersuchen zu lassen. Paco und Hugo hatten sie ins Hospital São José begleitet, erzählte Luis, als Henrik an dessen Tür klopfte. Der vorwurfsvolle Blick des Musikers war nicht zu übersehen. »Verdanken wir das Feuer etwa deiner jüngsten Ermittlung? Wir hätten alle draufgehen können, caramba!«

Henrik erwiderte nichts. In gewisser Weise hatte Luis recht – und doch war es wesentlich komplizierter. Natürlich verdächtigte er in erster Linie de Bragança, den er durch seine Aktionen in den vergangenen Tagen mehr und mehr herausgefordert hatte. Allerdings hatte der *Mann ohne Nabel* auch schon davor jede Gelegenheit gehabt, einen Anschlag auf das Antiquariat zu arrangieren. Vor allem, wenn er von Martins Beweisen gegen ihn wusste oder etwas ahnte. Doch in all der Zeit war es nur zu gelegentlichen Einbrüchen gekommen, die ohne große Folgen geblieben waren. Was also hatte sich geändert, dass nun ein Feuer endgültig alle vorhandenen Beweise vernichten sollte? Wie immer drehte er sich im Kreis, und er verspürte erst recht keine Ambitionen, irgendetwas davon im Treppenhaus mit Luis zu diskutieren.

»Wäre nett, wenn ihr mich wegen Catia auf dem Laufenden haltet!«, knurrte er und ließ ihn stehen.

So wie sich laut Alves die Lage durch die Berichterstattung zuspitzte, hielt er es für ratsam, mit Said Kontakt aufzunehmen, bevor der Maghrebiner von sich aus zu ihm kam, wie er es angedroht hatte. Henriks Tagesplan sah also einen erneuten Besuch im arabischen Viertel vor, diesmal am besten ohne weitere Blessuren. Doch vorher musste er unbedingt nach Bruno sehen, von dem er immer noch nichts gehört hatte. Der Brand im Antiquariat hatte ihn abgelenkt, und nun wurde ihm schlagartig bewusst, dass er sich mittlerweile große Sorgen um seinen Freund machte. Sofort dachte er wieder an den Traum, den er vor einigen Nächten gehabt hatte und in dem die Glocken von São Vicente den Tod des Priesters betrauerten. Was, wenn das nicht nur ein Traum, sondern so etwas wie eine Vision gewesen war?

Nein, das war Unsinn, versuchte er sich zu beruhigen. Trotzdem musste er sich endlich vergewissern, ob es Bruno gut ging. Das konnte er nicht länger aufschieben. Er schulterte seine Sporttasche und machte sich auf. Diesmal nahm er den Bus. Der steckte zwar im morgendlichen Berufsverkehr fest, war aber immer noch schneller als Henrik zu Fuß – und weniger überfüllt als die Eléctrico. Leider quälte sich die Blechlawine heute besonders zäh durch die Gassen. Die vielen Baustellen, die der Bauboom in Lissabon mit sich brachte, verengten mehr und mehr Straßen. Genervt stieg er schon unten am Hafen wieder aus und beschloss, nun doch durchs Alfama hinauf zum Kloster zu gehen. Auf halber Strecke wurde ihm klar, dass er durch einen kleinen Abstecher ziemlich genau dort vorbeikommen würde, wo die zuletzt entdeckte Azulejo herstammen mochte, die er in seiner Tasche mit sich trug. Er überlegte nicht weiter, wählte die nächste Gasse und gelangte so in wenigen Minuten zum Largo de São Miguel und der dort aufragenden Kirche. Und erfuhr damit auch, wessen Konterfei zur Hälfte auf der Fliese abgebildet war: das des Heiligen Michael.

Auf der Längsseite der Igreja São Miguel befand sich über einem vergitterten Fenster das Wandbild, das er in Erinnerung hatte. Von dem Kachelgemälde war genau genommen nur der Rahmen aus Engelsköpfen und Putten erhalten; sie hatten einst jenen Heiligen umgeben, der auch als der Drachentöter bekannt war. São Miguel, einst das Zentrum des Mosaiks, war durch gelb emaillierte Kacheln ersetzt worden, was der ganzen Darstellung etwas seltsam Trauriges verlieh. Eine umrahmte Leere, so als hätte Michael schon vor langer Zeit beschlossen, der Pfarrei den Rücken zu kehren und sie zu verlassen. Die Kirchengemeinde Santa Maria Maior hatte scheinbar immer noch keinen Künstler aufgetan, der das Fliesenbild wieder vollständig restaurierte. Oder ihnen fehlte das Geld – widersinnig, wenn man bedachte, wie immens reich die katholische Kirche an sich war. Wegen der Leute, die sich auch zu dieser frühen Stunde schon auf dem Largo de São Miguel aufhielten, wagte er es nicht, die Azulejo aus seiner Tasche zu nehmen. Doch er brauchte die Bestätigung ohnehin nicht; er wusste, dass er richtiglag. Was dem Priester der Gemeinde wohl zu sagen einfiele, wenn er ihm die Originalkachel überreichen würde, die einst ein Teil des Wandgemäldes gewesen war?

Da Bruno dieses Gotteshaus ja bereits als die Taufkirche von Rafael de Bragança ausgemacht hatte, musste er nicht lange grübeln, warum Martin ihn über die Azulejo-Botschaft hierhergeschickt hatte. Da diese Fliese allerdings in Verbindung mit den anderen Indizien so besonders gut von Martin verborgen worden war, steckte vielleicht noch mehr dahinter.

In São Roque geboren, in São Miguel getauft, in São Pedro zur Schule gegangen. Das war die logische Abfolge, die Martins Azulejo-Sammlung ihm hinsichtlich de Braganças veranschaulichte. Immer in der Obhut des Herrn, wenn man so wollte. Bloß was mochte das bedeuten? Die enge Bindung an die katholische Kirche? Steckte darin ein tieferer Sinn, oder war das zu jener Zeit einfach der übliche Weg gewesen, insbesondere für einen Sprössling aus einem Adelshaus?

Er würde mit Bruno darüber reden, der hatte bestimmt eine Ahnung, worum es noch gehen konnte. Vorher wollte er aber noch einen Blick in die Igreja São Miguel werfen.

Die Morgensonne verlieh der Kirchenfassade einen zartrosafarbenen Ton. Der Sakralbau verfügte über zwei Glockentürme, die die sonst so schlicht gehaltene Front flankierten. Beim linken Nebeneingang war auf Augenhöhe eine Tafel angebracht, die darüber informierte, dass die Kirche ursprünglich aus dem elften Jahrhundert stammte, im siebzehnten Jahrhundert aber im manieristischen und barocken Stil vollständig umgebaut worden war. Keiner der drei in Spitzbogen gefassten Eingänge war offen. Einen weiteren Zugang fand er nicht. Da das Gotteshaus rechts direkt am Nebengebäude abschloss, konnte er die Kirche auch nicht vollständig umrunden. Dennoch hielt sich sein Frust in Grenzen. Selbst wenn er alles hätte abschreiten können, was hätte ihm das jetzt geholfen, ohne irgendeinen weiteren Hinweis, wonach er noch Ausschau halten sollte? Oder nach wem? Nach einem greisen Pfarrer, dem de Bragança einst den Mord an João gebeichtet hatte? Sehr unwahrscheinlich. Nein, er musste zuerst zu Bruno, der hatte vielleicht eine Idee.

Eine knappe Stunde später war klar, dass niemand den Padre seit Sonntagabend gesehen hatte. Egal, wen von den Klosterbrüdern und Angestellten der Diözese er fragte, stets erntete er nur ratloses Schulterzucken oder besorgtes Kopfschütteln. Und die Auskunft, dass bereits nach dem Priester gesucht wurde, da er die Morgenmesse hätte lesen sollen. Man war aufgebracht, das war zu spüren. So ein Verhalten war für einen Geistlichen absolut unüblich, und Henriks Auftauchen und seine Fragen schürten die Besorgnis unter den Glaubensbrüdern zusätzlich. Da er als Freund des Priesters bekannt war, erlaubte man es ihm, einen Blick in Brunos Kammer zu werfen. Die spartanisch eingerichtete Mönchszelle war sauber und ordentlich und das Bett gemacht, aber sie enthielt keinen Hinweis für ihn, wo der Padre abgeblieben war. Auf seine Empfehlung hin versprach man ihm, die Krankenhäuser abzutelefonieren und ihn selbstverständlich zu informieren, sobald Bruno zurück oder in irgendeiner Weise ausfindig gemacht worden war. Er verabschiedete sich aus dem Kloster São Vicente de Fora mit der schrecklichen Ahnung, dass er Sonntagnacht der Letzte gewesen war, der Pater Bruno lebend gesehen hatte – ausgenommen von dessen …

Henrik spürte die Panik heranrollen.

52

»Bruno ist weg!«

»Bruno? Dieser Priester?«

»Seit Sonntagabend hat ihn keiner mehr gesehen!«

»Du klingst etwas hysterisch«, stellte Helena fest. An den Hintergrundgeräuschen konnte er hören, dass sie im Auto unterwegs war. Die Verbindung war schlecht und zerhackte ihre Worte.

»Ja, verdammt, es ist ernst!«

»Erklär's mir!«, verlangte sie.

Gerade das konnte er nicht. Er konnte ihr nicht sagen, dass man sie nach einem Einbruch gejagt hatte und Bruno vermutlich erwischt worden war, während er selbst davonkam. Denn das schien die einzig logische Erklärung zu sein. Henriks Plan, die Aufmerksamkeit ihrer Verfolger auf sich zu ziehen, hatte nicht funktioniert. Der Söldner und sein Einsatzteam hatten sich nicht täuschen lassen. Und genau das hätte er doch wissen müssen, immerhin war ihm bekannt, wie professionell der Söldner zu arbeiten pflegte! Während sie Bruno geschnappt hatten, ließen sie ihn entkommen. Wenn er jetzt darüber nachdachte, konnte das Ganze nur Absicht gewesen sein …

Er versuchte, tief durchzuatmen. »Später! Jetzt geht es allein darum, ob ihr eine Meldung vorliegen habt.«

»Eine Meldung?«

Er konnte die Worte nicht in den Mund nehmen. *Leichenfund, Tötungsdelikt, Mordopfer.* »Du … weißt, was ich meine. Ich will einfach ausschließen …«

Helena unterbrach ihn mit ruhiger Stimme. »Wie kommst du überhaupt darauf, ihm könnte etwas passiert sein? Vielleicht hat er sich nur zu irgendwelchen Besinnungstagen in die Abgeschiedenheit zurückgezogen ...«

»Helena, bitte! Er hat heute Morgen versäumt, eine Messe zu lesen. Das würde er nie freiwillig tun. Da *muss* was passiert sein.«

»Weil immer was passiert, wenn du mit von der Partie bist«, stellte sie fest. »Hast du ihn denn in irgendwas reingezogen?« Der Vorwurf war nicht zu überhören. Aber auch sie hatte eine kurze Nacht gehabt, er durfte ihre Gereiztheit nicht überbewerten.

»Er hat mir bei einer Recherche geholfen, das streite ich auch gar nicht ab«, sagte er und fügte etwas leiser hinzu: »Kannst du nicht einfach nur nachsehen, ob ihr was im Computer habt?«

»Glaub mir, wenn man von gestern auf heute einen toten Priester gefunden hätte, wüsste ich das. Wo bist du gerade?«

Er stand immer noch vor dem Kloster und fühlte sich völlig planlos. Die Furcht um Bruno lähmte sein Denken. »Irgendwo«, antwortete er, weil er nicht wollte, dass sie anbot, ihn aufzugabeln. Immerhin befand er sich ganz in der Nähe ihrer Wohnung. »Gut, ich melde mich später wieder.«

Er trennte die Verbindung, weil er weitere bohrende Fragen scheute. Was hätte er ihr auch antworten sollen? De Bragança hatte zurückgeschlagen. Mit aller Härte. Es gab keine andere Erklärung. Der *Mann ohne Nabel* hatte auf seine Provokationen reagiert und machte mit drakonischen Maßnahmen deutlich, was er von Henriks Vorgehen gegen ihn hielt. Henriks Plan drohte Schiffbruch zu erleiden.

Oder er *war* bereits gescheitert. Der Brand im Laden war genauso wenig ein Zufall wie das Verschwinden von Bruno.

Mein Gott, Bruno ...

Er verbot sich, weiter darüber nachzudenken, was man dem Padre vielleicht angetan hatte. Besser war es, sich zu überlegen, was er unter diesen Voraussetzungen noch unternehmen konnte, um de Bragança endlich von Angesicht zu Angesicht gegenüberzutreten. Sollte er es nochmals bei Adriana versuchen? Sie direkt mit dem Verdacht konfrontieren, dass sie für den Dämon arbeitete? Aber was, wenn er sie damit in ähnliche Gefahr wie Bruno brachte?

Während er noch mit sich haderte, wie sein nächster Schritt aussehen sollte, bemerkte er plötzlich, dass er nicht den direkten Weg zurück zum Antiquariat eingeschlagen hatte. Stattdessen war er durch die Calçada do Monte hinab Richtung Martim Moniz unterwegs. Ein Weg, der ihn durchs Araberviertel führte. Vielleicht begegnete er dort Said. Oder der setzte sich auf seine Fährte. Egal, es wäre ihm sogar gleichgültig gewesen, wenn Said wieder seinen jugendlichen Schlägertrupp vorgeschickt hätte. Henrik hatte eine Abreibung verdient.

Sein Handy vibrierte. Alves.

Der Journalist klang kämpferisch und rückte gleich mit den jüngsten Neuigkeiten heraus. »Gerade geht die Meldung durch die Redaktionen, dass die Chinesen abreisen. Ob das nur eine Hinhaltetaktik ist, um wegen der geänderten Faktenlage eine neue Verhandlungsstrategie auszuarbeiten, oder ob die Asiaten ihr Kaufangebot für EP komplett zurückziehen, kann noch niemand sagen. Sollte Letzteres der Fall sein, ist der angestrebte Milliardendeal damit wohl vorerst geplatzt. Und das alles wegen einem

Flecken Wüste, dem bis vor zwei Tagen niemand hier Beachtung geschenkt hat. Wir können uns auf die Schulter klopfen, auch wenn die Arbeit damit erst richtig anfängt. Pekings Vorgehen beweist mit großer Wahrscheinlichkeit, dass wir in allem recht hatten. Wobei ich den Schlitzaugen nicht wirklich abnehme, dass sie die Sache aus humanitären Gründen sausen lassen. Ausgerechnet die Chinesen zeigen ein soziales Gewissen, ich bitte Sie ...« Er lachte. »Hey, was ist los? Sind Sie noch dran?«

»Ich höre Ihnen zu.«

»Merda, Sie klingen nicht besonders erfreut, Senhor Falkner. Dabei haben Sie das Medienecho, das sie wollten, doch bekommen.«

»Danke, Senhor Alves, ich weiß zu schätzen, was Sie in der kurzen Zeit erreicht haben ...«

»Aber?«

»Mir fehlen immer noch die Hintermänner. Vielleicht sollte ich mich mal mit diesem Dr. Reis unterhalten.«

»Vergessen Sie das, der wird nach seinem Auftritt gestern nie wieder mit jemandem reden, das schwöre ich Ihnen ...«

Henrik drückte Alves weg. Vor ihm stand Said. Er war aus einem kaum schulterbreiten Durchgang getreten. Kalkweiß eingestaubt, den Kopf mit einem Kufiya verhüllt, wie er ihn kennengelernt hatte, oben auf dem Dach der Baitul Mukarram Moschee. Der stechende Blick des Maghrebiners durchbohrte ihm förmlich. Sie befanden sich in unmittelbarer Nähe des Hamam, wo er vor vier Tagen zusammen mit dem Sahraoui geschwitzt hatte. Seitdem war eine Ewigkeit verstrichen, und er hatte sein Versprechen immer noch nicht erfüllen können. Um die Geduld des Beduinen war es vermutlich nicht zum Besten bestellt.

»Bist du gekommen, um mir einen Namen zu nennen?«, fragte Said, kaum laut genug, um den Lärm um sie herum zu übertönen. Genau das ließ seine Stimme besonders bedrohlich klingen.

Der Namen des Dämons lag Henrik auf der Zunge. Er war sich so sicher, dass es kein anderer gewesen war, der Saids Vater hatte töten lassen, um dessen Volk das Wasser zu rauben, das ihre Lebensgrundlage ausmachte. Der *Mann ohne Nabel*, der seit seiner Reise mit João von dem Wasservorkommen wusste und später alles in die Wege leitete.

Doch noch immer verfügte Henrik über keinerlei relevante Beweise, die für eine Anklageerhebung ausreichten. Während seiner Dienstzeit hätte ihm der Staatsanwalt das, was er vorzubringen hatte, regelrecht um die Ohren gehauen. Selbst wenn er inzwischen gelernt hatte, dass Gesetzgebung und Gerechtigkeit nicht immer in Einklang zu bringen waren, konnte er trotzdem nicht leichtfertig einen Schuldigen benennen.

Außerdem war da noch etwas anderes, das geklärt werden musste. »Ihr Vater war bei meinem Onkel, kurz bevor er ermordet wurde. Wussten Sie davon?«

53

Falls Said von der Begegnung zwischen Martin und Sheïk Salamah Kenntnis gehabt hatte, war ihm vermutlich auch von Anfang an klar gewesen, wer Henrik war. Und dann hatte er wohl selbst die Absicht verfolgt, ihn zu treffen.

Jetzt machte der Maghrebiner deutlich, dass er darüber nicht reden wollte. Aus der Art, wie er Henriks Frage *überhörte*, meinte der sogar zu erahnen, dass Said sich bislang nicht mit der Bedeutung dieses Treffens auseinandergesetzt hatte.

Für Henrik allerdings war diese Zusammenkunft vor fünfundzwanzig Jahren alles andere als Zufall. Deshalb hakte er nach. »Warum hat Ihr Vater ausgerechnet das Antiquariat in der Rua do Almada aufgesucht? Erhoffte er sich irgendwie Hilfe von meinem Onkel? Und wenn, wer hat ihm dann geraten, sich an den deutschen Antiquar zu wenden?«

In den Augen des Berbers war nur allzu deutlich zu erkennen, dass er eigentlich schon längst mehr als genug hatte. Tatsächlich hatte Henrik das Gefühl, dass er die Fristverlängerung lediglich der vernünftigen Hälfte von Saids gespaltener Seele verdankte.

»Erfüllen Sie Ihren Teil der Vereinbarung!«, verlangte Said. »Sie haben vierundzwanzig Stunden, dann ist meine Geduld zu Ende. Ein für alle Mal.« Mit dieser Drohung ließ er Henrik stehen.

Vierundzwanzig Stunden! Was Said danach vorhatte, blieb unausgesprochen, doch Henrik wurde die Ahnung nicht los, dass der Mann einen Anschlag plante. Gewissermaßen einen Terrorakt, auf den eine Forderung an die portugiesische Regierung folgen würde. Diese Möglichkeit setzte ihn noch mehr unter Zeitdruck. Er überquerte gerade den Praça Dom Pedro und befand sich bereits auf Höhe der Säule, die die Bronzestatue des portugiesischen Königs Pedro trug, als er von einer Reisegruppe aus der Schweiz ausgebremst wurde und gleichzeitig das Handy in seiner Hosentasche klingelte. Seine momentane Gemütsverfassung verbot es eigentlich, jetzt ans Telefon zu gehen, jetzt, da dieses Gedankenchaos in seinem Kopf herrschte und er sich zudem einen Weg durch den Pulk von Touristen bahnen musste. Trotzdem griff er instinktiv danach und stellte beim Blick aufs Display fest, dass er keine Wahl hatte, denn dort leuchtete ausgerechnet der Name seines Vaters auf. Und eine Telefonnummer – über die seine Mutter offensichtlich nicht verfügte. Sein alter Herr besaß also tatsächlich das berüchtigte Zweithandy.

Henrik stellte sich in den Schatten des Sockels mit der dreiundzwanzig Meter hohen Säule und verzichtete darauf, das Gespräch mit den Gepflogenheiten einer zivilisierten Kommunikation zu beginnen. »Papa, ich hab jetzt keine Zeit!«

»Sie geht nicht ans Telefon, weißt du, wo sie ist?«, konterte Albrecht ebenso unhöflich.

»Wer?«

»Deine *Mutter*!«

Bin ich euer Babysitter, oder was?

»Hotel Oriente, in der Avenida da Liberdade. Sie ist nach Lissabon gekommen, weil sie dich bei mir vermutet.«

»Nein, eben nicht!«, hörte er seinen Vater sagen. Damit hatte Albrecht mit einem Schlag wieder seine Aufmerksamkeit. »An der Rezeption sagte man mir, sie ist unterwegs. Wohin, außer zu dir, kann sie in Lissabon schon unterwegs sein?«

»Moment … du bist in der *Stadt*?«

»Ja, bin vor einer Stunde mit dem Zug gekommen. Wir waren verabredet, und jetzt kann mir niemand sagen, wo ich sie finde.«

Henrik wusste im ersten Moment gar nicht, was er sagen sollte. Dann bellte er: »Bleib, wo du bist, ich komme!«

Er legte auf, am ganzen Körper schweißnass. Der Rücken tat ihm weh, und sein Puls raste. Vielleicht kam dazu auch noch ein leises, aber beunruhigendes Stechen in der Brust, aber das konnte er sich auch einbilden. Bevor er zu intensiv über die Symptome eines sich ankündigenden Herzinfarkts nachdenken konnte, setzte er sich wieder in Bewegung. Bis zum Oriente brauchte er kaum mehr als fünf Minuten. Der Andrang in der Empfangshalle war um diese Tageszeit überschaubar, dennoch musste er zweimal hinsehen, um Albrecht zu erkennen. Sein Vater stand unmittelbar neben der Rezeption unter einem Gummibaum. Braun gebrannt, die Haare wild zerzaust. Die haarigen Beine steckten in grellfarbigen Bermudashorts, seine Leibesfülle verbarg er unter einem weit geschnittenen, grob gewebten Leinenhemd. Nicht dass er zu dick war – aber er war auch nicht mehr schlank. An den nackten Füßen trug er Ledersandalen. Alles in allem erinnerte sein Erscheinungsbild an einen Althippie oder einen Pensionär, der die Esoterik für sich entdeckt hatte. Seiner Gattin würde dieser Auftritt nicht gefallen, davon war schon einmal auszugehen. Albrechts gesunde Gesichtsfarbe stand in krassem Gegensatz zu seiner sorgenvollen Miene. Nicht einmal, als sein Vater ihn entdeckte, erhellten sich dessen Züge. Mit großen Schritten ging er ihm entgegen.

»Da bist du ja endlich!«, stellte Albrecht anklagend fest.

Henrik verkniff sich die Bemerkung darüber, dass ihr Telefonat noch keine Viertelstunde zurücklag. »Was ist hier eigentlich los?«, fragte er stattdessen. »Wie kommt es plötzlich, dass du Mama hier treffen willst?«

»Das ist ja wohl mein gutes Recht als ihr Ehemann«, wandte Albrecht ein.

»Das spreche ich dir ja überhaupt nicht ab, aber so wie ich sie kenne, hätte sie dich kaum versetzt, wenn sie gewusst hätte, wann du ankommst.«

»Erzähl mir nicht, dann hätte sie mich am Bahnsteig erwartet und voller Sehnsucht dem einfahrenden Zug entgegengewinkt! Über eine derart romantische Ader hat sie noch nie verfügt ... aber ist ja auch egal.« Sein Vater wirkte nervös, konnte gar nicht stillstehen, sondern wippte in einem fort auf den Ballen. So fahrig hatte Henrik ihn noch nie erlebt. »Gut, kann sein, dass ich die Uhrzeit nicht mehr so ganz im Kopf hatte, was meine Ankunft angeht. Bloß spielt das ja gar keine Rolle. Wenn du dich besser um sie gekümmert hättest, müsste sie jetzt nicht alleine durch die Stadt irren. Du weißt doch selbst, wie gefährlich die eine oder andere Ecke hier ist.«

Henrik schnappte nach Luft. »Ich fass es nicht! Seit Monaten scharwenzelst du um Dona Celeste herum, und jetzt fällt dir nichts Besseres ein, als *mir* Vorwürfe zu machen?«

Bevor Albrecht zu einer Verteidigungsrede ansetzen konnte, gebot Henrik ihm mit einer barschen Geste zu schweigen. Er wandte sich ab und marschierte zu der Angestellten an der Rezeption, die gerade damit fertig geworden war, einen Hotelgast auszuchecken. Henrik war ihr schon bekannt, denn sie hatte auch Schicht gehabt, als er vor einer knappen Woche im Oriente begonnen hatte herumzuschnüffeln.

»Bom dia! Sie wissen, wer ich bin?«

»Selbstverständlich, Senhor Falkner«, antwortete sie und lächelte leicht gequält.

»Hat meine Mutter zufällig eine Nachricht hinterlassen?«

Sie schüttelte den Kopf und wirkte dabei ausgesprochen distanziert. Sicher hatte auch Albrecht sie deswegen schon traktiert. Und vermutlich standen sämtliche Falkners mittlerweile auf der roten Liste des Oriente.

»Und sie hat auch nicht angedeutet, wohin sie wollte?«

»Wir haben ihr vor etwa einer Stunde ein Taxi bestellt«, erklärte die Hotelangestellte.

»Warum konnten Sie *mir* das nicht sagen?«, murrte Albrecht über Henriks Schulter hinweg.

Die Frau hinter der Empfangstheke zuckte mit den Schultern.

»Wissen Sie auch, wohin das Taxi sie bringen sollte?«

»Tut mir leid, das hat Senhora Falkner uns nicht anvertraut. Ich habe sie nur sagen hören, sie sei unterwegs zu einer Einladung. Und jetzt entschuldigen Sie mich bitte!« Leicht entnervt wies sie auf einen weiteren Gast, der ihre Dienste beanspruchte.

»Taxi«, brummte Albrecht.

»Zu einer Einladung«, murmelte Henrik und sah sich um. Wer könnte noch etwas wissen? Wo war Lemos, wenn man ihn brauchte? Verspätet fiel ihm ein, was Alves über den Oberkellner gesagt hatte. Eduardo Lemos war angeblich nicht mehr zur Arbeit erschienen. Doch Henrik wollte jetzt nicht darüber nachdenken, was das bedeuten mochte.

»Ruf deine Polizistenfreundin an, die kann bestimmt rausfinden, in welchem Taxi Simone sitzt!«, verlangte Albrecht.

Henrik funkelte ihn böse an. »Bist du jetzt total übergeschnappt!«

Immer noch standen sie unschlüssig vor dem Empfang herum. Er wandte sich noch einmal an die Rezeptionistin, obschon sie noch mit dem anderen Gast beschäftigt war. »Ist Senhor Lemos heute im Haus?«

Sie strafte ihn mit einem verärgerten Seitenblick.

»Kannst du endlich was machen!«, forderte ihn Albrecht auf.

»Ich überlege noch!«, blaffte er und suchte erneut die Lobby nach einem Hotelangestellten ab, den er fragen konnte. Vielleicht hatte der livrierte Portier am Eingang mitbekommen, wie Simone ins Taxi gestiegen war. Womöglich hatte er ihr sogar die Autotür aufgehalten und dabei mitbekommen, welches Ziel sie dem Fahrer genannt hatte. Neben ihm stöhnte Albrecht und wirkte dabei seltsam hilflos. So kannte er seinen Vater gar nicht. Er war zwar von jeher der zerstreute Oberstudienrat gewesen, der damit auf überspitzte Weise das Klischee seines Berufsstands erfüllte, doch nun wirkte sein Verhalten fast schon besorgniserregend. War nicht nur seine Mutter gesundheitlich angeschlagen, sondern auch Albrecht? Waren das etwa Anzeichen einer aufkommenden Demenz?

»Soweit ich weiß, hat er sich krankgemeldet.« Er drehte sich um. Die Frau hinterm Empfang hatte ihren Kunden abgefertigt und sich nun wieder ihm zugewandt.

»Wer?«

»Senhor Lemos. Sie hatten nach ihm gefragt«, erinnerte sie ihn.

»Ja, Verzeihung, ich bin momentan etwas durch den Wind. Ich hoffe, es ist nichts Ernstes?«

Diesmal wirkte ihr schmales Lächeln beinahe entgegenkommend. »Dazu kann ich Ihnen leider nichts sagen.«

»Obrigado«, bedankte er sich, dann stellte er die Sporttasche, die er seit heute Morgen mit sich herumschleppte, auf den Empfangstresen. »Kann ich Ihnen die anvertrauen, eventuell bis heute Abend?«

Sie wirkte nicht sonderlich begeistert. »Soll ich sie aufs Zimmer Ihrer Mutter bringen?«

Er beugte sich ein Stück zu ihr über den Tresen und las dabei erstmals den Namen auf dem Messingschild an ihrem Revers. »Besser, Sie behalten die Tasche bei sich, wenn das möglich ist. Vielleicht könnten Sie so tun, als wäre es Ihre, Senhora Sanches!«

Nun war ihr deutlich anzusehen, wie sie abzuschätzen versuchte, auf was sie sich eingelassen hatte, als sie für einen unbedachten Moment zu freundlich zu dem alemão gewesen war, der nicht einmal als Gast im Oriente logierte.

Er konnte nicht sagen, was sie letztlich dazu bewog, sich seine Sporttasche zu greifen und hinter dem Tresen verschwinden zu lassen. Womöglich lag es an der Verzweiflung, die Albrecht ins Gesicht geschrieben stand, die sie milde stimmte. »Ich stelle sie in meinen Spind. Mein Dienst endet heute um sechs Uhr«, teile sie ihm mit.

»Obrigado, Senhora Sanches«, bedankte er sich erneut. Er war bereits Richtung Ausgang unterwegs, da rief sie ihn noch einmal zurück.

»Mir fällt da noch was ein …« Offenbar hatte sie jetzt, da sie eine Art Komplizin geworden war, ihren Ärger über die Familie Falkner endgültig hintangestellt.

Henrik eilte zurück und neigte sich ihr erneut entgegen, damit sie nicht laut zu reden brauchte.

»Die Senhora hatte sich gestern in der Lobby lange mit einem Herrn unterhalten, und ich glaube, dass das nicht das erste Gespräch zwischen den beiden war.«

»Was für ein Herr? Ein Portugiese?«, fragte er aufgeregt.

Sie nickte. »Sein Name ist mir nicht bekannt. Ich will damit sagen, er ist kein Hotelgast … aber ich meine ihn schon gelegentlich zu gesellschaftlichen Anlässen bei uns im Haus gesehen zu haben.«

»Was wollen Sie mir sagen?«

»Ihre Frau Mutter … nun, ich bin nicht sicher, aber es stellte sich für mich so dar, als hätte er sie eingeladen …«

»Eingeladen«, flüsterte Albrecht in seinem Rücken. »Ich verstehe nicht, Henrik, von wem spricht die Dame?«

Henrik wedelte mit der Hand, um sich Ruhe zu erbitten. Eine dunkle Ahnung legte sich wie eine Gewitterwolke über ihn. »De Bragança, sagt Ihnen dieser Name was?«

Wieder nickte sie. »Eine sehr wohlhabende Familie aus Lissabon.«

»Und könnte jener Herr dieser Familie angehören?«

»Das halte ich nicht für ausgeschlossen«, sagte sie, und es war nicht der kalte Hauch der Klimaanlage in der Empfangshalle, der ihn frösteln ließ.

Plötzlich glaubte er zu wissen, wohin Simone gefahren war. Aber um sich Gewissheit verschaffen zu können, musste er zuerst Albrecht loswerden. Dorthin, wo er beabsichtigte zu gehen, konnte er ihn unmöglich mitnehmen.

»Was hat sie gesagt?«, drängte sein Vater.

Henrik hob mit einer beschwichtigenden Geste die Hand. »Beruhige dich, ich werde Mama finden.«

»Gut! Worauf warten wir?«

»Nein, so funktioniert das nicht! Du musst hierbleiben!«, verlangte er.

Sein Vater wurde blass unter seiner Sonnenbräune. »O mein Gott, Junge! Hast du sie etwa in eine deiner Ermittlungen mit reingezogen? Hat es dir nicht gereicht, dass sie mir deswegen schon ein Messer zwischen die Rippen gerammt haben?« Aufgeregt fuhr er sich mit der Hand übers Gesicht. »Ich fasse es nicht, dass du jetzt auch deine Mutter so einer Gefahr aussetzt ...«

Verdammt, das hatte ja kommen müssen. Tatsächlich war Albrecht bei seinem ersten Besuch in Lissabon zwischen die Fronten geraten. Was natürlich vor allem daran gelegen hatte, dass sein alter Herr nie auch nur die geringste Neigung zeigte, auf ihn zu hören. Davon abgesehen hatte es sich lediglich um eine harmlose Fleischwunde gehandelt. »Simone ist nichts passiert, und ihr Ausflug hat auch nichts mit irgendeinem Fall von mir zu tun«, verteidigte er sich.

»Fall, Fall ... Du bist kein Polizist mehr, Henrik, du solltest auch keine Fälle mehr haben und schon gar keine, bei denen deine Eltern möglicherweise Schaden an Leib und Leben erleiden.«

Noch einmal versuchte Henrik es im Guten. »Nichts davon wird passieren, wenn du dich dort drüben in einen der bequemen Sessel hockst, dir was zu trinken bestellst und hier auf mich wartest.« Er ahnte, dass er sich nicht besonders überzeugend anhörte.

»Verlang nicht von mir, untätig rumzusitzen, während sich Simone in Gefahr befindet«, erwiderte Albrecht, dessen Blässe mittlerweile von einer ungesunden Röte abgelöst worden war.

Warum zum Teufel hatte er seinem Vater nicht einfach gesagt, dass er mit seiner Mutter vereinbart hatte, sich in der Rua do Almada zu treffen? Dann hätte er Albrecht jetzt dort hinschicken können und sich nur noch eine Ausrede einfallen lassen müssen, warum sie nicht zusammen fuhren. Wenn ihm diese Notlüge einer abgenommen hätte, dann sein Vater.

»Schluss mit der Diskussion, du tust jetzt, was ich sage!«, fuhr er ihn an. »Sonst erzähle ich Mama von deinen Ferien bei Dona Celeste unten an der Algarve.«

Albrecht schnappte nach Luft. »Da ist nie was passiert«, japste er.

»Umso besser«, knurrte Henrik und ließ ihn einfach stehen.

Vor dem Oriente stieg er in eines der dort wartenden Taxis, ohne darauf zu achten, ob der Wagen von einem Hotelgast geordert worden war. Der Fahrer blickte recht überrascht über die Schulter zu ihm in den Fond.

»Onde?«

Henrik hatte bereits vor zwei Tagen eine Einladung erhalten, ohne dass er sie als solche verstanden hatte. Nicht bis gerade eben.

Rasch nannte er dem Fahrer die Adresse.

54

Die Gegend um den Rossio-Bahnhof herum war verstopft, der Verkehr staute sich in jede Richtung. Henrik ballte die Fäuste und drückte seine Fingernägel tief in die Handflächen, um seiner Anspannung ein Ventil zu geben. Oder einen Schmerz. Ab wo wäre er schneller, wenn er rannte, statt im Taxi sitzen zu bleiben, das im ersten Gang dahinzuckelte? War seine Mutter dieselbe Strecke gefahren? Steckte sie womöglich selbst noch in diesem Stau? Die Rezeptionistin hatte von etwa einer Stunde Vorsprung gesprochen. Simone musste also schon am Ziel sein.

Auf Höhe des Chafariz do Intendente, eines mächtigen quaderförmigen Brunnens, der an die zwei Stockwerke hoch war und in seiner Bauweise an einen Triumphbogen erinnerte, hielt es ihn nicht länger im Fond des Wagens. Er reichte dem Taxifahrer einen Zwanziger – viel zu viel, aber er hatte es nicht passend. In seiner Eile verzichtete er zudem auf das Wechselgeld.

Dann rannte er, bis die Lungen brannten. Keine Form der Fortbewegung, die man in der Mittagshitze wählen sollte. Die Leute starrten ihm hinterher, ohne zu ahnen, dass er um das Leben seiner Mutter bangte und es die Angst war, die seine Beine fliegen ließ.

Zwei Minuten später erreichte er nach Luft ringend den Largo do Intendente und musste sich beherrschen, um nicht durch die aus dem Boden schießenden Wasserfontänen zu springen, um sich Abkühlung zu verschaffen. Erst am Ende des Platzes hielt er an, vor jenem Tor, durch das er schon einmal getreten war. In der Nacht und ohne Erlaubnis. Er fühlte sich versucht, einfach auf eine der Steinbänke zu sinken, stützte sich aber stattdessen nur auf die Oberschenkel. Während er Sauerstoff in sich hineinsog, musterte er die Fassade des Stadtpalais, dessen Schatten noch zu kurz war, um ihn von der Sonne zu schützen. Er hatte keine Zeit mehr gefunden, mit Bruno über die dort dargestellten Bilder und deren Symbolik zu sprechen. Und sehr wahrscheinlich würde er dazu auch keine Gelegenheit mehr haben. Egal, wie sehr er es sich wünschte, er konnte nicht mehr daran glauben, dass Bruno noch zu retten war. Dieser Gedanke peinigte ihn. Er konnte einfach nicht noch einen Menschen verlieren, der ihm etwas bedeutete. Auch deshalb musste er jetzt alles daransetzen, wenigstens seiner Mutter rechtzeitig zu Hilfe zu kommen. Nach einem letzten, tiefen Atemzug schritt er durch das erneut nur angelehnte Gittertor.

Er hatte die drei Stufen hinauf zum Eingang noch nicht erreicht, als sich die Tür öffnete. Die massige Person, die dahinter erschien und den Zugang füllte, lächelte ihm entgegen. Doch es war ein Lächeln, das ihm das Blut in den Adern gefrieren ließ.

55

Auf dem Largo do Intendente tummelten sich zahllose Leute und gingen dort ihren unterschiedlichen Beschäftigungen nach. Sehr wahrscheinlich fiel keinem von ihnen auf, dass in ihrer unmittelbaren Nähe eine scharfe Waffe auf einen schwer atmenden Mann zielte. Es war absehbar gewesen, dass sie wieder aufeinandertreffen würden, darüber hatte Henrik sich nie Illusionen gemacht. Dennoch hatte er aus irgendeinem Grund nicht hier und jetzt damit gerechnet, und im ersten Moment wusste er nicht, ob er mit dieser Begegnung umgehen konnte. Die kompakte Automatikpistole, die auf Henrik gerichtet war, wirkte winzig in der Pranke des Söldners. Fast wie ein Spielzeug. Und doch konnte er nicht anders, als die Hände zu heben, um seine Kapitulation zu signalisieren.

Ich ergebe mich … fürs Erste.

»Senhor Falkner, Sie werden bereits erwartet«, begrüßte ihn der Söldner mit dieser unangenehmen Sanftheit in der Stimme, die beinahe stärker irritierte als die Pistole.

Der unberechenbare Mann mit der Glatze und dem Vollbart machte ihm Platz und vollführte dabei eine einladende Geste. *Die Höflichkeit des Henkers.* Zögernd folgte Henrik der Aufforderung. Der Eingang war breit genug, dass er mit gebührendem Abstand an dem Söldner vorbeigehen konnte.

Zu seiner Überraschung dirigierte er Henrik nicht mit der Waffe in seinem Rücken, sondern übernahm in fast schon herablassender Manier die Führung. Offenbar rechnete er nicht mit einem Angriff.

Es ging geradewegs Richtung Speisezimmer. Das Herz schlug Henrik heftig in der Brust, als er eintrat.

Sie saßen bei dem deckenhohen Fenster am Kopfende des Holztisches, auf dem nun ein weißes Tischtuch lag. Eingedeckt war für zwei Personen. Wein und Wasser standen auf dem Tisch, aber noch kein Essen. Offenbar waren die beiden, die wie ein vertrautes Paar über Eck saßen, noch beim Aperitif – Champagner aus schlanken, hohen Flöten. Seine Mutter wirkte noch steifer als sonst, ihr abwesender Blick wanderte zögernd über die reglos brennenden Flammen des Kerzenleuchters hinweg zu ihm.

»Noch ein Gast?«, fragte sie mit fremder Stimme. »Wer ist das?«

»Was haben Sie ihr gegeben?«, zischte Henrik und fixierte den Mann, der lässig zurückgelehnt neben Simone auf dem Stuhl saß und ihm entgegenlächelte. Im ersten Moment war Henrik fast enttäuscht, denn die Person wirkte jung und konnte unmöglich jenseits der sechzig sein. Selbst das kurz geschnittene, links gescheitelte Haar war nur leicht meliert.

Die hereinfallende Mittagssonne flutete den Speisesaal und tauchte alles in ein unwirkliches, diffuses Licht. Erst jetzt bemerkte er die fast unangenehme Kühle, die in dem Raum herrschte und die das leise monotone Summen erklärte, das er beim Hereinkommen unbewusst wahrgenommen hatte. Die Klimaanlage produzierte einen maximalen Kältestrom.

»Mein lieber Henrik, endlich lernen wir uns persönlich kennen«, begann der Mann, äußerlich ganz der galante Gastgeber. Er trug einen lichtgrauen Anzug und darunter ein weißes Hemd, hatte aber auf die Krawatte verzichtet.

So verwirrend der äußere Anschein auch war, es konnte sich bei dem Mann nur um Rafael de Bragança handeln. Seinen Augen, deren Farbe im Gegenlicht ebenso schwer zu definieren war wie das Alter des Mannes, war nicht leicht standzuhalten. Und die beiden Fotos hatten ihn nicht auf die Respekt einflößende Präsenz dieses Mannes vorbereiten können.

»Ihre bezaubernde Frau Mutter hat mir schon so viel von Ihnen erzählt«, fuhr de Bragança fort. »Ich würde Ihnen ja gerne einen Platz anbieten, aber Sie wirken auf mich, als würden Sie lieber stehen bleiben.«

»Was haben Sie ihr gegeben?«, wiederholte Henrik. Er hätte sich mehr Festigkeit in seiner Stimme gewünscht, doch von seinem Lauf hatte er sich immer noch nicht ganz erholt.

»Nur ein harmloses Barbiturat, damit wir zwei uns ungestört unterhalten können. Sie brauchen keine Angst zu haben, die liebe Simone wird in wenigen Stunden wieder ganz sie selbst sein, wenn auch mit ein paar Erinnerungslücken.«

Am liebsten wäre Henrik auf de Bragança losgegangen. Doch da war der lange Tisch zwischen ihnen und natürlich auch der Söldner, der unmittelbar hinter ihm aufragte, bereit, ihn notfalls mit Waffengewalt zurückzuhalten. Außerdem wollte er seine Mutter, die ihn offensichtlich nicht erkannte, nicht noch weiter ängstigen.

Verdammt, er steckte fest! Was konnte er in dieser Situation tun? Albrecht hatte recht gehabt mit seinem Vorwurf, dass er seine Mutter in Gefahr gebracht hatte. Der Dämon hatte Simone von Anfang an im Visier gehabt. Die rätselhaften Verabredungen und Termine, von denen seine Mutter gesprochen hatte, wenn er sie treffen wollte, bezogen sich sehr wahrscheinlich allesamt auf de Bragança. Henrik konnte sich gut vorstellen, wie das abgelaufen war, wie der *Mann ohne Nabel* Simone umgarnt hatte. Und ohne Zweifel war es auch de Bragança gewesen, der Simone umgestimmt hatte, was die finanzielle Unterstützung für das Antiquariat betraf. Dieser Widerspruch passte so gut in das perverse Spiel des Adeligen. Einerseits beauftragte er die Zerstörung von Martins Erbe, andererseits überredete er Simone dazu, sich für die Rettung des Hauses in der Rua do Almada einzusetzen. Wie sollte Henrik bloß jemals gegen die Unberechenbarkeit dieses Mannes ankommen?

»Sie haben jetzt, was Sie wollten, ich bin da. Also lassen Sie sie gehen!«, verlangte er, auch wenn diese Forderung völlig unsinnig war. In ihrem momentanen Zustand war Simone vermutlich nicht einmal in der Lage, in ein Taxi zu steigen. Er suchte fieberhaft nach der Lösung, um sie aus dieser wahnwitzigen Inszenierung zu befreien. Eine Inszenierung, die nach langem Anlauf heute ihren Höhepunkt ansteuerte. So wie der *Mann ohne Nabel* es von jeher geplant hatte. Spätestens ab dem Tag, da Henrik das Erbe seines Onkels angetreten hatte. Nun war er auch endgültig davon überzeugt, dass er gezielt in dieses Haus gelotst worden war, um bei seinem *Einbruch* das Foto und Joãos künstlerische Interpretationen der marokkanischen Wüste zu finden.

Er fühlte sich immer noch wie erstarrt, als etwas geschah, womit er überhaupt nicht gerechnet hatte. Mit einem kaum merklichen Kopfnicken schickte de Bragança den Söldner aus dem Raum. Ungläubig drehte Henrik sich um und sah dem Mann mit der Glatze nach, der folgsam die Tür hinter sich schloss.

»Der gute Flávio, ich kenne keine treuere Seele«, bemerkte de Bragança wie nebenbei.

»Flávio«, wiederholte Henrik und spürte eine neue Welle des Entsetzens heranrollen. Konnte das möglich sein?

De Bragança warf einen Blick auf sein Gesicht und nickte bestätigend. »Sie hat Ihnen also von ihm erzählt«, stellte er fest.

Ja, das hatte sie. Die Muskulatur in Henriks Beinen erschlaffte, und er griff Halt suchend nach der Stuhllehne, die ihm am nächsten war. Mehrfach war er in den letzten Monaten auf den Söldner getroffen und hatte dabei bisweilen heftige Auseinandersetzungen mit dem bärtigen Mann ausgefochten. Und das, ohne im Entferntesten zu ahnen, dass es sich bei diesem kaltblütigen Handlanger um den Jungen handelte, den man vor Jahrzehnten der damals noch kindlichen Mutter entzogen hatte.

Er sah keinen Grund, daran zu zweifeln, dass es sich bei dem Söldner um keinen anderen als Catias verschwundenem Sohn Flávio handelte.

56

»Ja, ich habe ihn damals unter meine Obhut genommen«, offenbarte der *Mann ohne Nabel* in so beiläufigem Plauderton, als spräche er über das Wetter. Henrik hatte erst vor wenigen Tagen die wahre Geschichte über das Schicksal seiner Angestellten erfahren, deren Eltern auch nach der Revolution von 1974 treue Salazaristen geblieben waren und an einer Gegenrevolution und dem Wiedererstarken des Estado Novo arbeiteten. Catia war mitten unter Fanatikern aufgewachsen, die ihre Kinder von frühester Jugend an radikalisierten und instrumentalisierten, um eine neue Generation von Faschisten heranzuziehen. Mit fünfzehn Jahren war sie während einer Jugendfreizeit der Nationalisten von einem der Betreuer missbraucht worden. Sie wurde schwanger und brachte einen Jungen zur Welt, der ihr weggenommen wurde – im Tausch gegen die Aussicht auf ein Studium. Catia hatte nie erfahren, was aus dem Kind, das sie Flávio genannt hatte, geworden war. Nun würde ihr ausgerechnet Henrik eine Antwort geben können … sofern er den heutigen Tag überlebte.

»Nun, lieber Henrik, wir sind allein, es ist an Ihnen, Ihr Anliegen loszuwerden!«, forderte de Bragança ihn auf. Die Stimme floss in gleichförmigem Tonfall aus seinem schmallippigen Mund, ohne Höhen und Tiefen, so als würde er einen Geschäftsbericht verlesen. Das alles in nahezu akzentfreiem Deutsch, mit exakt betonten Silben und ohne auch nur einen Konsonanten zu verschlucken, wie es die Portugiesen in der Regel taten. Henrik konnte nicht anders, er war beeindruckt. »Niemand wird uns stören«, fügte der Mann hinzu, und Henrik glaubte ihm. Außer dem Söldner war niemand mehr im Haus, das war sein Eindruck gewesen, gleich als er das Gebäude betreten hatte. Keine Bediensteten, die Essen servierten, keine Köche, die in der Küche die Speisen zubereiteten. Diese ganze Inszenierung, das angebliche Mittagessen, zu dem de Bragança seine Mutter eingeladen hatte, war eine Farce, die nur einem Zweck diente. Der *Mann ohne Nabel* wollte testen, ob Henrik in der Lage war, die richtigen Schlüsse zu ziehen.

»Wo ist Bruno?«

»Enttäuschen Sie mich nicht, Henrik, Sie sind doch nicht hierhergehetzt, um zu erfahren, was aus Ihrem Freund geworden ist, der übrigens nicht nur in klerikaler Hinsicht eine besorgniserregende Desorientierung aufweist. Kommen Sie, Sie haben wesentlich dringlichere Fragen auf dem Herzen, nach dem ganzen medialen Zirkus, den Sie da veranstaltet haben.«

Tatsächlich hatte er tausend Fragen, also war es vermutlich besser, mit dem aktuellsten Thema anzufangen, um Struktur in die Sache zu bringen und vor allem irgendwie so etwas wie Kontrolle über diese bizarre Situation zu erlangen. Auch wenn das unmöglich schien.

Henrik räusperte sich. »Vor über vierzig Jahren waren Sie zusammen mit João in Marokko und der Westsahara. Dort haben Sie von den immensen unterirdischen Wasservorkommen erfahren ...«

Der Dämon schnalzte mit der Zunge. »Fragen Sie nicht nach Dingen, die Sie ohnehin schon wissen, Henrik. Hören Sie auf, der deutsche Ermittlungsbeamte zu sein, der ein Protokoll zu führen hat! Hören Sie auf, in gewohnten

Bahnen zu agieren. Fragen Sie mich lieber, was Sie *wirklich* wissen wollen!«

Henrik biss sich auf die Unterlippe. Seine Fingerknöchel knackten, als er seine Hände, von der Stuhllehne verdeckt, erneut zu Fäusten ballte.

»Warum musste João sterben?«, sagte er. Seine Stimme hallte leicht in dem bis auf die Tafel leeren Speisesaal.

De Bragança schlug mit der flachen Hand auf den Tisch. Der Knall war so laut, dass er sogar die ruhiggestellte Simone zusammenzucken ließ. »Wissen Sie das nicht selbst?«, fragte der *Mann ohne Nabel*, diesmal deutlich lauter. »Beeindrucken Sie mich endlich, Senhor Falkner, und schildern Sie mir Ihre Theorie!«

Henrik suchte erneut nach der Stuhllehne, um Halt zu finden. Auf eine andere Weise als seine Mutter fühlte auch er sich paralysiert, nicht im Kopf, sondern körperlich. Er bereute es, nicht am anderen Ende des Tisches Platz genommen zu haben. Andererseits klang seine Stimme im Stehen fester, und er konnte auf de Bragança hinabschauen – ganz ähnlich wie Eduardo Lemos auf seine Gäste hinabblickte, wenn er sie bediente.

»Anfangs dachte ich, es war wegen der verschmähten Liebe, weil João sich für Martin entschieden hat. Aber dann kam ich mehr und mehr zu der Einsicht, dass Sie niemand sind, der sich von Emotionen lenken lässt. Zumindest nicht bei zwischenmenschlichen Beziehungen.«

Ein schmales Lächeln stahl sich über das Gesicht des Mannes. »Und jetzt, da ich vor Ihnen sitze, was denken Sie jetzt über mich?«

»João wollte nicht, dass Sie den Sahraoui ihr Wasser wegnehmen. Es widerstrebte ihm, dass Sie darauf spekulierten, Profit aus dem Leid anderer Leute zu schlagen. Ich denke, das war ein Dauerthema zwischen Ihnen beiden. Und was diesen speziellen Fall anging, fühlte er sich ganz besonders verantwortlich. Immerhin hatte *er* Sie damals mit in die Wüste geschleppt. Ohne ihn hätten Sie also nie von den Wasserreservoirs in der Westsahara erfahren und wären nie auf diese abwegige Geschäftsidee verfallen. Diese Geschichte hat João so sehr belastet, dass er sich sogar noch einmal mit Ihnen getroffen hat. Widerstrebend, nehme ich an und nicht ohne Absicherung. Sie haben ihn hierher eingeladen und mit ihm an diesem Tisch gesessen, um sich seine Sorgen anzuhören ...«

»Damals gab es tatsächlich etwas zu essen«, unterbrach ihn der *Mann ohne Nabel*. »Ich war zu jener Zeit öfter hier, um den Verfall rund um den Largo do Intendente zu verfolgen. Auch dieses Palais war in schlechtem Zustand. Sie wären in Tränen ausgebrochen, wenn Sie die Fassade damals gesehen hätten.« Er hielt inne und machte eine Geste, die signalisierte, dass er nicht weiter über Unwichtiges zu plaudern gedachte. »Jedenfalls wusste ich, dass João meiner Einladung nachkommen würde, weil er mich darüber aushorchen wollte, ob ich tatsächlich die Absicht hatte, unser großes Geheimnis zu verraten, das man uns damals in der Wüste anvertraut hatte. Kurz davor hatte EP seinen Teilhabern gegenüber die Pläne bekannt gegeben, dass man sich für ein Gebiet in Marokko interessierte, das für einen groß angelegten Solarpark geeignet schien. Zu dieser Zeit saß nicht nur ich, sondern auch einer von Joãos Cousins im Aufsichtsrat von EP, und der konnte es nicht lassen, dieses bislang nur intern bekannte Vorhaben beim nächsten Familientreffen der de Castros loszuwerden. Bei dem war unglücklicherweise auch João anwesend, der offensichtlich die Zusammenhänge begriff. Ihm war sofort klar, dass ich es gewesen sein musste, der EP diesen Floh ins Ohr gesetzt hatte. Und er erkannte folglich auch die wahre Absicht hinter dem Erwerb dieses Areals.«

»Weshalb Sie ihn bei der nächstbesten Gelegenheit, nämlich auf seiner Gartenparty im elterlichen Anwesen, getötet haben«, schloss Henrik und suchte über den langen Tisch hinweg den gleichgültigen Blick des Dämons. »Üblicherweise hatten und haben Sie dafür Ihre Handlanger, wie etwa Flávio. Doch an diesem Abend konnten Sie nicht anders, als sich selbst darum zu kümmern. Weil João Sie erneut hintergangen hatte. Es ging Ihnen nicht allein darum, ihn mundtot zu machen, damit Sie unbehelligt Ihr Wassergeschäft durchziehen konnten. Es ging Ihnen vor allem darum, João seine Grenzen aufzuzeigen. Er hatte schließlich die Dreistigkeit besessen, zu dem vorangegangenen Abendessen hier im Haus Martin mitzunehmen, der von draußen Aufnahmen machte. Beweisfotos, dass es dieses Treffen gegeben hatte. Dem wollten Sie ein für alle Mal ein Ende setzen, und darum haben Sie sich bei João höchstpersönlich die Hände schmutzig gemacht. Und vielleicht wirklich einmal in Ihrem sonst so kaltherzigen Leben echte Emotionen gezeigt.«

Rafael de Bragança sah ihn lange an. Henrik konnte immer noch nicht begreifen, wie dieser Mann es schaffte, nicht älter als Mitte vierzig auszusehen. »Entschuldigen Sie, wenn ich nicht applaudiere«, erwiderte der *Mann ohne Nabel* schließlich.

Henrik überlegte. De Bragança hatte seiner Theorie nicht widersprochen, und Henrik musste sich fragen, ob ihm das genügte. Hatte die Mischung aus Wut über einen vermeintlichen Verrat, gekränkter Eitelkeit und einer Prise Eifersucht ausgereicht, damit dieser kühl kalkulierende Mensch sich zu einem Mord mit eigenen Händen hinreißen ließ? Dass er welche in Auftrag geben konnte, daran gab es ja keinen Zweifel.

Henrik riskierte einen Seitenblick zu seiner Mutter. Er durfte nicht vergessen, dass er zuallererst sie in Sicherheit bringen musste. Simone war gefangen in ihrem Delirium, reagierte nun auf überhaupt nichts mehr und starrte blind ins Leere. Wie hatte sie sich nur auf diesen gefährlichen Mann einlassen können? War sie seinem aufgesetzten Charme erlegen, seinem weltmännischen Auftreten? Egal, es half nichts, sich jetzt darüber verrückt zu machen. Jetzt musste ihn allein die Frage beschäftigen, wie er sie heil hier herausbringen konnte. Es war nicht de Bragança, der ihn schreckte. Zumindest nicht körperlich. Auch wenn der Mann ungemein vital und fit wirkte, rechnete er sich bei einer körperlichen Auseinandersetzung gewisse Chancen aus. Doch da war der Söldner. Bewaffnet und präzise. Und so, wie er ihn kennengelernt hatte, zu keinem Kompromiss bereit.

»Wer hat die Drecksarbeit vor fünfundzwanzig Jahren erledigt und den Sheïk ins Fundament betoniert?« Vielleicht konnte er mit dieser Frage nebenbei auch etwas Zeit gewinnen. Auch wenn er noch nicht wusste, wofür. »Flávio war schließlich damals noch zu jung dafür.«

Mittlerweile hasste er de Braganças amüsiertes Lächeln und seine bornierte Selbstsicherheit. Eine Attitüde, wie er sie von Leuten kannte, die er in seiner Funktion als Kriminalkommissar verhört hatte und die dabei einen renommierten Anwalt an ihrer Seite wussten. Einen Rechtsverdreher erster Güte, dessen Erfahrung im Umgang mit der Exekutive dafür garantierte, dass sie trotz ihrer Schuld nicht belangt werden konnten.

»Ihr Freund Nelson Pereira wusste schon immer, mit wem er sich verbünden musste, um das Beste für sich rauszuschlagen. Er hatte immer Männer an der Hand, die sich für gewisse Dienste nicht zu schade waren. Hätten Sie ihn nicht vor einem halben Jahr ins Koma befördert, könnte er Ihnen gegebenenfalls einen Namen nennen. Wobei ich wetten möchte, dass diese Person nicht mehr am Leben ist. Meine Anweisungen zu Zeugen und Mitwissern sind bei solchen Gelegenheiten ganz klar.« Er hob eine Braue. »Ich verstehe ohnehin nicht, wieso Sie diese alte Geschichte noch beschäftigt. Oder sollte ich mich irren, und sie hat Ihnen nur dazu gedient, mich aus der Reserve zu locken?«

»Wird ein Menschenleben gewaltsam beendet, sehe ich es als meine Pflicht an zu hinterfragen, wer es genommen hat. Da mache ich keine Unterschiede«, zischte Henrik.

»Wie theatralisch! Nun, vermutlich ehrt Sie diese Einstellung. Aus meiner Sicht sind Sie damit allerdings ebenso ein Narr, wie es dieser Sheïk Salamah damals war, der glaubte, mit kämpferischem Pathos, einem Krummsäbel und dem wilden Blick eines Beduinen einen Prozess aufhalten zu können, den wirtschaftliche und vor allem finanzielle Interessen diktierten. Er verfügte nicht einmal über einen ernstzunehmenden Plan, um sich seine angeblichen Rechte auf die Wasservorkommen zu sichern. Die schriftlichen Besitzerklärungen, die er mitführte, wurden von der marokkanischen Regierung ohnehin nicht anerkannt, und auch die Presse hätte ihm nicht wirklich Gehör geschenkt.

Er schaffte es ja nicht einmal, ein paar Aktivisten um sich zu scharren, die selbst gemalte Schilder mit Protestsprüchen in den Himmel reckten.«

Henrik nickte grimmig. »Und trotzdem wollten Sie ihn lieber tot sehen, als ihn zu Wort kommen zu lassen. Sie konnten nämlich nicht riskieren, dass er von den Wasservorkommen berichtete, um die es Ihnen ausschließlich ging. Davon wussten zu diesem Zeitpunkt nämlich nur Sie und Eingeweihte wie Dr. Reis, nicht aber die Marokkaner. Und Sie wollten sicherstellen, dass das so blieb. Das allein war Ihre Motivation, Sheïk Salamah zum Schweigen zu bringen.«

57

Auch gegen diese Anschuldigung brachte Rafael de Bragança keine Einwände vor. Das war auch nicht nötig, denn es ging ja nicht darum, gegen eine Anklageschrift Stellung zu beziehen.

Henrik fluchte stumm. Wie sollte er diesen aalglatten, eiskalten Mann je zu fassen bekommen? Alles, was er gegen ihn vorbrachte, perlte an ihm ab wie Wasser von einem Lotusblatt. Die Emotionslosigkeit dieses Mannes war beängstigend. De Bragança besaß die Schönheit einer handgefertigten Porzellanpuppe – und wirkte ebenso leer. Plötzlich verstand er, warum João seinen einstigen Geliebten den *Mann ohne Nabel* genannt und ihn so auch gezeichnet hatte. Eine Person ohne jegliche Empathie konnte nicht von einer ihn liebenden Mutter abgenabelt worden sein. Es klang verrückt, so zu denken, aber die Metapher war einfach perfekt, wenn man diesen Mann beschreiben wollte. Vielleicht konnte er ihn ja doch noch zu einer Reaktion provozieren, wenn er ihm offenbarte, dass seine Theorie, zumindest was den Mord an João anging, nicht nur auf Mutmaßungen basierte. Dass er tatsächlich über handfeste Indizien verfügte. Er dachte an die Sporttasche, die im Spind der Hotelangestellten Sanches lagerte, und beschloss, damit zu beginnen.

»Ich verstehe nicht, warum Sie Martin nicht früher attackiert haben, nachdem Sie erkannt hatten, dass er Beweise gegen Sie sammelte?«

»Ich habe Ihren Onkel immer geschätzt, hegte aber nie Bedenken, dass mir seine Paranoia je wirklich schaden könnte. Im Gegenteil, ich möchte sogar behaupten, ich wusste das, was er gegen mich zusammentrug und archivierte, immer gut bei ihm im Antiquariat aufgehoben. Natürlich fehlte mir die hundertprozentige Gewissheit, ob sich dort wirklich alles befand oder ob er noch andere Depots verwendete. Doch alles in allem bezweifelte ich nie, die Kontrolle über Ihren Onkel und sein Wirken gegen mich zu haben – und damit konnte ich sehr gut leben. Selbst nachdem Sie auftauchten und meinten, in seine Fußstapfen treten zu müssen. Dass José Marques Ihren Onkel beseitigen ließ, ging mir wahrhaftig zu Herzen, und das sage ich nicht nur so. Ich hätte früher erkennen müssen, dass dieser hinterhältige Scheißkerl mich damit herauszufordern versuchte. Doch die Strategie, die er sich zurechtgelegt hatte, ging nicht auf, nachdem Sie als Erbe aufgetaucht waren. Tatsächlich wusste er danach erst einmal nicht, wie er weitermachen sollte, und diese Zurückhaltung kam wiederum mir zugute. Denn damit blieb mir die nötige Zeit, um Sie zu beschäftigen – um zu sehen, wie Sie funktionieren. Nun gut, mittlerweile sind Sie mir ja auf die Schliche gekommen.« Das sollte wie ein Lob klingen und enthielt doch zu viel Spott, als dass Henrik es ernst nehmen konnte. Dennoch war er plötzlich hin und her gerissen, ob es wirklich de Bragança gewesen war, der das Feuer im Antiquariat veranlasst hatte. Er kam nicht dazu, diesen Verdacht auszusprechen, denn der *Mann ohne Nabel* kam jetzt auf einen sehr wichtigen Punkt zu sprechen.

»Mir ist durchaus bewusst, dass Ihr Onkel sich meine DNA beschafft hat, wenn Sie darauf anspielen«, redete de Bragança weiter, als könnte er jeden einzelnen von Henriks Gedanken lesen. »Was ich dieser völlig irrationalen Tradition meiner Familie verdanke. Als ich hörte, dass in unseren Familienschrein in der Igreja São Miguel eingebrochen worden war und unsere dort hinterlegten *Reliquien* entweiht worden waren, wusste ich, dass Martin sich Genmaterial vom mir gesichert hatte. Sie müssen wissen, dass, einem alten Ritual der de Braganças folgend, nach der Taufe von jedem Abkömmling unseres Geschlechts seit jeher ein Büschel Haare und ein paar Tropfen Blut in einem versiegelten Kelch aufbewahrt werden. Mit Namen und allen Daten des jeweiligen Kindes. Eigentlich undenkbar bei den heutigen Datenschutzrichtlinien, finden Sie nicht? Wie auch immer, ich nehme an, Sie haben dieses Material gefunden und diese Entdeckung richtig interpretiert. Das hat Sie mutig gemacht. Aber, was nützt Ihnen das, Senhor Falkner? Sie wissen doch, wer in Lissabon die Kontrolle über alles und jeden hat. Und Sie wissen auch, wer darüber bestimmt, ob jemand weiterleben darf oder nicht.«

Leider wusste er das nur zu gut. Dennoch widerstrebte es ihm, sich einfach zu fügen.

»Zurück zu dem Priester, wo ist Bruno?«, verlangte er daher zu wissen, immer noch in der Hoffnung, dass der Dämon den Padre bis jetzt am Leben gelassen hatte.

Plötzlich ertönten Geräusche von der Eingangshalle her, und erstmals entdeckte Henrik eine kurze Irritation in den Zügen des Dämons, die für den Bruchteil einer Sekunde einen Schatten über seine gefühllosen Augen legte. Einen Wimpernschlag später knallte es laut. Henrik hatte ausreichend Erfahrung, um zu wissen, dass dort draußen ein Schuss gefallen war. Im nächsten Moment brach vor der geschlossenen Tür des Speisezimmers die Hölle los.

58

Draußen knallte es ein paarmal, und wie zur Antwort kam wieder Leben in Henriks Muskeln. Soeben waren mehrere unterschiedliche Waffen abgefeuert worden. Das war also ein Angriff durch mehr als eine Person, so irrwitzig sich das auch anhörte, mitten am Tag in Lissabon. Geduckt rannte er um den Tisch herum und postierte sich schützend vor seiner Mutter. Einen Atemzug später schlug das erste Geschoss durch das polierte Edelholz der Tür. Späne und Furniersplitter flogen quer durch den Raum bis zum Tisch. Nun hielt es auch de Bragança nicht mehr auf seinem Stuhl. Seine katzengleichen Bewegungen passten ebenso wenig zu seinem Alter wie sein Aussehen. Henrik riss sich von seinem Anblick los und wandte sich Simone zu. Er versuchte sie auf die Beine zu stellen, doch sie klammerte sich an die Tischdecke.

»Was wollen Sie?«, lallte sie ihm ins Ohr.

»Wir müssen hier weg, Mama!«

»Mama!«, wiederholt sie und stieß einen hohen, kurzen Lacher aus. Henrik zerrte an ihr und schaute sich dabei nach dem raumhohen Fenster um. Es besaß eine Verriegelung. Der Absatz hinaus in den Vorgarten konnte nicht höher als ein Meter sein. Sie konnten auf den Largo do Intendente flüchten und sich dort unter die Leute jenseits des Zauns mischen. Wie er durch die Scheibe erkennen konnte, war dort draußen die Welt noch in Ordnung. Niemand stob in Panik davon, und es gab auch keine Schaulustigen, die mit ihren Handys in seine Richtung filmten.

Simone wand sich in seinen Armen, während er sie zum Fenster schleppte, aber ihre Gegenwehr war träge und kraftlos. Ihm fehlte nur noch ein Schritt, um den Riegel mit ausgestreckten Arm zu erreichen, als die Tür mit Gewalt aufgestoßen wurde und heftig gegen die Wand prallte. Aus dem Halbdunkel des Flurs trat ein vermummter Mann und zielte mit einer Automatikwaffe auf ihn.

»Wo ist er?«, schrie er.

Durch den Sehschlitz in dem Kufiya, das er sich um den Kopf gewickelt hatte, starrten ihm unverkennbar Saids Augen entgegen.

Wo ist er?

Hektisch sah Henrik sich um. De Bragança war verschwunden.

59

Said musste ihm gefolgt sein. Nein, er hatte ihn *überwachen* lassen. Die sich überschlagenden Ereignisse der letzten Stunden hatten Henrik zu sehr in Atem gehalten, als dass er darauf geachtet hätte, ob ihm irgendjemand folgte. Und als dem Berber klar geworden war, wen er da aufsuchte, hatte er seine Schlüsse gezogen und mobilgemacht. So, wie Henrik den Mann aus der Wüste kennengelernt hatte, hätte er eigentlich damit rechnen müssen. Said war nicht eben ein Muster an Geduld und brannte sicher schon lange lichterloh vor Rachgier und Hass.

Ein halbes Dutzend seiner ebenfalls mit Tüchern maskierten Landsleute drängte hinter ihm in den großen Raum. Sie waren gekleidet wie Freiheitskämpfer, wenn auch ohne echte, professionelle Ausrüstung; dennoch war ihre Bewaffnung ziemlich Respekt einflößend.

»Wo ist er?«, zischte ihr Anführer erneut.

Henrik versuchte zu durchschauen, wie Rafael de Bragança aus diesem Raum gekommen war, ohne die Tür zu benutzen. Während er selbst um seine Mutter bemüht gewesen war, hatte sich der Dämon scheinbar in Luft aufgelöst, ganz wie es einem Wesen aus der Zwischenwelt anstand. Er deutete auf die Wand rechts von sich. »Dort muss eine geheime Tür sein«, krächzte er, bemüht, seine Stimme wiederzufinden.

Said zischte ein paar Worte. Offenbar Befehle an seine Kämpfer, denn vier von ihnen eilten zurück in den Flur, während die zwei verbliebenen anfingen, die Wand abzuklopfen.

Es dauerte keine halbe Minute, bis die Maghrebiner die verborgene Tür in der Wand entdeckten und sie als Erstes mit einer Salve aus einer Maschinepistole belegten, um sie dann aufzutreten.

»Wir sprechen uns noch!«, ließ ihn Said in bedrohlichem Ton wissen, bevor er seinen beiden Männern in den Geheimgang folgte.

Wie angewurzelt verharrte Henrik, dann schob er Simone so sanft wie möglich hinaus in den Flur und weiter ins Foyer. Dort lagen zwei der Wüstenkämpfer reglos in ihrem Blut. Der Söldner hatte nicht gezögert, sie direkt in den Kopf zu schießen.

Henrik versuchte anhand der Lage der Leichen und der Spuren den Ablauf der Kampfhandlung nachzuvollziehen. Von wo hatte der Schütze auf die Eindringlinge gefeuert? Sein Blick wanderte die Galerie entlang hinauf in den ersten Stock. Joãos Gemälde vom Licht in der Wüste waren von Kugeln durchlöchert, und er stellte fest, dass ihn dieser Umstand mehr schmerzte als die toten Berber in der Eingangshalle.

»Warte hier!«, wies er seine Mutter an und ließ sie auf die unterste Stufe gleiten. Sie fügte sich willenlos. Dann stieg er leise die Treppe hinauf. Auf dem oberen Absatz lehnte der Söldner an der Brüstung. Sein Hemd war über dem Brustkorb zerfetzt. Blut sickerte aus zahlreichen Einschusslöchern. Auch wenn er noch lebte, erkannte Henrik sofort, dass dem Mann mit der sanften Stimme nicht mehr zu helfen war.

Henrik sah sich nach seiner Mutter um, die teilnahmslos dort verharrte, wo er sie hingesetzt hatte. Said und seine Männer waren vermutlich immer noch im Haus, auf der

Suche nach dem Dämon. Sie konnten jeden Moment wieder ins Foyer stürmen. Er musste hier weg und sich um Simone kümmern, trotzdem trat er zu dem Söldner und beugte sich zu ihm hinab. Der Verletzte hielt in beiden Händen großkalibrige Pistolen, fand aber nicht mehr die Kraft, sie anzuheben. Rosafarbener Schaum quoll ihm über die Unterlippe und sickerte in den Vollbart. Trotz der zahlreichen Wunden und der Schwere der Verletzungen waren seine Augen klar.

»Wissen Sie, wer Ihre Mutter ist?«

Flávio nickte und bestätigte damit, was Henrik bereits geahnt und befürchtet hatte. Der Söldner hatte Catia bewusst im Unklaren über seine Identität gelassen. Aus Treue zu seinem Herrn und Gönner Rafael de Bragança oder aus Scham über das, was man aus ihm gemacht hatte? Danach zu fragen, blieb keine Zeit.

»Wollen Sie, dass ich ihr was ausrichte?«

Der Ansatz eines Kopfschüttelns.

Henrik presste die Lippen aufeinander. Ein Schauder lief seine Wirbelsäule hinab. »Wo ist Bruno?«

Flávio blinzelte, und Henrik verstand das als Aufforderung, sein Ohr zu den sich träge bewegenden Lippen zu neigen.

Der sterbende Kämpfer murmelte nur ein Wort: »Lobo!«

60

Beim Weg nach draußen mussten sie über einen weiteren Kämpfer der Frente Polisario steigen, der tot auf den Stufen zum Eingang lag. Zum Glück schien seine Mutter auch das nicht zu registrieren. Sie folgte ihm bereitwillig. Erst als er sicher war, genug Abstand zwischen sich und dem Stadtpalais gebracht zu haben, setzte er Simone auf eine der Bänke, die den Largo do Intendente Pina Manique säumten. Von allen Seiten ertönte mittlerweile Sirenengeheul. Offensichtlich war den Leuten der Schusswechsel zwischen den sahraouischen Freiheitskämpfern und dem Söldner doch nicht verborgen geblieben. Er fing argwöhnische Blicke von Passanten auf, die sich nun allesamt möglichst weit von dem Gebäude fernhielten, aus dem der Lärm gekommen war. Henrik setzte sich neben seine Mutter und ergriff ihre kalte Hand.

Erste Einsatzwagen schossen auf den Platz und bremsten scharf vor dem Haus mit der herrlichen Fliesenfassade. Immer neue kamen hinzu, sicherten die Umgebung ab, scheuchten Schaulustige fort, verbreiteten Hektik. Simone legte ihren Kopf auf seine Schulter und atmete Sekunden später in gleichmäßigem Rhythmus. Henrik zückte sein Handy und rief Albrecht an, um ihm zu versichern, dass er Simone gefunden hatte und sie bald ins Hotel zurückkehren würde. Dann wählte er Helenas Nummer. Es war keine Überraschung, als sie ihm mitteilte, sie sei bereits auf dem Weg.

Fünfzehn Minuten später wurde Simone Falkner auf einer Trage liegend in einen Ambulanzwagen geschoben und

Henrik in einen Einsatzwagen der Policia Municipal verfrachtet. Inspetora Gomes hatte nicht verhindern können, dass man ihn abtransportierte, da etliche Zeugen aussagten, man habe ihn aus dem Haus mit den Toten kommen sehen.

61

Sein Vater besuchte ihn auf dem Revier, und sie führten ihre Unterhaltung zwischen Gitterstäben hindurch.

»Wie geht's Mama?«

»Man hat ihr Rohypnol verabreicht, meint der Arzt. Sie scheint sich an nichts zu erinnern. Ich denke, das ist auch besser so.« Der Vorwurf in Albrechts Stimme war nicht zu überhören. *Rohypnol? Verdammt!* Von wegen harmloses Barbiturat.

Sein Vater schüttelte den Kopf. »Wir fliegen zurück nach Deutschland, sobald sie die Genehmigung dazu erhält. Noch macht sie alles, was ich ihr sage, das muss ich ausnutzen.«

Henrik stimmte ihm zu. Zurück nach Deutschland, das war im Moment wohl das Beste für beide.

»Und du bist sicher, dass ich mich nicht um einen Anwalt für dich kümmern soll?«, wollte Albrecht wissen. Er trug immer noch seine Aussteigergarnitur.

»Mach dir keine Mühe, auf Helena ist Verlass.«

Er nickte, sah aber nicht ganz überzeugt aus. »Deine Mutter sprach davon, dir Geld für dein Haus zu geben. Ich weiß wirklich nicht, ob dieses Angebot noch auf dem Scheißzeug basiert, das man ihr verabreicht hat. So oder so, ich werde sie jedenfalls darin bestärken.«

»Danke, Papa!«

»Kannst du dir ihren Sinneswandel erklären?«

»Es war nicht das Rohypnol, sofern dich das beruhigt. Mehr ... brauchst du nicht zu wissen.«

Albrecht winkte ab. »Du immer mit deiner Geheimniskrämerei. Ich hasse das, hoffentlich ist dir das klar. Und ich will auch nicht hören, dass du mich damit nur schützen willst, mein Sohn!«

Henrik grinste schief. »Ich will dich damit nur schützen, Papa.«

62

Said und dessen verbliebene Männer waren nicht auffindbar. Es gab eine landesweite Fahndung nach islamistischen Extremisten. Das jedenfalls war die offizielle Aussage der Polizei und des Innenministeriums. Man sprach von einem Terroranschlag auf dem Largo do Intendente Pina Manique. Niemand stellte einen Zusammenhang zu dem aufgedeckten Landkauf von Energías Portuguesas in den Neunzigerjahren her. Wieso auch? Sicher gab es Regierungsstellen, die erleichtert darüber waren, dass die Medienberichte nur ein Strohfeuer gewesen waren. Eine der zahllosen Reportagen, die das Sommerloch füllte. Den Leuten fehlten die Verbindungsglieder, die Henrik kannte. Und Alves, der aber das Interesse an dieser Sache verloren zu haben schien.

Insgeheim hoffte Henrik, das läge daran, dass dem Journalisten aufgegangen war, mit welchen Risiken für Leib und Leben diese Geschichte verbunden war. Er hätte es bedauert, wenn auch Alves korrumpiert worden wäre. Er konnte nur darauf bauen, dass ein paar Menschenrechtler der Ungerechtigkeit weiter nachgingen, was die Wasservorkommen in dem umkämpften Wüstengebiet und die Besitzansprüche darauf betraf. Man befand sich ohnehin in einer Zeit des Umbruchs, der Auflehnung gegen alte Strukturen, und womöglich kam dieses neue Denken, der zunehmende Wille zum Protest und zum Einsatz für die Umwelt auch den Beduinenstämmen in der Westsahara zugute.

Das alles ging Henrik durch den Kopf, während er in seiner Zelle darauf wartete, was weiter mit ihm geschah. Man hatte ihn unmittelbar nach seiner Festsetzung zu den Vorfällen im Haus auf dem Largo do Intendente befragt, und er hatte seine Aussage gemacht. Dass er dort gewesen war, um seine Mutter abzuholen, und für das, was dann dort vorgefallen war, keine Erklärung hatte. Dennoch verblieb er weiter in Haft, denn das portugiesische Gesetz erlaubte wie auch das deutsche eine achtundvierzigstündige Festsetzung ohne Anklageerhebung.

Und immerhin war er unmittelbar in einen terroristischen Gewaltakt verwickelt gewesen.

63

Schließlich war es Helena persönlich, die ihn aus seinem Gefängnis holte und wieder in der Rua do Almada ablieferte. Die Ermittler hatten vorerst beschlossen, ihn als Unbeteiligten zu betrachten. Da er einen festen Wohnsitz in Lissabon nachweisen konnte, wurde er unter Vorbehalt auf freien Fuß gesetzt. Wieder einmal.

Die kurze Fahrt verlief schweigend. Erst als sie vor dem Antiquariat standen, an dessen verrammeltem Eingang nun ein Zutrittsverbotsschild hing, wandte sich Helena ihm zu.

»Über de Braganças Anwälte hat eine Stellungnahme die Staatsanwaltschaft erreicht. Ihr Mandant habe sich schon seit Jahren nicht mehr in dem Haus aufgehalten, und er könne sich nicht erklären, wieso es zum Angriffsziel geworden ist. Er drückt sein Bedauern darüber aus, dass ein Wachmann des von ihm beauftragten Gebäudeschutzes ums Leben gekommen ist. Die Behauptung, de Bragança habe eine deutsche Frau dorthin eingeladen, wird als völlig aus der Luft gegriffen bezeichnet. Es ist besser, du akzeptierst das so, es macht keinerlei Sinn, juristische Schritte einzuleiten. Verstehen wir uns da, Henrik?«

Saids Angriff war ohne Erfolg geblieben. Er konnte nicht gutheißen, was der Mann aus der Wüste getan hat, er konnte ihn aber genauso wenig dafür verurteilen.

»Es muss doch Spuren geben. Fingerabdrücke, Hautschuppen, Haare, irgendwas, womit sich die Anwesenheit de Braganças belegen lässt.«

Helena zuckte die Achseln. »Selbst wenn die Kriminaltechnik so etwas sichergestellt hat, es ist sein Haus und damit sein gutes Recht, darin seine Spuren zu hinterlassen.«

»Er kommt also erneut davon«, stellte er schließlich fest und suchte Helenas Blick.

»Du warst selbst Polizist, ich muss dir nicht erklären, wie eine Aussage von dir oder gar deiner Mutter behandelt werden würde. Abgesehen davon, dass uns deine Mutter überhaupt nichts sagen kann, nachdem sie diesem Pharmazeutikum ausgesetzt war.«

»Und was ist mit dem angeblichen Wachmann? Ist es üblich, dass diese Leute mit mehreren Pistolen ausgestattet werden?«

»Laut Polizeibericht trug er nur ein Abwehrspray bei sich, was in seiner Branche zulässig ist. Außerdem hat der Mann keinerlei Einträge.«

Und außerdem hat dieser Mann unlängst deine Tochter aus ihrer Kindertagesstätte entführt und sie dir ein paar Stunden entzogen, um dir Todesangst zu machen. Doch das behielt er für sich, denn dieser barbarische Akt an dem Kind war genau genommen auch wieder nur für ihn bestimmt gewesen. Und Flávio hatte Sara nichts angetan, ihr sogar ein Eis gekauft und den netten Onkel gemimt. Henrik hätte Helena auch verraten können, dass dieser Mann Catias Sohn war, den man ihr vor über vier Jahrzehnten weggenommen hatte. Doch das verschwieg er ebenfalls, weil es schlichtweg zu schrecklich und letzten Endes auch unerklärlich war.

Stattdessen legte er seine Hand auf die Ihre. »Alles gut, Helena. Ebenso wie meine Mutter, habe auch ich nicht vor, einen privaten Prozess zu führen.« Er wusste, was er von Beginn an hatte wissen wollen, kannte endlich den Schuldigen und die Zusammenhänge. Natürlich konnte er sich damit auf Dauer nicht begnügen. Während er in U-Haft gesessen hatte, war ihm klar geworden, dass er trotz der vielen Antworten, die er inzwischen erhalten hatte, keinen Frieden schließen konnte. Nicht solange der Mörder frei herumlief. Er dachte an all die Indizien, an die DNA-Beweise in der Sporttasche – und daran, dass es andere Wege gab, gegen Rafael de Bragança vorzugehen. Aber das brauchte die Kommissarin nicht zu wissen. Noch nicht.

Tatsächlich gab es im Moment Dringlicheres als die Jagd nach dem Dämon. Zuallererst musste er Bruno finden – sofern es noch nicht zu spät dafür war. Doch wenn es für den Padre keine Rettung mehr gab, wieso hätte dann der Söldner seine letzte Kraft darauf verwenden sollen, ihm denjenigen zu nennen, der etwas über den Verbleib von Bruno sagen konnte? Der ihn womöglich sogar festhielt, um von Henrik zu bekommen, was er wollte. Die Azulejos, das Antiquariat und dessen brisanten Inhalt.

Er folgte seinem Bauchgefühl, wenn er davon ausging, dass er Lobo das Feuer im Laden zu verdanken hatte. Der dubiose Hehler hatte ein Interesse daran, Henriks missliche Lage noch zu verschärfen und ihn so zu zwingen, auf sein Kaufangebot einzugehen.

Es mochte sogar sein, dass Lobo mittlerweile von dem schweren Eichenschrank wusste, hinter dem sich Martins besondere Sammlung an Geheimnissen und Botschaften verbarg. Und die Verstecke der Azulejos. Falls Bruno geplaudert hatte ... Unfreiwillig natürlich und gewiss unter Zwang, aber das spielte vorerst keine Rolle. Der Padre hatte alles Recht der Welt, zu erzählen, was er wusste, und es zigmal zu wiederholen. Wenn das bedeutete, dass er lebte, war dieser Preis gewiss nicht zu hoch.

Helena gab ihm einen Kuss auf die Wange und riss ihn damit aus seinen Gedanken. »Ich muss los!«, verkündete sie und forderte ihn mit einer Geste auf auszusteigen.

»Äh, ich wollte eigentlich dein Angebot für eine weitere Nacht auf deinem Sofa annehmen. Im Haus riecht es immer noch furchtbar verbrannt ...«

»Ich melde mich, wenn ich zu Hause bin. Sara freut sich auf dich!«

Henrik lächelte. »Ich freu mich auch. Dann sehen wir uns heute Abend.«

»Ja, heute Abend.«

Er drückte ihr dankbar die Hand, dann stieg er aus.

64

Er hatte nicht vor, ins Haus zu gehen, also wartete er, bis sie ihn nicht mehr im Rückspiegel sehen konnte. Dann machte er sich erneut auf zum Hotel Oriente, um das abzuholen, was er bei Senhora Sanches untergestellt hatte. Er hatte Glück, dass er sie kurz vor ihrem Feierabend noch erwischte. Sie hatte Wort gehalten und die Sporttasche wie ihren Augapfel gehütet, obwohl er sie länger darauf hatte sitzen lassen als vereinbart. Nun wirkte sie sichtlich erleichtert, das Ding wieder loszuwerden.

Danach besuchte er seine Mutter im Universitätsklinikum Hospital de Santa Maria. Bevor er zu ihr ins Zimmer ging, suchte er eine Toilette auf und überprüfte den Inhalt der Tasche. Die Indiziensammlung war noch vollständig.

Simone schien sich aufrichtig zu freuen, ihn zu sehen, was ihn fast vermuten ließ, dass sie noch nicht wieder ganz die Alte war. Er vermied es, über den *Vorfall* zu sprechen, und erwähnte auch das Antiquariat nicht. Das war ohne Zweifel auch ganz im Sinne von Albrecht, den er am Krankenbett von Simone angetroffen hatte.

»Wir dürfen sie nicht aufregen«, hatte sein Vater ihm zugeflüstert, nachdem er das Patientenzimmer betreten hatte. Es fiel Henrik nicht schwer, sich daran zu halten. Letztlich vereinbarten sie, dass er die beiden zum Flughafen bringen würde, sobald der Abreisetermin feststand. Was wie eine zuvorkommende Geste klingen musste, war für ihn auch Kalkül. Vor allem wollte er sie außer Landes und in Sicherheit wissen. Er glaubte zwar nicht, dass de Bragança ihm gleich wieder auf den Leib rücken würde, denn der *Mann ohne Nabel* war niemand, der überstürzt oder von Emotionen getrieben handelte, wie etwa Said. Selbst in dem Wissen, dass Henrik nun tatsächlich juristisch verwertbare Beweise gegen ihn in der Hand hatte. Aber Henrik wollte das Schicksal auch nicht herausfordern.

Als er das Krankenhaus verließ, war es immer noch zu früh, um auf einen Anruf von Helena zu warten. Obwohl es ihn nicht hinzog, machte er sich auf den Rückweg in die Rua do Almada. Die einzige Angst, die ihn momentan durch die Stadt begleitete, war die um Bruno. Er würde nicht darum herumkommen, mit Lobo Kontakt aufzunehmen. Und dessen Telefonnummer lag in seinem Büro.

Catia saß vor dem Haus und las in einem Buch. Offenbar hatte sie sich von ihrer Rauchvergiftung wieder erholt. Sofort musste er an Flávio denken. Sobald Catia psychisch wieder einigermaßen gefestigt war, würde er ihr die Wahrheit erzählen. Davon berichten, dass ihr Sohn durchaus in ihrer Nähe gewesen war und es doch nie geschafft hatte, sich zu erkennen zu geben.

Sie blickte auf, als sie seine Schritte auf dem Kopfsteinpflaster hörte.

»Wie geht es dir?«

»Und dir?«, fragte sie zurück.

»Sie haben mich wieder rausgelassen.«

Ihr Lächeln war kaum wahrnehmbar, aber es war vorhanden. »Werden wir das denn alles überstehen?«

Mit *wir* meinte sie wohl in erster Linie das Antiquariat. Er nickte.

»Hier ist übrigens ein Mönch aufgetaucht«, ließ sie ihn wissen. »Er meinte, er wäre wegen Pater Bruno hier. Wegen einer Unterhaltung, die sie vor ein paar Tagen geführt hätten. Und der Padre hätte ihn darum gebeten, sofern er etwas findet, es in die Rua do Almada zu bringen.«

Henrik riss die Augen auf. »Wie hieß der Mann?«

»Hat er leider nicht gesagt, nur dass er von São Pedro kommt und ein Freund von Bruder Humberto war.«

Dieser Name ließ bei Henrik sämtliche Alarmglocken schrillen. Bruder Humberto, der Azulejo-Maler. Jener Mönch, der als Lehrer einst auch einen ganz bestimmten Schüler im Convento de São Pedro de Alcântara unterrichtet hatte: Rafael de Bragança. »Und er hat was dagelassen?«, fragte er aufgeregt.

»Hat er«, bestätigte Catia, jetzt wieder mit versteinerten Gesichtszügen.

Sie schien schon wieder die nächste Katastrophe vorauszuahnen. Er bemerkte ihr leichtes Zittern, als sie den Buchdeckel anhob, ein Kuvert herauszog und es ihm entgegenstreckte. *MF* stand mit geschwungenen Lettern auf dem bereits recht vergilbten Umschlag.

MF für Martin Falkner?

Er nahm es ihr aus der Hand. Es enthielt offenbar mehrere Blätter und war einst über der Lasche mit Wachs versiegelt worden. Henrik ertappte sich dabei, wie er sich argwöhnisch nach Beobachtern umsah. »Hat der Mönch sonst noch was gesagt?«

»Nur dass sie den Umschlag nach dem Tod von Bruder Humberto in dessen Zelle gefunden haben, nichts damit anfangen konnten, sich aber auch nicht recht trauten, das Siegel zu brechen. Schließlich geriet das Kuvert wohl in Vergessenheit, und die Brüder erinnerten sich erst wieder daran, nachdem dein Freund Bruno vorstellig geworden war.«

Was hatte er da wohl in den Händen? Unterlagen, die Martin einst bei Bruder Humberto deponiert hatte? Er musste sich beherrschen, um die Hülle nicht sofort aufzureißen. Stattdessen bedankte er sich bei Catia und eilte damit ins Haus. Je drei Stufen auf einmal nehmend, rannte er hinauf in den ersten Stock. Der Brandgeruch hing immer noch schwer im Treppenhaus und war auch in seiner Wohnung noch deutlich zu riechen. Doch das blendete er aus. Er setzte sich an den Küchentisch und legte den Umschlag vor sich ab.

MF!

Auch seine Hände zitterten, als er mit dem Zeigefinger unter das Wachssiegel fuhr und es vom Papier löste. Vorsichtig, als untersuchte er ein uraltes Artefakt, fischte er den Inhalt aus dem Kuvert. Es handelte sich um drei Blätter, liniert und eng mit Tinte in sauberer Handschrift beschrieben. Die abgerissene Kante ließ erahnen, dass sie vor langer Zeit aus einem Schulheft herausgetrennt worden waren. Es handelte sich um einen Aufsatz, für den Bruder Humberto in seiner Funktion als Philosophielehrer die Note eins vergeben hatte. Datiert auf den 13. Mai 1966. Es gab auch noch eine Anmerkung des Klosterbruders am Ende des Textes, die er nicht entziffern konnte, weil Humberto sie wieder durchgestrichen hatte. Verfasst war der Aufsatz von dem damals zwölfjährigen Schüler Rafael de Bragança.

Henrik brauchte eine Ewigkeit, bis er den Text in den Google-Übersetzer seines Handys getippt hatte. Es schien eine Art Biografie zu sein.

Mein Name ist Rafael de Bragança. Ich bin zwölf Jahre alt, und meine Eltern sind reich. So reich, dass António de Oliveira Salazar gelegentlich zu uns zum Essen kommt. Hinaus zu uns nach Sintra, wo wir in einem Palast leben, zumindest den Sommer über, wenn es in der Stadt zu heiß ist. Doch selbst dieser Weg ist unserem Ministerpräsidenten nicht zu weit. Aber er hat auch einen Chauffeur und eine Eskorte, er muss nicht selber fahren.

Ich werde später ebenfalls einen Chauffeur haben und das Amt, das jetzt noch António de Oliveira Salazar gehört. Doch seine Zeit ist abgelaufen, sagt mein Vater Marcelo de Bragança, und er behält immer recht.

Meine Eltern haben mich ohne Liebe gezeugt, allein aus der Pflicht heraus, einen Nachkommen in die Welt zu setzen. Das ist ihnen gut gelungen. Emotionen sind hinderlich, wenn man etwas erreichen will, und ich will alles erreichen. Außerdem kann man nur auf diese Art über den Menschen stehen und keine Gefühle zu haben, erleichtert es, die Menschen zu verachten. Und man kann sie verachten, ohne es ihnen zu zeigen. Auch das habe ich schon gut gelernt.

Unsere Familie nimmt von jeher großen Einfluss auf die Wirtschaft und Politik, nicht nur in Portugal, sondern auch in Brasilien und im Rest der Welt. Wir handeln mit allem, was Geld bringt, und werden dadurch immer noch reicher. Doch wir sprechen nicht darüber, wie andere das gerne tun. So verlangt es mein Vater. Später werde ich Geld dafür ausgeben müssen, damit ich weiter unbemerkt reich bleiben kann, sagt er. Ich verstehe, was er damit meint, und er schätzt meine Meinung, auch wenn ich noch so jung bin.

Er hat mir gezeigt, wie man Firmen gründet, ohne dass wir den Namen de Bragança benützen müssen, und wie wir trotzdem das Geld erhalten, das diese Firmen einnehmen. Nur wer dieses Vorgehen beherrscht, kann wirklich reich werden. Und wer wirklich reich ist, dem fressen die Politiker aus der Hand.

Ich mag diesen Satz meines Vaters. Später einmal sollen die Politiker mir aus der Hand fressen. Ich denke, das wird nicht schwer. Nicht für jemanden wie mich.

Die Familie de Bragança ist ein altes Adelsgeschlecht. Ich habe viele Cousins, doch über die meisten von ihnen verlieren wir keine guten Worte, weil sie nicht über die Disziplin verfügen, die bei mir zu Hause vorherrscht. Mein Vater schimpft gelegentlich darüber, welche Kosten es verschlingt, den Wahnsinn und die Missetaten innerhalb unserer Verwandtschaft zu vertuschen. Ich bin angehalten, später für die Vertuschung zu sorgen, um nicht selbst in den Fokus der Öffentlichkeit zu geraten. Auch diese Anweisung meines Vater verstehe ich. Nichts ist wichtiger auf der Welt, als die innere Bestie in Zaum zu halten. Mein Vater vertraut völlig darauf, dass ich das kann, und er lehrt mich immer wieder aufs Neue, was dafür nötig ist.

Anmerkung des Autors:
Sehr geehrter Padre Humberto, Sie haben uns aufgetragen, während der Pfingstfeiertage einen Aufsatz über uns und unsere Familie zu schreiben. Wie immer bin ich bestrebt, auch dafür die beste Note zu erhalten. Allerdings schreibe ich hier über Dinge, die für niemand anderen bestimmt sind. Ich erbitte mir daher, dass Sie diesen Aufsatz wie eine Beichte auffassen. Bei den seltenen Gelegenheiten, da ich Gespräche meines Vaters mit Geschäftspartnern belauschen konnte, betonte er häufig die Konsequenzen, die ein Zuwiderhandeln mit sich bringen. Bedenken Sie dies, falls Sie meinen Aufsatz noch jemand anderen außer unserem Herrgott zu zeigen gedenken.

Ihr Rafael de Bragança, 13. Mai 1966